부모코칭사전

14가지 성격유형으로 알아보는
우리 아이 학습코칭 솔루션

부모코칭사전

14가지 성격유형으로 알아보는
우리 아이 학습코칭 솔루션

초판 인쇄 2023년 3월 25일
초판 발행 2023년 3월 30일

지은이 이호선·김영애
펴낸이 이찬규
펴낸곳 북코리아
등록번호 제03-01240호
주소 13209 경기도 성남시 중원구 사기막골로 45번길 14
우림라이온스밸리2차 A동 1007호
전화 02-704-7840
팩스 02-704-7848
이메일 ibookorea@naver.com
홈페이지 www.북코리아.kr
ISBN 978-89-6324-273-6 (13370)

값 20,000원

부모 코칭 사전

이호선·김영애

14가지 성격유형

으로 알아보는 우리 아이 학습코칭 솔루션

북코리아

머리말

20세기 티칭의 시대는 끝나고 21세기 코칭의 시대가 시작되었다. 모두에게 동일한 정보가 제공되고 부모보다 훨씬 더 빠른 속도로 정보를 찾아내는 진화한 인류를 앞에 두고 부모 마음에는 경탄과 걱정이 동시에 밀려온다. 아이의 영민함에 놀라고 동시에 영민함을 썩혀 버리는 게으름에 탈모가 올 지경이다. 아이 혼자도 잘한다는 집은 그렇게 많다는데 우리 아이는 그렇지 않아 속상한 부모들이 많다지만, 단언하건대 어느 집이나 자식은 부모의 미스터리이다. 반도체를 품고 태어난 21세기 아이들은 20세기 부모들에겐 도무지 풀 수 없는 수수께끼이고 알다가도 모를 숙제이다. 우리 아이의 모든 것을 알겠다 싶지만 잠시 고개를 돌려보면 처음 본 사람처럼 낯선 것이 요즘 알파 세대 아이들이다. 곧 만나게 될 베타 세대는 어떠하겠는가.

육아의 밀림에서 길을 잃은 적이 수없이 많지만, 넘어진 돌부리에 다시 넘어지고 가 본 적이 있는 길에서조차 길을 잃는 것이 육아이다. 첫 아이와 둘째는 완전히 다른 존재이며, 유아기와 아동기는 돌변한 인류가 되고 사춘기에는 인류가 아닌 것처럼 보이기도 한다. 둘째와 셋째의 다른 측면은 말할 것도 없다. 여기에 배우자의 역동과 나의 역동까지 뒤섞이면 가족은 쑥대밭이 되기 일쑤다. 다른 집도 비슷하나 그저 들키고 싶지 않을 뿐이다.

영아기와 유아기를 거치며 숱한 육아 강의를 듣고 아이의 어린 시절을 보내고 나면 어느 순간 아이는 비교와 성적의 숲에서 거친 싸움을 시작하게 된다. 경쟁의 길에서 숱한 관심을 받고 나름의 영특함과 독보적 면모를 보이며 기쁨으로 입학을 했건만, 내 품에서 늘 선명하고 명료하던 아이는 집단 속에 들어가면서 어느새 전혀 다른 아이처럼 적응을 힘들어하고 공부와 담을 쌓으며 심지어 성격마저도 돌변한다. 아이가 긴 공부 여정을 시작하면서 육아의 세계가 학습의 세계와 만나게 되고 이내 부모의 세계에는 새로운 빅뱅이 시작된다. 분명 똑똑하고 우수하며 나름의 빛을 내던 아이가 어느 순간 공부에 대한 관심을 잃고, 학교 가기를 싫어하며 시험결과로 늘 주눅이 들다가 급기야 부모와 성격 차이로 싸우고 성적으로 구박을 받으며 사춘기 한가운데를 통과하게 된다. 이런 순간에 학습코치가 있으면 얼마나 좋겠는가마는, 개인 코치는 너무 비싸고, 어느 곳에 가야 분명하고도 장기적으로 우리 아이의 숨은 콤플렉스와 잠재된 탁월성을 알고 여기에 기꺼이 날개를 달아 줄 수 있는지 아는 바도 없다. 성격을 감당하기 어렵고 성적마저도 형편없는 우리 아이에게 딱 맞는 코칭을 부모가 할 수는 없을까? 지금도 잘하고 있는 아이이지만 그 가능성을 알아채고 그 특성을 파악해 도약의 날개를 달아 줄 수는 없을까? 부모가 아이의 특성을 알고 코칭을 할 수 있다면, 우리 아이의 자발성을 촉진하고 성적까지 스스로 올리게 할 수 있다면 얼마나 좋을까!

성격이 다르면 행동과 학습코칭도 다르다. 이 책은 아이의 성장과정에 성격에 따른 적응을 돕고, 학습코칭 전문가와 교육전문가 및 부모에게 아이의 성격특성에 따른 학습코칭 방법을 제안한다. 총 14가지 성격유형을 설명하고 성격유형에 따른 특징을 자세히 살피면서 각 성격유형에 따른 부모를 위한 학습코칭을 제안한다. 행동형, 규범형, 탐구형, 이상형의 4가지 유형을 바탕으로 다양한 조합을 거쳐 총 14가지 성격유형을 제시하고 자녀들만의 독특한 특성과 학습코칭 방법 및 이에 맞는 직업군도 제안한다. 특히 사례를 통해 각 유형이 현실에서 어떻게 나타나고, 이를 다루는 과정을 쉽게 설명해 두었다. 여기에 제안된 모든 사례는 고객의 동의를 받았으며, 너무 세밀해 익명성이 보장되지 않는 사례는 제외했다. 진술 과정에서 고객의 정보가 유출되지 않도록 고객의 동의를 받아 세부 항목들 중 일부를 수정해 제시했다.

이 책이 있기까지 U&I 학습검사의 거목이신 김만권 박사님께서 기꺼이 독려해 주셨기에 특별히 감사를 전한다. 또한 각 유형마다 제시된 사례에 동의해 주신 고객들에게 감사를 전하며, 늘 큰 시선으로 출판을 기쁘게 허락하시는 북코리아 이찬규 대표님과 직원분들에게도 감사를 전한다. 이 책이 성장하는 아이들과 부모님들의 삶과 성취에 도움과 기쁨이 되길 바란다.

저자 이호선·김영애

차례

ONE 코드 기본형

THREE 코드 조합형

들어가며

성격유형 따라 우리 아이 학습법이 달라진다고?

성격이 다르면 행동과 공부방법이 다르다

"한 뱃속에서 나온 자식들인데, 어떻게 저렇게 다를 수 있지?"

예부터 지금까지 들었던 말이다. 아이들은 생각과 행동은 물론이고 성격도 다르고, 심지어 성적도 다르다. 같은 유전자의 근원을 가지고 같은 환경에서 성장한 쌍둥이에게서조차 다른 결과가 나온다는 것도 알고 있다. 그런데 어떻게 이런 일이 생기는 걸까?

이것은 각 개인을 구별해 주는 특징적인 사고, 정서, 행동양식을 포함하는 성격이 다르기 때문이다. 성격기질 이론에 따르면 사람들은 성격기질에 따라 의사소통 방법뿐 아니라 배우는 방법과 가르치는 방법도 다르다. 이러한 차이를 무시하고 일방적으로 모든 학생들에게 동일한 방법으로 가르쳤다면 공부는 물 건너갔다.● 반면, 아이들의 성격과 기질별로 유용한 학습전략과 의사소통 방법을 사용한다면 부모와 자녀 사이의 이

● 기질이 다른 학생들을 대상으로 한 학습결과에 대한 연구가 궁금하다면, 다음의 책을 참고하라. Fairhurst, A. M. & Fairhurst, L. L.(1995). *Efective Teaching, Effective Learning: Making the Personality Connection in Your Classroom*, 심혜숙 역(2009), 『효과적 교수 효과적 학습』, 어세스타.

해를 높일 뿐 아니라 학습에 어려움을 겪고 있는 아이들을 위한 중요한 성장의 기술로 활용할 수 있을 것이다.

알려진 것처럼 성격은 인간의 행동을 결정하는 중요한 요인이 될 수 있다. 성격유형에 따라 생각이 다르고 행동, 관계 방식이 다르며 학습방법도 다르다. 또한 성격에 따라 학습에서 유추해 내는 추론능력에서도 많은 차이가 난다. 때문에 숱한 학습유형검사를 알려 주겠다 하며 개개인의 독특한 성격을 분석하고 자녀에 대한 맞춤형 학습법을 알려 준다는 간판이 큰 길마다 빼곡하다.

자녀의 미래를 비추고 싶은 부모들의 열망은 커지고, 자녀의 성적을 향상시키기 위해 먹이고 입히고, 열심히 학원 보내고, 학군 좋은 곳으로 이사까지 해 가며 영혼을 끌어모아 지원하고 관리했음에도 불구하고 자녀들의 성적에 큰 효과가 없고 나중에는 자포자기한 적이 없었는가? 아마 많은 부모들이 아이들의 성장과정에 아이의 작은 성공과 실패에 감정 롤러코스터를 타며 희와 비를 경험했을 것이다. 절망의 지점에서 끊임없이 올라오는 질문들!

혹시 내 아이의 지능이 문제인가? 그 지능… 혹시… 날 닮았나?
아, 혹시 공부방법의 문제일까? 학원을 바꿔 보거나 과외를 시작해 볼까? 아니면 나의 교육적 지원이 부족한 것은 아닐까?

머릿속을 오가는 수많은 질문과 대답은 엄마의 머리에서만 맴도는 선문답으로 끝나는 경우가 많다. 어떠한가? 우리는 이미 어느 정도 답을 알고 있다. 내 아이의 학습능력이 향상되지 않는 이유는 부모의 지원과 교사의 문제 말고도 많을 것이다. 다만 이제는 보다 본질적인 접근이 필요한 때이다. 더 이상 시간 낭비, 돈 낭비, 감정 낭비, 에너지 낭비하지 않고, 자연스럽게 이루어지는 기적 같은 방법, 그래서 공부가 재미있고 신이 나고 행복하다면, 그러면서도 성적이 저절로 오른다면 그것이 부모가 바라는 것이고 아이들을 행복하게 만드는 것이 아닐까?

사람들은 각각 다른 기질과 성격을 가지고 태어났고, 각각의 성격과 기질에 따라 심리적인 흐름이 다르다. 사람은 심리가 자연스럽게 흘러갈 때 가장 편안하고 안정되며 심리적인 균형이 이루어지기 때문에 그때서야 비로소 무엇인가를 하고 싶은 동기가 생긴다. 그러므로 자신의 성격에 맞는 심리적인 흐름을 알고, 그 흐름에 맞는 공부방법을 찾는 것이 가장 효과적인 방법이 된다. 학업성취는 교과의 목표와 내용을 이행하고 학습한 결과로 나타난 지적 영역의 학습결과이자, 삶을 바라보는 태도와 가치관 등 비지적 영역의 학습결과를 포함하는 것이며, 전생애에 걸쳐 개인의 심리사회적, 직업적 성장과 발달에 필요한 역할을 한다(최윤자·손현동, 2017). 그리고 성격 역시 그 여정을 함께 한다. 그렇다면 내 아이의 성격의 맥을 짚고 이에 따른 학습방법으로 일궈 낸 학업성취는 성장과정에 성적과 성공의 광맥이 될 것이다.

이제 학습상담을 위해 찾아왔던 수많은 부모님들의 바람을 모아 많은 학부모들이 성공했고, 만족스런 고백을 했던 내 아이의 기질에 따른 학습법을 기꺼이 나누고자 학습법에 대한 상담과 강연을 한 권의 책에 담았다. 이 책은 학습성격유형을 기반해 새로운 학습의 장을 펼쳐 학습에서 길을 잃은 이들에게 나침반과 지도를 열고자 한다.

커어시의 성격유형

현대에 가장 각광받는 성격유형이론은 융(C. Jung)의 심리학적 유형론과 커어시(Keirsey)의 4가지 기질론이다. 융의 심리학적 유형론은 마이어스와 브릭스 모녀에 의해 50여 년에 걸쳐 MBTI로 개발되어 개인의 성격유형을 파악하는 데 기념비적인 업적을 세웠다. 여기에 커어시의 기질이론 역시 MBTI 안에서 성격유형을 구분하는 한 가지 이론으로 역할을 할 뿐 아니라 KTS(Keirsey Temperament Sorter; 커어시 기질분류법)로 개발되어 세계적으로 사용되고 있다. MBTI 성격유형검사가 주로 16가지 성격유형을 바탕으로 성격 자체에 집중하고 있다면, 학습성격유형검사는 학습자의 성격유형을 알아보기 위한 검사로, 커어시의 기질론에 따른 성격유형을 토대로 하고 있다.

심리학자 커어시는 자신의 책 『나는 이런 사람이라구요: 성격과 기질유형』(*Please Understand Me: Character & Temperament Types*, 1978)에서 기본 성격유형을 제시하고 이어 2006년에 『나는 이런 사람이라구요 II: 기질, 성격, 지능』(*Please Understand Me II: Temperament, Character, Intelligence*)을 통해 4가지 성격유형척도를 제안했다. 그는 기질이 유전적 요소가 강한 타고난 성향으로 성장 후에도 별로 변함이 없으나 특징은 개인이 기질과 상호작

용으로 발달시킨 습관이라 보고 그 유형을 파악할 수 있는 척도를 개발했다.●

커어시는 성격심리학자로서 임상경험을 토대로 관찰한 사람들의 다른 기질을 연구하면서 사고나 감정은 증명될 수 없고 단지 추측할 수 있을 뿐이라고 보고, 확실하지 않은 사고나 감정 대신 현실의 실제 상황에서 외부로 드러나는 관찰 가능한 태도나 행동유형에 따라 4가지 기질 유형을 나눈다. 디오니소스-예술가기질(The Dionysian, SP기질), 에피메테우스-보호자기질(The Epimethean, SJ기질), 프로메테우스-합리론자기질(The Promethean, NT기질), 아폴로-이상가기질(The Apollonian, NF기질)이다. 커어시의 이 4기질론은 골래이(Golay)에 의해서 '학습유형'으로 재구성되어 우리나라에서 많이 사용되고 있는 U&I 학습유형검사 안에서도 학습성격유형 부분을 구성하고 있다.●●

● 데이비드 컬시(D. Keirsey)는 *Please Understand Me: Character & Temperament Types* 제목으로 제1권은 메리린 베이츠(Marilyn Bates)와 1978년에, 제2권은 2006년에 단독으로 *Please Understand Me II: Temperament, Character, Intelligence*를 출판했다. 제2권에 KTS(keirsey Temperament Sorter) 4가지 성격유형척도가 포함되어 있다. Keirsey, D., & Bates, M. (1978), *Please Understand Me: an Essay on Temperament Style*, Promethean Publishers.

●● 학습유형검사의 역사와 MBTI의 관계 등을 자세히 보기 위해서는 다음의 글을 보라. 서갑주(2016), "MBTI 성격유형과 U&I 학습성격유형에 따른 학업성취도 차이의 탐색적 분석", 『심리유형과 인간발달』 17(2): 1-25.

커어시의 4가지 성격유형의 신화 주인공들

Dionysos 예술가기질 - 디오니소스

술의 신으로 알려진 디오니소스가 예술가를 상징하다니! 그 해석의 시작은 니체에서 온다. 니체는 기독교 중심의 도덕 법칙에 반대한다는 뜻을 나타내며, 감정적이고 즉흥적이며 원초적인 예술을 두고 '디오니소스적'이라고 표현한 바 있다. 『비극의 탄생』에서 니체는 디오니소스적 예술은 마치 술에 취한 디오니소스처럼 형태와 경계 없이 솟구치는 욕망을 그대로 표현하기에 이 욕구는 자연과 닮았으며, 따라서 자연은 스스로 피어나는 예술작품과 같다고 말한다. 즉 예술적 감흥은 음악의 흥과 함께 감정을 절제 없이 뿜어내는 신명나는 춤과 같아서 사람을 하나되게 하고 인간의 마음 깊은 곳에 있는 본능적 충동을 불러일으킨다.

Epimetheus 보호자기질 - 에피메테우스

프로메테우스의 쌍둥이 동생인 에피메테우스는 이름처럼 에피(나중에)-메테우스(깨우치는 사람)로 뒤늦게 후회하는 인물이다. 만물에게 나누어 줄 재능 분배를 잘 못해 인간의 몫을 미처 챙기지 못하는 허당이나 형인 프로메테우스의 충고를 무시하고 판도라와 결혼한 에피메테우스는 자율의 이름으로 보호자를 자처했다. 이처럼 에피메테우스는 마치 부모나 보호자가 그렇듯 때로는 불합리하고 어리석은 역할을 자처한다. 규율이나 법칙에 묶여 행동하지 않으며 독특한 어리석음은 선한 사마리아인처럼 먼저 행동하고 나중에서 판단하며 인간적인 반전의 매력을 보여 준다.

Prometheus 합리론자기질 - 프로메테우스

프로(먼저)-메테우스(생각하는 사람)는 이름처럼 합리성과 생산성을 상징한다. 책의 서문(프롤로그)의 어원이 프로메테우스이듯, 프로메테우스가 인간에게 금지되었던 불을 전달했다는 것은 이성을 통한 각성, 즉 계몽을 의미하고 이성과 지략으로 새로운 시대를 개막함을 상징한다. 신이 만든 질서를 던져 버리며 인간에게 전한 불덩이는 자유와 계몽을 향한 의지를 상징한다. 냉철함으로 형인 에피메테우스에게 조언하고 헤라클레스가 아틀라스의 꼬임에 넘어가지 않도록 돕기도 했다. 예언의 능력도 최소화하며 이성과 합리, 그리고 생산성으로 뭉친 먼저 생각하는 사람, 프로메테우스이다.

Apollo 이상가기질 – 아폴로

태양의 신이자 이성과 예언의 신, 의술의 신이기도 한 아폴로는 불확실한 미래를 알려 주는 예언과 수수께끼 같은 치료의 능력을 가지고 있다. 자신의 미래의 목표를 이루기 위해 미래에 대한 그림을 그려 가고 늘 어려움을 대비하며 절제와 고요함, 평온을 위한 수금을 타기에 들짐승들의 난폭한 성정이 누그러지고 유순해진다.

골래이의 4가지 학습자 유형

"애들마다 공부하는 것도 어쩜 이렇게 다르지?"

아마 다들 느꼈을 것이다. 그러나 누구도 그 '다름'에 집중하지 않았다. 심리학 분야 중 학습심리학 영역에서 오랜 시간 연구에 몰두해 오던 학습심리학자 케이트 골래이(Keith Golay)는 이러한 '학습방법의 다름'을 포착해 이들만의 특징을 분류했다.* 게다가 그 특징에 따라 학습법 역시 달리 나타났는데, 총 4가지 유형의 학습자 형태가 나타났다.

첫째가 실제적-자발적 학습자(Actual-Spontaneous Learner: 행동형)들이다. 이들은 관례보다는 자기 신념에 따라 움직이며 매우 실제적인 행동파이다. 이들은 전통적인 관습이나 추상적이거나 개념적인 지식에는 별 관심이 없고, 논리나 계획보다는 자신이 원하는 실제적이고 현실적인 것에 동기화된다. 따라서 보수적인 교육 시스템이나 학습방법에는 지루함을 느끼고 잘 적응하지 못한다. 오히려 이 아이들에게는 몸으로 체험해

- 케이트 골래이의 학습유형분류를 자세히 보고 싶을 때 다음의 책을 보라. 골래이는 특유의 섬세하고 꼼꼼한 글쓰기로 4개의 학습유형을 선명하게 분류하고 있다. Golay, K. (1982), *Learning Patterns and Temperament styles*, MANAS-SYSTEMS.

서 배우도록 하는 것이 좋고 당장 사용할 수 있는 정보가 중요하다. 무엇보다 미래를 준비하느라 고민하지 않으며 과거에 얽매여 시간을 낭비하지 않는다. 반복되거나 장시간 지속되는 과제를 매우 싫어하고 복습이나 훈계가 시작될 것 같으면 도망갈 궁리뿐이다. 행동형의 가장 큰 욕구는 최대한 자유롭게 사는 것이다. 이들은 다양하고 재미있고 흥분되는 학습 공간을 선호하며 특히 거의 모든 종류의 게임에 빠른 흥미를 보인다. 운동이나 경쟁, 시합, 도전을 기다리고, 기회만 된다면 바로 참여할 준비가 되어 있다. 대단히 높은 활동성과 적응력을 가지고 있는 유형이기에 이들의 이런 욕구를 충족시켜 줄 수 있는 다양한 교육적 장치로 게임형태를 활용할 수 있다면 매우 효과적이다. 골래이에 의하면 대개 학급의 학생 중 38%가 행동형으로 추정된다.

두 번째는 실제적-기계적 학습자(Actual-Routine Learner: 규범형)들이다. 이들은 사회와 조직이 요구하는 사회적 학습을 익히고 안전한 습관을 배우기를 원하며 부모나 교사 등 사회 선배들을 기쁘게 하고 인정받고 싶어 한다. 대체로 단계적으로 구성된 학습 자료를 선호하며 기꺼이 반복하고 연습하며 거기서 알게 된 사실과 절차들을 기억해 지식화한다. 따라서 꼼꼼하고 안정적인 교육시스템과 일관성 있는 교사를 선호하며 분명한 규칙과 규범이 공유된 환경을 선호한다. 창조적이거나 자율적인 작업에 취약하고 추상적인 지시를 받거나 모호한 규정이 있는 경우 매우 당황하며 안정적인 형태로 수정하기 위해 노력한다. 따라서 규범형들은 성실하며 구체적이고 일관성 있는 규범이 존재하고 예측 가능한 상황에서 학습을 잘 수행한다. 보통 학급의 학생 중 약 38%로 추정한다.

셋째 유형은 개념적-구체적 학습자(Conceptual-Specific Learner: 탐구형)들이다. 이 유형은 지적 호기심이 크며 경험하는 현상을 이해하고 설명하고 예측하거나 통제하기를 좋아한다. 호기심으로 새로운 것을 배우는 것을 기뻐하고 자연의 이치와 만물의 원리 등 사실의 이면에 있는 원리를 파악하기를 좋아한다. 이들은 지적 욕구가 커서 지식을 얻고 지혜를 축적하는 데 끊임없는 욕구를 가지고 있으며 기꺼이 시간을 투자한다. 4개 유형 중 학문적 성취를 이루는 경우가 가장 많다. 탐구형은 관심 분야에 몰입도가 높으며 기초과학 분야나 또래들이 어려워하는 과목도 척척 해낸다. 지적 호기심과 몰입도가 높기에 주변 친구들과 어울리기보다는 대체로 혼자 공부하는 것을 좋아하고 자신의 감정을 표현하거나 타인과의 사회적 정서적 교류를 하는 데 서투르다. 외톨이로 낙인이 찍히기도 하고 또래관계 등 관계에 취약하다. 학구파인 탐구형들은 일정한 주제를 정해 심도 있는 논의를 하는 토론방식 수업을 선호하며 과제를 논리적으로 규명하고 과학적 실험 등 증명을 위한 학습요건이 갖추어질 때 기량을 높일 수 있다. 대개 학급의 12% 정도의 학생들이 탐구형으로 추정된다.

마지막으로 개념적-포괄적 학습자(Conceptual-Global Learner: 이상형)들이 있다. 이들은 사실 자체보다 그 사실이 가지는 의미와 해석에 더 큰 관심을 가진다. 이상형은 다분히 미래 지향적이며 사람 속에 있는 희망과 가능성에 보다 집중하며 의미 있는 사람들과의 관계 속에서 자신의 존재감과 정체감을 느낀다. 참된 자기 자신을 발견하고 기꺼이 그런 사람이 되기를 바란다. 이상형들은 의미 있는 인간관계를 통해 자신을 발견하기 때문에 가장 좋은 접근방식은 개인적인 관심을 보여 주는 것이다. 주로 직감이나 느낌을 중시하기 때문에 외부의 비난이나 비판에 취약하다. 만일 부모나 교사가 이상형의 아이들을 훈육하기 위해 체벌이나 조롱과 같은 방법을 사용한다면 이상형들은 순간 반항적으로 될 수도 있다. 그러나 이러한 저항의 이면에는 상황을 개선 시켜 보다 인간적이고 희망적인 분위기를 만들고자 하는 평화적인 동기가 있다. 관계를 중시하기에 이상형은 관계가 조화롭고 서로 보살피는 분위기에서 가장 잘 성장할 수 있다. 따라서 이상형은 소그룹 위주의 수업방식으로 소통하며 수업하기를 좋아하며 인문학이나 철학, 언어 등에 남다른 관심을 보인다.

보통 학급의 약 12%가 이상형이다.

이렇듯 커어시의 4기질이론을 학습 영역에 활용한 골래이의 기질 학습유형[•]은 미국에서와 달리 우리나라 학교 현장에서는 행동형과 이상형의 비율이 높으며 탐구형의 비율이 가장 낮았다(김만권, 2004). 이후 김만권은 사람의 성격을 4가지 유형으로 다 담아낼 수 없다는 것을 판단하고, 4가지 유형을 조합해서 행동형, 규범형, 탐구형, 이상형, 행동규범형, 행동탐구형, 행동이상형, 규범탐구형, 규범이상형, 탐구이상형, 행동규범탐구형, 행동규범이상형, 행동탐구이상형, 규범탐구이상형 등 14유형으로 확장했다.

커어시, 골래이, 김만권, MBTI의 성격유형

분류	유형 1	유형 2	유형 3	유형 4
커어시와 베이츠 (Keirsey & Bates)	디오니소스 기질 (예술가: Artisan)	에피메테우스 기질 (보호자: Guardian)	프로메테우스 기질 (합리론자: Rationals)	아폴로 기질 (이상가: Idealists)
골래이 (Golay)	실제적-자발적 학습자 (Actual-Spontaneous Learner)	실제적-기계적 학습자 (Actual-Routine Learner)	개념적-구체적 학습자 (Conceptual-Specific Learner)	개념적-포괄적 학습자 (Conceptual-Global Learner)
김만권	행동형	규범형	탐구형	이상형
MBTI	ISTP, ESTP, ISFP, ESFP (SP기질)	ISTJ, ESTJ, ISFJ, ESFJ (SJ기질)	INTP, ENTP, INTJ, ENTJ (NT기질)	INFJ, ENFJ, INFP, ENFP (NF기질)

출처: 황운구(2007) 27쪽 표를 수정·보완.

• 골래이의 기질학습유형은 우리나라에는 학습성격유형이라는 개념으로 한국에 소개되었다. 관련해서는 '김만권·한종철(2001). 『U&I 학습유형검사의 실시 및 해석 요강』. 연우심리연구소'를 보라.

학습이 정말 적성에 영향을 주나요: 학습적성공식

"적성이 중요한 건 알아도, 사실 그게 얼마나 어떻게 중요한지는 몰라요."

10명 중 8명의 이야기다. 행복이 중요한 건 알아도 어떤 게 행복이고 어떻게 찾아야 할지 모르는 것과 유사하다. 심리학의 아버지인 프로이트(Sigmund Freud)가 행복의 조건으로 '일'과 '사랑'을 말하고 인생의 의미에 관한 숱한 연구들이 공통적으로 '일'과 '직업적 성취'를 인생의 중요한 의미로 여기고 있는 것만은 분명하다.

사실 가만히 생각해 보면 재미있고, 신이 나고, 밤을 새워서 일을 해도 몸이 축나는 것도 모를 정도로 빠져서 지치지도 않는 그런 일과 직업을 찾는다면 얼마나 좋을까? 그야말로 내 아이의 행복의 조건이 아닐까? 이러한 일을 찾는다면, 일의 능률이 오를 뿐만 아니라, 일하면서도 힘이 나고 효과적으로 일을 하게 되니 당연히 성공 가능성이 커진다. 이러한 성공의 스위치를 내 아이가 보다 일찍 발견하고 인생의 날개를 달 수 있다면 얼마나 좋을까?

적성이란 어떤 일을 용이하게 해낼 수 있는 능력이자 직업에 대한 적응 능력을 말한다. 때문에 적성이 미래의 성공 가능성을 말해 주는 개인의 잠재능력이기도 하다. 그러다 보니 적성의 범위는 고려해야 할 부분이 많다. 학습과 경험을 살피고 동기와 가치관, 흥미와 재능, 인지능력과 성격이 적성을 구성하는 요소들인데 이 요소들의 공통적인 요소는 인지능력과 성격, 그리고 흥미이다. 김만권(2004)에 따르면 구성요소의 공통된 부분을 찾는다면 성공 가능성이 60~70%는 확보된다.

자, 그 성공 요소인 학습적성(study aptitude)의 주요 4요소를 먼저 살펴보자.

먼저 '흥미(interest)'이다. 뭐든 신나야 하고 싶고 흥이 나야 결과도 긍정적이다. 흥미는 긍정적인 느낌으로 기억되며 경험을 통해서 평생 동안 발달한다. 하지만 경험이 적어 미처 흥미를 느낄 기회를 얻지 못할 수도 있고, 초기 경험이 부정적이라 흥미를 느끼지 못한 채 경험의 기회를 놓치기도 한다. 또한 무엇을 좋아하는지, 무엇을 하고 싶은지 동기가 없는 경우도 많다. 특정 부문에서 잘 할 수 있는 능력을 가지고 태어났음에

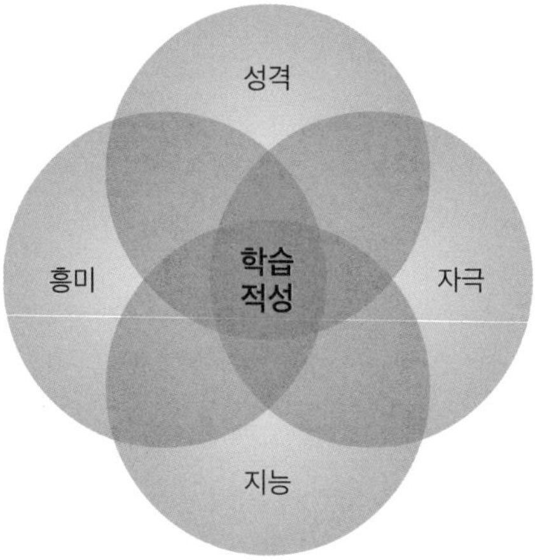

학습적성 = 흥미 × 성격 × 자극 × 지능

SA=ICPI

도 불구하고, 경험이 부족해 '좋아하는지' '잘 할 수 있는지' 의문이 생기고 헷갈리면서 적성을 찾는 데 혼동을 갖게 된다. 그래서 성장기에 많은 것을 경험해 '흥미를 개발하라.'

다음으로 '성격(character)'이다. 보다 적극적이고 활달하거나, 호기심이 많고 신중하거나, 조용하고 탐색적이거나, 이상적일 경우라도 어떤 자극과 접촉하느냐에 따라 성격은 중요한 촉매 역할을 한다. 특히 아동·청소년기 타고난 기질과 그 특성은 아이의 일생의 특성이 될 수 있고, 학업성취에도 매우 주요한 원인으로 작용한다. '아이의 특성을 파악하라.'

세 번째가 '자극(prompt)'이다. 자극은 가장 민감하게 행동을 변화시키는 요소이다. 아이의 수준에 맞는 적절한 자극은 아이가 가진 흥미를 일깨우는 요소가 될 뿐 아니라, 타고난 지능 이상의 학습의 이유를 갖게 한다. 자극은 여러 학습 요소들 중 외부에서 오는 특성으로, 건강한 자극은 새로운 선택의 주요한 동기가 된다. '자극을 조절하라.'

마지막으로 중요하게 살펴볼 요소가 인지능력인 '지능(intelligence)'이다. 지능은 선천적으로 부모로부터 물려받은 유동성 지능(fluid intelligence)과 후천적으로 학습을 통해서 지속적으로 발달이 가능한 결정성 지능(crystallized intelligence)으로 구성된다. 누구에게나 선천적 가능성과 후천적 가능성이 열려 있다는 말이다. 선천적 지능이 높지 않더라도 훈련과 노력, 정보의 확보 등을 통해 경험의 지평은 충분히 넓어질 수 있고, 후천적 지능이 선천적 지능의 한계를 메울 수 있다는 말이다. 특히 희망적인 것은 후천적 지능인 결정성 지능은 학습에 의해 발달이 가능할 뿐 아니라 학습을 하고 있는 한 발달이 지속될 수 있다는 것이다. 결정성 지능은 학습을 통해 지속적으로 발달할 수 있기 때문에, 공부에 대한 흥미를 높이는 것은 후천적 지능개발에 매우 중요한 요소가 된다. '다양한 학습에 노출시키라.'

아이들의 흥미를 알고, 기질과 특성에 기반한 성격을 파악하고, 이에 따라 아이에게 필요한 적절한 자극을 제공하면서 다양한 학습에 노출시키는 이유는 아이에게 맞는 학습효과를 내기 위한 과정이다. 아이들의 성격을 제대로 알고 아이 성격에 꼭 맞는 학습방법을 제안할 수 있다면 학습의 효과와 더불어 지능 발달의 기쁨과 사회적 성취와 성공까지 거머쥘 수 있게 될 것이다. 꼭 기억하자. '성격에 따라 행동이 다르고, 공부방법도 다르다!'

학습행동유형이란 무엇인가

학습행동유형은 학습자의 학습행동 및 학습태도를 알 수 있는 도구로 학습자가 현재 어떻게 지내고 있는지, 학습지의 심리상태는 어떠하며, 어떤 패턴으로 공부를 하고 있는지, 학습자의 현재의 심리상태를 알 수 있도록 학습의 유형을 말한다. 히콕스(D. Heacox)는 학생이 공부에 집중해 능력을 발휘하지 못하는 심리상태를 싫증형, 적당형, 의존형, 반항형, 완벽주의형, 고군분투형, 잡념형, 만족형, 외곬형 총 9개의 유형으로 구성해 학습자의 심리상태를 파악하고 부족한 부분을 도와 공부를 잘 할 수 있도록 도왔다(김만권·한종철, 2001). 그러나 히콕스가 나눈 유형은 중복되는 양상들을 반영하지 못하고 두 개 이상의 성격특성이 나타나는 경우를 파악하기 어려웠다. 무엇보다 우리나라 사람들의 독특성을 담아내는 데 제한점이 많았다. 이후 김만권 등(2013)은 이를 한국인의 특성에 맞도록 반항형, 완벽주의형, 고군분투형, 잡념형, 만족형, 외곬형 6개의 척도로 재구성했다.

먼저, 반항형은 학습자가 부모나 교사, 친구 등 주변인들과 얼마나 잘 지내는지, 소통을 잘 하고 있는지에 집중한다. 만약 이 유형에서 높은 점수를 보인다면 학습자가 주변인들과의 갈등으로 화가 많이 나 있거나

김만권의 성격유형

학습행동유형	학습자의 현재 심리상태
반항형	주변인들과의 갈등으로 학습에 반감을 얼마나 가지고 있는가?
완벽주의형	기대치와 목표가 얼마나 높은가?
고군분투형	열심히 노력했을 때 결과가 잘 나오는가?
잡념형	가족·친구·경제 문제 등으로 공부에 집중하고 있는가?
만족형	정서적·성격적으로 안정되어 있는가?
외곬형	좋아하는 것에 몰입하고 있는가?

출처: 김만권(2002).

소통이 잘 이루어지지 않아 답답함을 느끼고 있어 학습에 집중하지 못하고 있는 것이다. 또 점수가 낮게 나온다면 현재 학습자는 매우 무기력하거나 우울한 상태일 가능성이 있기에 누군가로부터 강한 압박이나 통제로 심리적으로 눌려 있지 않은지를 살펴보아야 한다. 이런 상태가 지속될 경우 집중력이 떨어지고 쉽게 흥미를 잃을 수 있기 때문에 가능한 한 빨리 해결해야 한다.

완벽주의형은 학습자가 학습에 대한 기대치가 얼마나 높고 학습에 대한 목표의식이 얼마나 뚜렷한가를 보여 준다. 중간정도이 점수가 나오는 경우 학업에 대한 열의가 높고 목표의식이 뚜렷하며 사소한 것까지도 꼼꼼하게 공부를 하기 때문에 성적이 좋을 가능성이 높다. 그러나 학습자가 70 이상의 점수를 보인다면 이런 경우 너무 잘하고 싶은 기대감 때문에 오히려 시험불안에 시달릴 가능성이 있다. 따라서 이런 경우는 왜 그렇게 높은 기대치를 갖게 되었는지, 또 누구의 영향을 받고 있는지를 분석해 시험불안을 해결해 주어야 한다.

고군분투형은 학습자가 학습에 대한 열의가 높아 열심히 노력하고 애를 쓰고 있는데 노력한 만큼 결과가 잘 나오고 있는지를 보여 준다. 이

유형에서 높은 점수가 나왔다면 노력을 하고 있다는 긍정적인 의미이긴 하지만 동시에 노력한 만큼의 결과가 나오지 않기 때문에 매우 답답하고 안타까운 상황이다. 그러면 왜 노력한 만큼의 결과가 나오지 않는지 그 원인이 지능의 문제인지, 학습장애인지, 학습방법의 문제인지 등 그 원인을 분석해 학습자에게 맞는 방법을 찾아주는 것이 중요하다. 이 부분을 해결되지 않으면 학습자는 공부에 흥미를 잃게 되거나 자신감이 떨어지고 무능감 등으로 심리적인 상처를 받을 가능성이 있다.

잡념형은 가정환경이나 주변 환경이 매우 복잡하거나 경제적으로 어려운 경우, 혹은 친구문제 등으로 신경을 써야 할 문제를 안고 있다는 것을 알려 준다. 이 유형에서 높은 점수가 나오는 학습자는 개인이 통제할 수 없는 가정환경, 경제문제, 친구문제로 학습에 집중하지 못하고 있는 것이다. 이들은 이런 문제들을 누구에게도 표현하지 못하고 혼자서만 끙끙 앓으며 심한 스트레스, 불안, 우울 등과 같은 심리정서적인 문제로 힘들어할 가능성이 높다. 이런 경우 깊이 있는 상담을 통해 문제를 해결해 주어야 비로소 공부에 전념할 수 있다.

만족형은 현재의 심리가 매우 흡족하고 정서적으로 안정된 상태라는 것을 보여 준다. 이 유형에서 높은 점수를 받은 학습자는 현재 하고 있는 공부에서 원하는 만큼의 성적을 받고 있어 자신감이 넘치고, 부모나 교사, 친구들과도 갈등 없이 원만한 대인관계를 맺고 있다. 이들은 성격이 매우 낙천적이고 긍정적이며 학교생활에 잘 적응하고 일상에 만족하고 있다. 뿐만 아니라 환경적으로나 경제적으로도 큰 문제가 없기 때문에 공부에 전념할 만한 환경까지 갖추고 있다. 그러나 잘 살펴보아야 할 부분은 공부를 잘하지 못하면서 만족 점수가 높은 경우이다. 이런 경우 학습자는 공부를 왜 해야 하는지를 모를 경우이거나 장래 목표의식이 없는 경우가 많아 부모님들이 매우 안타까워하거나 답답해한다.

외곬형은 좋아하는 것에 집중하거나 몰입하고 있음을 나타낸다. 이

유형에서 점수가 높다는 것은 현재 학습자가 어떤 것에 빠져 있거나 몰두하고 있다는 것을 의미한다. 특히 이들은 특정 과목에만 관심을 가지는 경향이 있어 해당 과목은 높은 점수를 받지만 관심이 없는 과목에는 점수가 형편없는 경우가 많다. 따라서 이들은 관심이 없는 특정 과목에서만 부모나 교사와 갈등이 발생한다.

우리 아이 성적 향상을 위해서는 기본욕구를 읽으라

"애가 아픈데 공부가 무슨 소용입니까? 공부는 물 건너간 겁니다."

맞는 말이다. 배가 고플 때는 먹을 생각뿐이고, 위험할 때는 안전이 우선이다. 외로울 때는 친구가 필요하고, 부모님에게는 인정받고 싶은 아이가 되고 싶을 것이다. 인간의 근원적 욕구를 잘 이해가 되도록 설명해 놓은 에이브라함 매슬로(A. Maslow)는 1943년 *A Theory of Human Motivation*을 시작으로 평생에 걸친 연구 결과로 인간의 욕구를 5단계로 구분한 '욕구위계설'을 주장했다.

매슬로에 따르면 부모건 자식이건, 남자건 여자건, 어리건 나이가 들건 상관없이 모든 인간은 여러 가지 욕구를 가지고 태어났고, 이러한 욕구가 충족될 때야 비로소 안정감을 느낀다. 자신의 삶이 의미 있고 가치 있기 위해서는 이러한 욕구를 단계적으로 채우며, 궁극적으로 자신의 잠재능력을 마음껏 발휘하면서 자아실현을 하는 것이라고 한다.

일단 첫 단계는 먹고 자고 입는 것, 성적인 욕구 등 우리 일상의 생존과 생활에 필요한 가장 기본적 요소들인 생리적 욕구이다. 그리고 일단 생리적 욕구가 어느 정도 충족되고 나면, 비로소 신체나 감정, 경제적 위

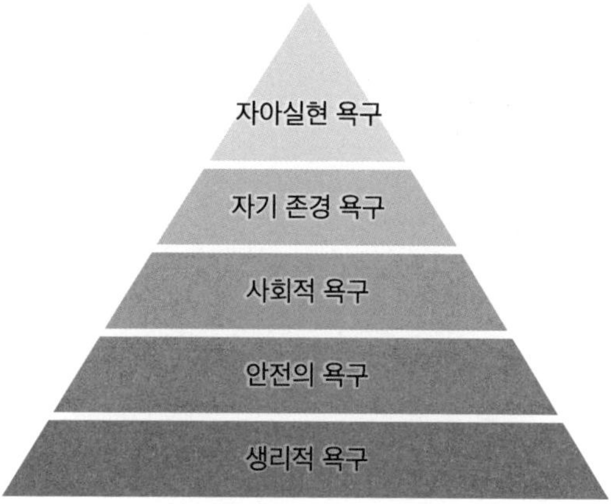

매슬로의 욕구 단계

험으로부터 보호받고 안전한 상태를 유지하고 싶은 안전의 욕구가 발생한다. 그다음, 세 번째 욕구인 사회적 욕구가 나타난다. 누군가를 사랑하고 싶고, 어딘가에 소속이 되고 싶고 친구들과 만나고 교제를 하고 싶은 욕구로 소속감의 욕구 혹은 애정의 욕구라 불린다. 세 번째 욕구가 충족되어야 네 번째 욕구가 생겨나는데, 이때 소속이 된 이후 생겨나는 욕구가 바로 자기 존경의 욕구이다. 누군가로부터 인정을 받고 싶고 주목받고 싶고 높임을 받고 싶은 욕구로, 집단의 단순한 구성원 이상인 사람이 되고 싶어 한다. 외부로부터 인정을 받으면서 동시에 집단 내에서 어떤 지위를 확보하려는 욕구이다.

매슬로의 욕구 단계의 마지막 단계인 자아실현의 욕구는 자신의 잠재능력을 충분히 발휘해서 자기가 이룰 수 있는 모든 것을 성취하려는 최고 수준의 욕구 단계이다. 결국 자신의 잠재능력을 알아차리고 그 잠재능력을 최대한 발휘함으로써 자신이 원하는 삶을 살아가는 것이 자아실현하는 삶을 사는 것이고, 매슬로에 의하면 그렇게 사는 삶이 바로 자기다운 삶을 살아가는 것이라고 할 수 있다.

학습성격유형에서 가장 중요하게 다루는 것이 기본욕구이다. 기본욕구는 사람이 어떤 상황에서 어떻게 생각하고 어떻게 느끼고 어떻게 행동하는지, 사람의 생각이나 행동에 영향을 주는 근본적인 힘이다. 그러므로 기본욕구로 명명되는 키워드는 단순한 뜻을 넘어 각각의 14가지 유형이 각자 고유하게 가지고 있는 삶의 철학적 개념이고 그들이 살아가는 데 기준이 되는 삶의 방향을 이끄는 핵심이 되는 에너지이다.

학습성격 14가지 유형의 기본욕구는 다음과 같다.

14가지 학습성격유형과 기본욕구

학습성격유형		기본욕구
1 One 코드 기본형	행동형	자유와 자발성
	규범형	책임감
	탐구형	호기심과 지식추구
	이상형	인간성과 인간미
2 Two 코드 조합형	행동규범형	정의구현
	행동탐구형	진리탐구
	행동이상형	즐거움
	규범탐구형	냉철한 양심
	규범이상형	봉사와 헌신
	탐구이상형	개성존중
3 Three 코드 조합형	행동규범탐구형	유능성
	행동규범이상형	명예존중
	행동탐구이상형	진리탐구와 혁신
	규범탐구이상형	도도함과 우아함

출처: 김만권(2004).

이 책에서 다루는 14가지 학습성격유형의 행동특성은 바로 이 기본욕구에서 파생되었고, 14가지 학습성격유형의 기본욕구는 반드시 충족되어야 한다. 기본욕구가 충족되면 다음의 세 가지 상태를 아우르게 된다.

- ✔ 저절로 균형을 찾아가는 상태
- ✔ 안정을 유지하는 편안한 상태
- ✔ 스스로 동기부여되는 상태

학습성격유형에는 각각의 성격유형에 따라 온전히 보전되고 채워져야 하는 '전형적인 모습'이 있는데 이것은 기본욕구와 직결되어 있다. 기본욕구가 충족되면 전형적인 모습이 보전되고, 심리적인 안정과 균형이 이루어지며, 칼 로저스가 말한 자아실현 경향성이 발현된다는 것이다. 반대로 기본욕구가 충족되지 않으면 전형적인 모습이 어그러지고 심리적으로 균형이 깨지면서 심리적이고 병리적인 문제가 유발될 수 있다.

사람이 살아가면서 심리적인 균형이 무너지게 되면 심리치료를 받게 되는데, 치료과정을 통해 심리적 불균형을 해소하고 기본욕구에 따른 전형적인 본래의 모습으로 되돌리는 것이 심리치료 과정이라고 할 수 있다. 그러므로 심리치료 과정을 통해 심리적인 건강을 이루려면 먼저 성격유형과 기본욕구를 알아야 한다. 그리고 기본욕구의 전형적인 모습에서 벗어난 부분을 진단하고 해결하는 것이 심리치료의 목표가 되어야 한다.

이제 학습성격유형에서 강조하는 성격유형의 기본욕구와 기본욕구 충족이라는 의미를 학습과 연결해서 설명한다면 다음과 같다. 학습성격유형의 기본욕구는 반드시 충족되어야 하며, 기본욕구가 충족되면 심리의 흐름이 자연스러워지고 균형과 안정이 이루어지면서 자아를 실현하고 싶은 동기가 생긴다. 만약에 주변의 강압적인 통제나 방임으로 기본욕구가 충족되지 않거나 어그러지면 심리의 흐름에 불균형이 되면서 불안감이 생기기 때문에 학습에 대한 동기와 집중력이 떨어지면서 성적향상에 방해가 된다는 것이다.

이 책에서 살필 14가지 성격유형의 특성은 다음과 같다. 아이의 특성과 가장 가까운 내용을 찾아보길 바란다. 그리고 책을 읽고 있는 부모의 유형도 찾아보길 바란다. 자녀를 위한 코칭뿐 아니라 부모 자신을 위한 분석도 될 것이다.

행동형

자유롭고 타인의 간섭 없이 자신이 원하는 것을 적극적으로 행하는 매우 독립적인 아이이다. 감각적인 사고를 하기 때문에 직접 체험이나 경험을 통해 지식을 얻는 유형이라 일단 행동하고 나중에 생각하며 공부에 집중하기보다는 벼락치기에 능하다. 진득하게 공부를 하지는 않고 덜렁거려도 매우 솔직하고 투명하며 상황파악이 빠르고 의리가 있으며 목표지향적이다. 부모는 행동형 아이에게 '우리 아이가 머리는 좋은데 공부를 안 한다.'고 말하는 경우가 많다.

규범형

돌다리도 두들겨 보고 건넌다. 이 유형의 아이는 책임감이 강하고 꼼꼼하며 사진 같은 기억력을 가지고 있다. 자신에게 주어진 과업을 계획에 따라 실수 없이 완벽하게 이루되 나만의 기준과 원칙을 가지고 있으며 실천력도 강하다. 다만 표현하지 않는 상처가 많고 실패에 대한 두려움이 큰 아이라 자책감에 대한 관리가 중요하다.

탐구형

호기심이 많고 엉뚱한 구석이 많으며 끊임없는 질문을 하며 한 주제만 파고들어 그 분야에서 놀라운 지식 수준을 보이는 유형이다. 생각이 깊고 끝없이 뻗어 가지만 좋아하는 것만 파고들고 친구에 도무지 관심이 없는데다 눈치가 없어서 왕따를 당해도 잘 알아차리지 못하기도 한다. 멀티 플레이어라 부모들은 "왜 이리 산만하니, 제발 한 가지만 똑바로 해라!"라는 소리를 자주 한다.

이상형

인간적이고 정이 많은 아이이다. 세상에 존재하는 모든 사람들이 행복하게 살아가는 것에 관심이 많기 때문에 늘 주변 사람들을 살피는 것에 관심이 많다. 마음이 여리고 좋은 사람이 되어야 한다고 믿으며 칭찬을 받아야 성장하는 유형이다. 타인에게 늘 관대하고 용서를 잘 하기에 억압적인 환경에서는 기를 펴지 못하고 자신의 인정욕구를 잘 표현하지 못한다.

행동규범형

규칙과 약속이 몹시 중요하다. 마치 정의구현을 위해 태어난 듯 사회의 존속이나 사회질서를 유지하기 위해 만들어진 법이나 규칙이나 원칙을 철저하게 지키는 것이 중요한 사람이다. 자기 의사가 뚜렷하고 말투도 단호하고 분명하며 결정을 번복하지 않는다. 다만, 규칙을 어기는 사람이 있다면 고발을 해서라도 반드시 지키는 것을 원칙으로 하기 때문에 융통성이 없고 자주 화를 내어 오해를 받기도 한다.

행동탐구형

좋아하는 것에 푹 빠져 깊이 몰입한다. 관심사나 지식에 대한 호기심이 많은 고, 일단 호기심이 발동하면 장소나 시간을 가리지 않고 세상 어디라도 진리를 찾아 거침없이 행동한다. 구속을 힘들어하고 결정도 과감하지만, 대인관계에 관심이 없고 대인관계도 미숙해 이 유형의 아이들 부모들은 아이의 사회성을 걱정한다.

행동이상형

기분이 좋아야 창의력이 샘솟는다. 재미가 없거나 지루한 것은 딱 질색이며 사람을 몹시 좋아하다. 대인관계 폭이 넓고 외모에도 무척 관심이 많고 사람의 관심을 즐기고 인정욕구가 강하다. 하고 싶은 일이 많으며 마음만 먹으면 정열적으로 수행하는 반면, 충동적이고 즉흥적이라 어디로 튈지 모르는 럭비공 같고 감정이 폭발적이기도 하다.

규범탐구형

차분하고 정확하다. 원리원칙을 중요시하고 돈도 낭비하지 않는다. 누가 감시하지 않아도 스스로 지키는 사람, 매우 신중하고 예의가 바르며 현실적인 판단력이 정확한 이성적인 사람이라 걸어 다니는 법전과 같다. 대신 자신에게 엄격한 만큼 다른 사람들도 그 기준에 맞추려고 하기에 차갑고 냉정해 보이며 다른 사람들과 두루 어울리는 것을 힘들어하기에 소수의 친구만 있다. 완벽주의 성향이 있어 시험불안이 크고 화를 잘 내며 실패를 매우 힘들어한다.

규범이상형

따뜻하고 헌신적이며 대가를 기대하지 않고 온몸과 마음과 정성을 다해 도움이 필요한 사람을 돕는다. 신념이 분명하면서도 부드럽고 일처리도 매우 잘 하며 사람들에게 예의가 바르고 친절하며 어떤 희생도 마다하지 않고 끝까지 책임을 다한다. 다만, 다수에게는 따뜻한 사람이나 자신의 속을 먼저 드러내는 것을 힘들어하고 낯선 사람에게 먼저 다가가 말을 거는 일을 힘들어한다. 거절을 매우 힘들어하고 실수에 대한 죄책감이 크며 강한 상대나 윽박지르는 환경에서는 무기력해진다.

탐구이상형

느리고 특이하며 매우 독창적이고 덕후기질이 다분하다. 지적 호기심이 많으면서도 일상생활은 매우 느리고 정리가 안 되어 있으며 세상사에 관심도 없어 며칠씩 방에 틀어박혀 있기도 하고 마치 친구도 없는 것 같아 부모의 애를 태우는 형이다. 그러나 목표만 분명해지면 누구보다 빠르고 독창적이고 기발한 아이디어로 사람들을 놀라게 하면서 부모에게 걱정과 자부심이 교차하게 한다.

행동규범탐구형

목표를 향해 힘차게 전진하는 유형이다. 안목이 넓고 판단력·문제해결능력이 뛰어나고 신속·과감·정확하게 능력이나 역량을 마음껏 펼침으로써 최상의 결과를 도출해 내는 사람이다. 매우 유능하고 독립적이고 준비성이 강하며 목표지향적이나 다른 사람들이 속도를 맞추지 못하면 마음이 급해지고 공감능력이 부족해 일은 잘하나 외로움을 느끼는 경우가 많다.

행동규범이상형

믿음직스럽고 책임감이 강하다는 말을 많이 듣는다. 예의가 바르고 배려심이 많으며 친화력·통솔력 그리고 리더십이 뛰어나 조직을 안정적으로 이끌어 갈 수 있는 책임감을 가지고 있는 유형이다. 무엇이건 다 잘 하고 싶어 하는 아이라 체력관리가 중요하며, 자신이 타인의 기대에 못 미칠까 두려워하고 거절을 힘들어한다. 자신이 부당한 대우를 받는 것을 매우 힘들어하나, 이 유형의 아이를 둔 부모들은 "우리 아이는 속을 썩인 적이 없어요."라고 말한다.

행동탐구이상형

세상을 바꾸는 아이들이다. 공정성·합리성·효율성·논리성을 가지고 홍익인간을 위해 세상을 혁신하기를 원하는 다재다능한 사람이다. 궁금증과 호기심이 많아 질문이 많고 부모나 교수가 시키는 것을 그대로 하기보다 '왜 그렇게?'와 같은 방법을 살피고 자신만의 방법을 모색하기에 가끔씩 종잡을 수 없는 아이 혹은 변덕이 심한 아이로 보이기 쉽다. 또 자신이 필요하지 않다고 생각하면 전혀 귀를 기울이지 않거나 하루아침에 하던 것을 던져 버리기도 하기에 바라보는 부모를 염려하게 한다.

규범탐구이상형

교양 있고 우아하다. 깊이 있는 지식과 수준과 품격을 갖춰 나가는 지적 호기심이 많으며 예술감각이 뛰어나다. 부드럽고 조용해도 자기기준이 분명하며 겉으로 좋아보여도 알고 보면 까다롭다. 매너와 교양을 중시하고 자신의 수준에 맞는다고 생각하는 친구들과만 교제를 한다. 자신이 해 낼 수 없는 한계에 부딪히면 좌절과 회의감에 빠지기도 하며 시험불안이 큰 유형이기도 하다.

ONE 코드 기본형

행동형
생각보다 행동이 앞서는 아이

규범형
돌다리도 두들겨 보고 건너는 아이

탐구형
호기심과 엉뚱한 아이디어로 꽉 찬 아이

이상형
인간적이고 정이 많은 아이

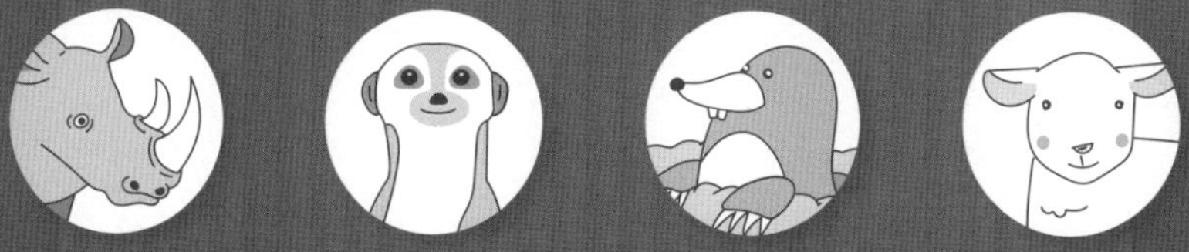

1

행동형

생각보다 행동이 앞서는 아이

"예측불가 그러나 빛나는 순발력"

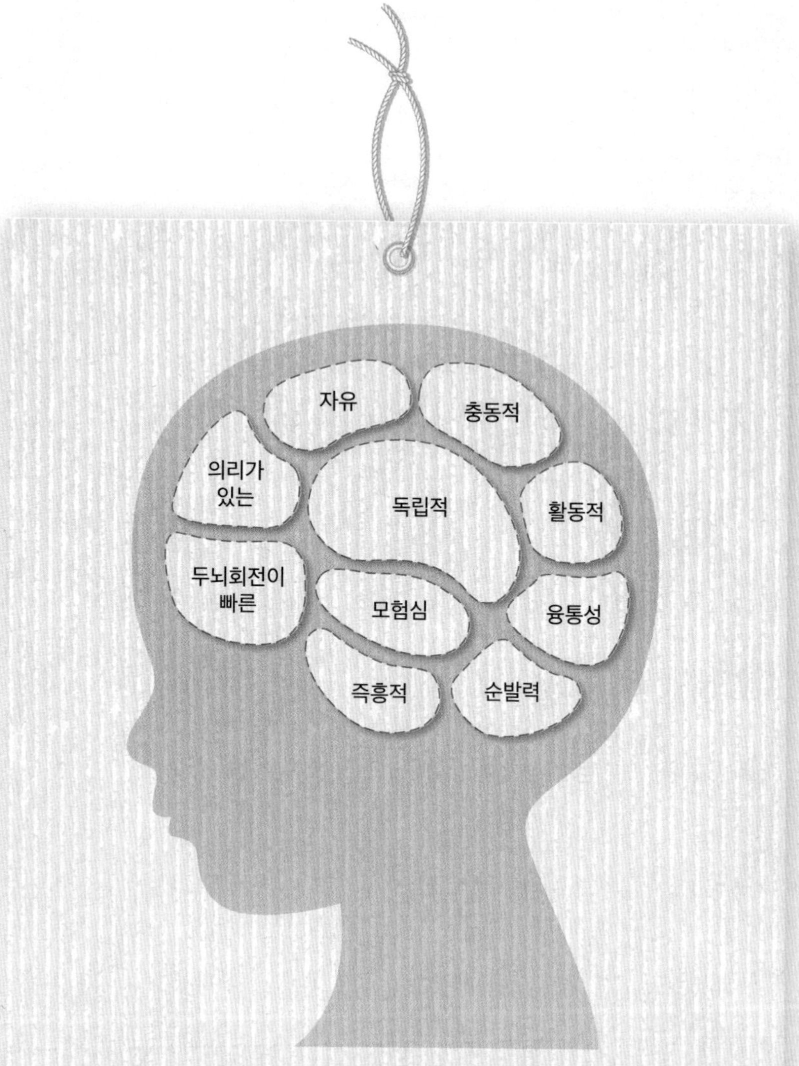

행동형 자녀의 공부머리와 주요 관심사(키워드)

행동형의 기본욕구: 자유와 자발성

자유와 자발성은 매우 독립적이고 타인의 구속을 원치 않으며 주체적으로 자신이 원하는 것을 마음껏 추구하는 경향을 말한다. 자발성을 가진 사람은 누군가로부터 구속되거나 속박받는 것을 싫어하고, 사회질서를 위해 만든 관습이나 법, 규범에 얽매이지 않고, 자유롭게 자기가 하고 싶은 것을 한다.

행동형은 감각적 사고를 하고, 자아가 외부에 있다. 다양한 외부환경으로부터 자극을 받고, 외부환경의 영향에 따라 행동도 즉흥적이며 충동적이어서 아무도 그들의 행동을 예측하기가 어려워 마치 돌진하는 코뿔소와 같다. 뿐만 아니라 그들은 자신이 한 행동에 대해 책임을 지기보다는 상황에 따라 핑계를 대거나 남 탓을 하는 경우가 많다.

그러나 이들은 머리 회전이 빠르고 순발력, 융통성이라는 긍정적인 에너지를 가지고 상황에 빠르게 대처하거나 문제해결 능력이 뛰어나다는 장점을 가지고 있다. 이들은 깊이 생각하고 판단해서 지식을 습득하는 사람이 아니라, 경험을 통해 배우는 사람이기 때문에 이론적인 것을 싫어하고 책을 통해 배우는 것을 싫어한다.

행동형 아이의 행동특성 이해하기

1 눈치는 빠르지만 인내심이 부족하다

"엉덩이를 붙이고 공부하는 시늉이라도 해 봐라. 시험이 낼모레잖니?"

행동형은 감각적 사고를 한다. 그래서 행동형의 행동은 빠르고, 즉흥적이고, 때로는 충동적으로 행동하는 행동지향적인 사람으로 보인다. 이들은 눈에 보이는 대로, 귀에 들리는 대로, 바로바로 행동하기 때문에 그들의 행동은 어디로 튈지 모르는 럭비공같이 예측할 수 없다. 이들은 책상에 앉아 공부하다가도 밖에서 친구들이 노는 소리를 들으면 시험이 코앞인데도 곧바로 뛰쳐나가 놀이에 합류한다. TV를 보다가도 동생이 옆에서 재미있는 게임을 하면 동생의 일에 간섭하거나 심지어는 어른의 일에 끼어들기도 한다. 진득하게 책상에 붙어 앉아서 공부에 집중하지 못하고, 끈기 있게 할 일을 끝까지 마무리하지 못하는 행동형의 자녀를 바라보는 부모님의 걱정은 이만저만이 아니다. 이들의 부모님들은 어떻게든지 행동형 자녀의 인내심과 집중력과 끈기를 키워 보려고, 별의별 방법을 다 써 보고 고심해 보지만, 달라지기는커녕 오히려 서로 간의 감정이 격해지고 관계만 나빠진다.

이렇게 행동형 아이들의 집중력은 30분 이상을 기대하기 힘들다. 그러나 자신이 좋아하는 일이나 관심 분야가 생기면 온 힘을 다해 몰입하고 다른 것에는 전혀 신경을 쓰지 않는다. 행동형의 부모님들은 행동형이 관심 분야에 몰입한다는 사실에 주목하고 그 부분을 강화해야 할 것이다.

반면 행동형은 머리가 좋고 두뇌회전이 빨라 상황파악을 잘 하고, 문제상황에서 순발력 있고 기발한 방법으로 이를 해결한다. 때문에 행동형 아이들의 부모들이 가장 많이 하는 말이 바로 이것이다.

"우리 아이가 머리는 좋은데 공부를 안 해요."

또한 이들은 핵심파악을 잘 하기 때문에 책 전체를 읽지 않아도 책 전체의 줄거리를 이해한다. 수업시간에 교사의 몇 마디의 설명만 들어도 오늘 무슨 내용으로 수업이 진행될 것인지를 파악해 버리는 놀라운 능력을 가지고 있어 14가지 성격유형 중 유일하게 벼락치기가 가능한 유형이다. 그러나 짧은 시간에 벼락치기로 공부했기 때문에 시험에서 실수를 하는 경우가 많다.

2 어항 속 물고기처럼 속이 훤히 드러나 보인다

"아! 짜증나, 동생은 놔두고 왜 나만 차별하는 건데요!"

시험이 코앞인데 몇 시간째 PC 앞에 앉아 게임을 하는 행동형 아들, 이 상황을 참다 못해 PC 전원을 꺼 버린 엄마에게 내뱉은 행동형 자녀의 말이다. 아들은 엄마가 왜 이렇게까지 할 수밖에 없는지 엄마의 걱정하는 마음을 헤아리지 못하고, 게임을 못 하게 된 자기의 기분만 생각한다. 그래서 행동형 자녀는 생각 없이 내뱉은 자신의 말에 상처받고 있는 엄마의 기분을 알아차리지 못한다.

행동형은 상대방의 감정과 기분이 어떨지 생각하고 헤아리기보다는 자신의 감정과 기분만 생각한다. 그래서 상대방의 행동이 눈에 거슬리고 그 행동이 내 기분을 상하게 한다면, 그 상한 기분을 여과 없이 직설적으로 표현한다. 스스로 그러한 행동이 쿨하고 당당하고 호탕하다고 자부하지만, 이러한 태도가 상대방을 당황케 한다거나 상처를 주고 있다는 사실을 알아차리지 못한다. 특히 규범형들에게는 행동형의 직설적인 표현이 납득되지 않고, 경박하고 가벼운 사람으로 생각된다.

'어항 속의 물고기가 훤히 드러나 보이듯' 행동형의 속마음은 투명하게 드러나 보인다. 기분이 좋으면 좋은 기분이 겉으로 드러나고, 기분이 나쁘면 나쁜 기분이 그대로 드러난다. 이러한 행동형의 기분변화를 주변 사람들이 다 알아차리기 때문에 행동형의 기분에 따라 주변 사람들의 감정에도 영향을 미쳐 주변 사람들의 심기를 불편하게 만들기도 한다.

투명하고 솔직한 성격의 행동형은 자신이 투명하고 솔직한 것처럼 상대방도 똑같이 '툭 터놓고' 행동하기를 바란다.

3 상황파악이 빠르고 순발력이 좋다

"제가 일찍 오려고 했는데, 교통사고가 났는지 도로에 차가 꽉 막힌 거 있죠! 게다가 이번 시험 정말 어려웠어요. 나만 망친 게 아니라 다른 애들도 싹 다 망쳤어요."

행동형에게는 이유가 많다. 시험 성적이 잘 나오지 않은 이유를 열심히 노력하지 않은 자기 자신에게서 찾지 않고, 시험을 어렵게 출제한 외부상황 탓으로 돌리고, 시험이 어려웠다는 핑계를 대는 것이다. 또 약속 시간에 늦은 이유가 일찍 출발하지 않은 자신이 문제라고 인정하지 않고 교통사고가 나서 차가 밀렸다고 거짓말을 하는 것처럼 보인다.

그러나 행동형의 이러한 행동은 상대방을 골탕 먹이거나 피해를 주기 위해서 하는 행동이 아니라, 그 순간에 위기를 모면하기 위해서 떠오르는 대로 표현한 것뿐이다.

이처럼 상황적 사고란 새로이 발생한 상황에 적응하기 위해 상황에 맞도록 자신의 사고를 변화시키는 것을 말한다.● 따라서 상황적 사고는 똑같은 상황이라 해도 상황이 발생한 시간이나 장소 혹은 대상에 따라 판단의 기준이 달라지고 떠오르는 감정과 생각이 변화한다. 때문에 상황적 사고가 잘 발달된 사람은 보다 즉흥적이며 변덕스럽다는 평가를 받기 쉽다. 상황적 사고를 많이 하는 행동형은 그러한 상황에 그때 그때 대처하며 자신의 생각이나 느낌을 신중한 판단 없이 말하기 때문에 부모나 교사 혹은 친구들조차 행동형을 신뢰하지 않는 경우가 많다. 심지어 거짓말을 한다는 오해를 받기도 하는데, 행동형끼리는 이런 경험을 공유하며 문제의 원인을 외부로 돌리기 쉽다.

그러나 자아분화가 잘 된 행동형에게 상황적 사고는 융통성과 순발력에 연결되어, 입의 혀 같이 사람들의 기분을 잘 살피면서 사회생활을 잘 하는 장점이 될 수도 있다. 또 사람들을 잘 이끌 수 있는 힘, 카리스마를 가진 멋진 사람의 모습으로 보인다.

● 여기서 제시한 상황적 사고에 대한 정의는 필자의 정의이다. 그러나 상황적 사고는 매우 흥미로운 주제이기에, 상황적 사고에 대한 심도 있는 주제는 다음의 책을 참고하라. 윤여일(2013), 『상황적 사고』, 산지니.

4 의리파라 한번 맺은 인연은 끝까지 간다

"친구들과 몰려다니느라 공부를 안 해요….
자꾸 친구들의 싸움에 휘말려 몸이 상처투성이예요."

'의리' 하면 배우 김보성을 떠올릴지도 모른다. 우정과 약속을 중시하고 이를 위해 기꺼이 자신을 희생하는 의리맨은 행동형에서 많이 발견된다. 행동형은 스스로 의로운 사람이라고 생각하기 때문에 불의를 보면 기꺼이 나서서 이를 해결하려고 하기에 자주 시비에 휘말린다. 심지어 남의 일에 끼어들었다가 법적인 시비에 휘말려 낭패를 보기도 한다. 가족보다도 의리를 중요하게 생각하는 행동형은 친구가 누군가로부터 당하는 모습을 보면 죽는 한이 있어도 친구를 구해 내려는 의리 있는 행동을 한다. 이렇게 맺어진 친구들은 끝까지 인연을 이어가게 되는데, 이것이 행동형 아이들의 부모가 염려하는 부분이다. 자녀가 좋은 친구를 만나서 좋은 영향을 주고받으며 평생을 함께한다면 더할 나위 없이 부모를 기쁘게 하지만, 만약 문제행동을 하는 친구를 만나 그런 친구와 평생을 같이 간다면 불행한 일이 아닐 수가 없다. 그렇다면 행동형 부모들은 자녀들에게 사람을 볼 줄 아는 안목을 키워 주는 것이 중요하다.

5 쿨하다 못해 지나치게 솔직하다

"조용히 좀 말해라. 그리고 꼭 그렇게 말해야겠니?"

행동형은 쿨하다! 마음속에 무엇인가를 감추고 이리저리 생각을 하면서 상대방의 감정을 살피는 사람이 아니라 '싫으면 싫다, 상처를 받았다면 상처를 받았다'고 분명하게 말하는 것을 좋아한다. 물에 물 탄 듯, 술에 술 탄 듯 미온적인 태도를 가진 사람을 마음에 들어 하지 않고 매우 답답해한다. 오히려 화끈하게 직설적으로 말하는 자신들의 태도가 상대방을 위한 배려심이라고 생각한다. 행동형이 공개된 상황에서 직설적으로 하는 표현방식이 때로는 상대방을 당황하게 하거나 상처를 주게 된다.

이 유형은 감각적 사고를 하고 자아가 외부에 있어 화끈하고 거침없이 온몸으로 움직이고 행동한다. 이들은 누가 뭐라고 생각하든 상관하지 않고, 자기가 보고 느끼는 대로 행동하고, 자신의 기분대로 망설이지 않고 거침없이 표현한다. 이들은 작은 것에 연연해하지 않는 사람으로 친구가 자신에게 큰 잘못을 했음에도 잘못했다고 용서를 구하면 쿨하게 잊어버리고 평소처럼 잘 지낸다.

6 통이 크고 목표지향적이다

"돈을 1,000조 벌고 싶어요!"

행동형의 아이는 백두산의 호랑이와 같다. 부뚜막 위에 얌전하게 앉아 있는 고양이와는 차원이 다르다. 에너지가 넘치고, 행동반경이 넓으며 일 처리 능력이 탁월하고 잠재능력이 많은데다 하고 싶은 것이 많은 욕구충만형이다. 그리고 원하는 것은 반드시 이루어야 하는 사람, 통 큰 사람이다. 그래서 행동형의 눈에는 작은 것이 시시해 보이고 전혀 눈에 들어오지 않는다. 무엇이든지 보기 좋은 것, 멋있는 것, 큰 것, 좋아 보이는 것, 권력과 명예가 있는 곳에 마음이 끌린다. 그래서 돈을 벌어도 그야말로 엄청나게 벌고 싶고, 권력가라면 장관 이상급은 되어야 마음에 들어 한다. 인심이 좋아 누구에게나 밥을 사고 한턱낸다면 그날은 동네 잔칫

날이 된다.

"오늘은 내가 음료수를 쏠 테니 골라 봐!"

행동형은 늘 용돈이 아쉽다. 친구들과 축구하고 목이 말라 음료수를 마시게 될 때, 행동형은 절대 혼자만 마시지 않고, 구성원 모두에게 음료수를 쏠 줄 아는 통이 큰 성격 때문에 항상 용돈이 부족할 수밖에 없다. 항상 주변 사람들을 즐겁게 하고, 통 크게 베푸는 이들은 사람들에게 주목을 받게 되고 자연스럽게 사람들의 중심에 서게 된다. 뿐만 아니라 이들은 목표지향적이기에 자신이 하고 싶은 것이 생기면 그것을 반드시 해야 하는 사람이고, 목표를 향해 추진력과 인내력이 충만하다는 장점을 가지고 있다.

행동형 아이 부모를 위한 맞춤 학습코칭

1 자율적이고 독립적인 아이가 되게 하라

'사자는 키우는 것이 아니라, 스스로 자란다.'

행동형이 자율적인 사람이 되기 위해서는 마음껏 자유롭게 무엇인가를 해 볼 때, 비로소 '무엇인가를 해 볼 수 있는' 자율성이 나오는 것이다. 프로이트는 행복한 인간이 되기 위한 조건으로 일과 사랑을 말했다. 일을 잘함으로써 성공하고 행복한 사람이 되기 위해서는 자율성이라는 덕목이 중요하다는 것을 자녀를 키우는 부모들은 너무나도 잘 알고 있다. 그러나 어떻게 자율성을 키워야 하는지, 내 자녀가 왜 자율적이지 못하는지 그 이유를 모르는 부모들이 많다는 사실에 놀라움을 금치 못한다.

하늘을 나는 새와 같이, 들판을 달리는 야생마와 같이 '자유로운 삶'을 살아야 하는 행동형은 기본욕구가 '자유'이다. 자유라는 기본욕구가 충족될 때, 행동형은 심리적으로 안정과 균형을 이루며, 자기를 실현할 수 있는 동기가 생긴다. 행동형의 기본욕구인 '자유'가 충족될 때 비로소 독립적이고 자율적인 삶을 살아가게 된다는 것을 염두에 두어야 한다.

2 목표를 크고 원대하게 세우라

'무엇을 보고, 듣고, 경험하느냐가 중요한 유형'

행동형은 감각적인 사고를 하는 사람이기 때문에 눈으로 보고, 귀로 듣고, 손으로 만지고, 맛보고, 냄새 맡는 체험을 많이 하는 것이 중요한 사람이다. 이 유형의 사람들은 오감각을 통해 보고, 듣고, 만지고, 먹어 볼 때 하고 싶은 것이 생기고 관심이라는 것이 생긴다. 그래서 '보는 것'이 곧 '꿈의 크기'와 비례한다고 할 수 있다.

새를 둥지에 가둘 수 없고 야생마를 우리에 가둘 수 없다. 마찬가지로 '자유'라는 기본욕구를 가진 행동형을 '우리'와 같은 틀 속에 가두지 않고, 자유롭게 다양한 것들을 경험하게 한다면, 그 경험 속에서 자율성이 생기고 꿈이 생긴다는 것을 기억해야 한다.

다음은 필자와 함께 공부한 지인의 자녀 사례이다.

어려서는 여행에 잘 따라다니던 지인의 자녀가 사춘기가 되니 부모와 같이 다니는 것을 거부할 뿐만 아니라, 사사건건 부딪치는 경우가 많아서 꾀를 쓴 것이 해외여행이었다고 한다. 겁이 많아 혼자 집에 남아있을 수 없는 아이는 부모를 따라 여행을 갈 수밖에 없었다. 미국 하버드 대학교를 보고 설명을 듣고 난 이후 어느날 유학을 보내 달라는 것이다. 겁이 많아 "우리나라를 두고 유학을 왜 가?"라고 말하던 아이가 세계를 다녀 보더니 꿈이 생겼고, 외국과 외국 사람에 대한 두려움에서 벗어나 미국 유학을 하게 되었다는 것이다.

이렇게 행동형은 목표가 생기면 반드시 이루는 성격적인 특성을 가지고 있을 뿐만 아니라 의리를 중요하게 생각하는 사람으로 자신을 믿어 주는 자기 사람을 절대 배신하지 않는다. 부모가 행동형의 자녀와 친밀한 관계를 형성하고 믿음과 신뢰를 충분히 심어 준다면, 의리파 행동형은 자기를 믿어 주는 부모님이 원하는 일들을 하려고 애쓸 것이며, 자신의 꿈을 이루도록 할 것이다. 많은 것을 보여 주고 많은 것을 경험하게 함으로써 꿈을 크게 갖게 하는 것이 행동형의 부모가 할 일이다.

3 사람을 보는 눈을 키워 주라

'행동형은 한번 맺은 친구와 평생 간다.'

행동형은 정의와 의리를 중요하게 여긴다. 그래서 불의를 보면 물불을 가리지 않고, 발벗고 나서서 잘못된 것을 바로잡으려고 애를 쓰는 사람이다. 가족보다도 '의리'를 더 중요하게 여기기 때문에, 자기 사람이 다치지 않도록 어떻게든지 지키려고 한다.

'의리에 죽고 의리에 사는' 행동형은 한번 맺은 인연을 죽을 때까지 가지고 간다고 보면 된다. 이러한 행동형의 특성을 장점으로 활용한다면 좋은 자원이 될 수도 있지만, 잘못 활용하면 평생 재앙으로 작용할 수도 있다. 이 말이 의미하는 바는 행동형이 사춘기 시기에 어떤 친구를 만나는가가 평생에 많은 영향을 미친다는 것이다. 행동형이 좋은 친구를 만난다면, 평생 좋은 인맥이라는 자원을 유산으로 물려받는 것이 될 것이고, 문제 아이들과 몰려다니면서 사고만 치는 그런 친구를 만난다면 생각만 해도 끔찍한 일이 아닌가? 행동형 자녀에게 좋은 인맥을 유산으로 물려줄 것인지는 부모의 몫이다. 그러므로 행동형 자녀에게 어려서부터 사람을 보는 안목을 길러 주는 것이 중요하다.

4 경험을 통한 리더십을 키워 주라

행동형은 어딜 가나 리더가 되기 쉽다. 이들의 장점인 폭넓은 대인관계 때문이다. 따라서 이 유형의 아이들은 사람들과 만남이 자유롭고 사람들과 친화력이 있어서 쉽게 친해지기도 한다. 이들은 많은 사람들과 함께 있을 때 신이 나고 힘을 발휘한다. 이들은 많은 사람들 앞에 나서는 것을 좋아하고, 사람들의 주목을 받는 것을 좋아하는 유형이지만, 동시에 다른 사람들로부터 지시를 받는다거나 통제받는 것을 싫어한다.

이러한 특성을 가진 행동형은 사회에 나가서 다른 사람과 함께 일하기보다는 리더로서 역할을 할 가능성이 많다. 리더가 되어 사람에게 좋은 영향력을 미치기 위해서는 어려서부터 리더십 훈련은 필수이다.

행동형에게 리더십 경험을 하도록 추천하는 두 번째 이유는 행동형의 생활 습관이나 문제점을 고치는 방법이 교육이나 설명을 통해서는 불가능하기 때문이다. 이들이 반장이나 리더를 하면서 겪었던 문제점이나 불편사항을 자신이 스스로 체험하면서, "아~ 이렇게 행동하면 타인들이 불편하고, 싫어하는구나!"를 스스로 느끼게 될 때 교정이 가능해진다.

진정한 리더로 성장하려면 자신이 어떤 강점과 약점을 가지고 있으며, 그 약점을 어떻게 보완할 수 있고 무엇이 문제점인지 현실 속에서 경험하면서 검증할 수 있어야 한다.

5 공부할 때는 온몸으로 신이 나게 하도록 하라

행동형은 사람을 좋아하고 많은 사람과 함께하며, 어디서든지 자기가 주인공이 되어 주목받는 것을 좋아한다. 이러한 행동적 특성을 공부하는데 활용한다면 즐겁게 공부에 임할 수 있을 것이다.

◎ 프로젝트식 수업

행동형이 공부할 때를 예를 들면, 어떤 주제에 대해 연구한 후 발표하는 프로젝트식 수업을 활용하는 것이다. 여러 사람들이 조를 짜서 주제를 정하고, 각자 역할을 맡아 구성원들과 함께 모여 준비하고 발표하는 수업을 한다면, 내가 좋아하는 사람들과 마음껏 이야기를 나누면서 신이 나게 공부에 임하게 되는 것이다.

◎ 경쟁형 놀이 수업

행동형은 욕심이 많아 경쟁에서 지는 것을 싫어한다. 그래서 이러한 경쟁심을 이용해서 팀으로 나누어서 단어 외우기를 한다든지, 행동형이 좋아하는 놀이식으로 수업을 진행한다면, 공부가 지루한 것이 아니라 재미있는 것이라고 인식하게 됨으로써 공부에 흥미를 갖게 하는 것도 교육자가 연구해야 할 부분이다.

◎ 탐험형 활동 수업, 체험학습

답답하고 좁은 교실에서 암기식, 강의식 수업보다는 감각적 사고를 하는 행동형에 맞는 체험학습이 효과적인 공부방법이다. 자유로운 분위기에서 오감을 활용한다면, 학습효과도 좋고, 학습자가 매우 행복하게 학습에 임할 것이다.

비계획적·비체계적인 행동형이 자기관리를 잘 하기 위해서는 계획적이고 체계적인 훈련이 필요한 부분이다. 예를 들어 '조선시대의 의류생활'에 대해서 조사해서 정해진 기한까지 제출하라는 과제를 준다면, 이들은 먼저 인터넷을 검색할 것이고, 조선시대에 입었던 옷을 직접 눈으로 확인하기 위해 어디를 찾아가야 하는지를 사전에 조사하고, 그 장소에 찾아가기 위해 누구랑 몇 시에 만나서 갈 것인지를 생각하게 된다. 비체계적이고 비계획적인 행동형은 점차 계획하고 준비하는 사람으로 훈련이 될 것이다.

공부하는 것을 싫어하는 행동형에게 행동형의 성격특성에 맞는 교육방법으로 교육한다면 먼저 아이들이 행복할 것이고, 즐거운 마음으로 공부하면 성적이 저절로 오르는 것은 당연한 결과이다.

6 짧은 시간을 활용한 조건제시형 집중법을 사용하라

행동형 아이들은 자아가 외부에 있고 감각적 사고를 한다. 그래서 이들은 순발력이 뛰어나며 융통성이 많지만, 눈에 보이는 대로 귀에 들리는 대로 즉흥적으로 행동하기 때문에 집중하는 시간이 매우 짧다. 공부하다가도 밖에서 무슨 소리가 들리면 이 아이들은 바로 뛰쳐나가고, 책상 앞에 진득하게 앉아서 몇 시간을 버티질 못한다. 또 행동형은 하고 싶은 것이 너무 많아 끊임없이 새로운 것을 찾아 헤맨다. 이런 행동형 자녀에게 공부에 흥미를 갖게 하는 방법은 무엇이 있을까? 노는 것에 흥미를 가지고 있는 행동형에게 성격적 특성에 맞는 조건을 제시하는 것이다. 예를 들면, "영어단어 10개 외우고 네 맘대로 실컷 놀아도 좋다."라고 한다면 행동형의 아이들은 '네 맘대로 놀아도 좋다'는 귀에 들린 말 때문에 신이 나서 영어단어를 외울 것이다.

이렇게 조금씩 공부에 재미를 붙이면서 점진적으로 공부의 양을 늘려 간다면 자기도 모르는 사이에 제법 오랫동안 공부에 집중할 수 있는 힘을 기르게 될 것이다. 행동형 아이들에게는 시간의 양이 아니라 질이 중요하고, '짧은 시간 동안에 얼마나 효과적으로 공부하느냐'가 행동형 아이들에게는 가장 중요한 학습의 포인트이다(김만권, 2004).

7 작심삼일을 활용한 단기결심법을 사용하라

행동형은 그때의 분위기에 따라 빠르게 적응하는 상황적 사고를 한다. 그래서 이들에게서 깊이 있는 생각이나 논리적인 판단, 체계적이고 계획적인 행동이나 공부를 기대하기는 어렵다. 그러나 이들은 상황파악이 빠르고 머리회전이 빠르며 경쟁심이 있기 때문에 '벼락치기' '작심삼일'이 가능하다는 특성에 주목해 학습지도할 것을 권유한다.

어느날 친구가 1등을 한 것에 자극받아, '오늘부터 열심히 공부해서 다음 시험에서는 그 친구를 꼭 이길 거야!'라고 욕심 많은 행동형이 결심하지만, 그 결심이 3일을 넘기기가 쉽지 않다. 그런 자녀에게 부모님은 "너는 네 입으로 한 말을 손바닥 뒤집듯이 어기니?"라며 행동형 자녀의 이러한 행동을 못 믿겠다면서 야단을 친다. 그러나 행동형 자녀의 특성상, 자녀가 그 상황에 결심한 것은 그것을 꼭 실천하겠다는 것이 아니라 그 순간에 그가 느끼는 기분이고 결심일 뿐, 그 순간만큼은 늘 진심이다.

행동형 자녀를 둔 부모님은 행동형의 이러한 특성을 잘 활용해서 자녀가 작심삼일을 했다면, "와, 우리 딸, 진짜로 공부했네!"라며, 자녀가 실천한 것에 초점을 맞춰 칭찬을 아끼지 않아야 한다. 그러면 행동형 자녀는 기분이 좋아지고 부모님의 칭찬에 감동을 받아 부모님과 관계가 좋아지고, 공부에 흥미를 가지게 된다. 이렇게 점차적으로 작심삼일, 또 작심삼일을 반복하면서 공부하는 자녀로 만드는 것이 행동형의 단기결심법이다.

부모님이 행동형 자녀의 이러한 특성을 이해한다면, 설령 자녀가 결심을 뒤집는다고 해도 부모님은 자녀에게 실망을 덜 하게 될 것이고, 자녀에게 스트레스를 덜 주게 될 것이다.

행동형에게 맞는 직업은 무엇일까?

기본욕구가 자유인 행동형은 구속당하는 것을 싫어하고 남의 지시를 받는 것을 매우 싫어하는 성격특성 때문에 남의 밑에서 일하는 것보다는 사업을 경영하는 리더로서의 역할을 할 가능성이 많다.

이들은 순발력이 뛰어나고 머리회전이 빠를 뿐만 아니라 핵심파악과 상황파악을 잘 하기 때문에 영업 분야나 아이디어를 내는 분야의 직업에서 능력발휘를 잘 할 수 있다. 몸을 움직이며 만족감을 느끼고, 스트레스도 활동을 통해 풀기에 활동성이 강한 직종이 좋다.

재치와 유머 있는 말로 사람들을 즐겁게 하며 주목받는 재능을 가지고 있는 이들은 방송이나 엔터테인먼트 서비스 분야에서도 능력발휘를 잘 할 수 있는 유형이다. 특히 순발력이 매우 좋기 때문에, 즉흥적인 답변에 능하고 분위기를 주도하는 능력은 이 분야에 적격이다.

또 대인관계의 폭이 넓고 돈에 대한 욕구가 강한 행동형은 조직을 이끌어가는 리더가 되는 것이 바람직하며, 의사결정과 활기찬 조직분위기가 요구되는 벤처기업에 유리하다. 타고난 리더십과 적극적인 성격 그리고 넘치는 아이디어는 새로운 영역을 개척하는 데 유리하다.

행동형은 정적인 활동보다 동적이면서도 신체를 활용한 직업을 선호하기 때문에 기계설비, 건축계통, 항공산업, 자동차 등과 같이 도구를 활용하는 직업에 적합하다.

사례로 살펴보는 행동형 아이 맞춤 솔루션

1 맨 정신으로는 살 수가 없어요

준호(초6/남/행동형)

아버지의 강한 힘에 눌려 자유를 통제당함. 자신의 의지와 상관없이 여기저기 이끌려 다니며 이것저것 배움. 초등학생인데 의욕상실, 무기력증으로 하루하루를 무의미하게 보내고 있음.

아빠(46세/경찰공무원/행동규범탐구형)

3대 독자인 아들에 대한 높은 기대감을 가지고 있음. 아들의 성격과 의지와 상관없이 아버지의 뜻에 따라 학습내용과 주제를 결정하며 강한 힘으로 억누르는 권력형. 아이가 따라오지 못하는 것에 불만이 많다고 함.

엄마(43세/주부/규범이상형)

강한 남편 성격에 별 주장 없이 따르는 순종형. 아들의 무기력함에 걱정은 하고 있으나 남편을 바꿀 여력은 없음.

준호는 또래에 비해 키가 매우 컸고, 큰 키에 비해 체구가 너무 말라 바람이 불면 금방 날아갈 것 같다. 또 누군가의 보호가 필요할 정도로 에너지가 약한 학생으로 보였다. 그는 교육 시간 내내 졸린 듯 자꾸만 책상에 엎드리며 학습에 관심이 없고 교육에 임하는 자세가 매우 소극적이며 무기력한 모습이었다.

준호는 나이 차이가 많이 나는 누나 둘에 늦둥이로 태어난 3대 독자이다. 경찰인 아빠는 이렇게 귀한 아들을 강하고 유능한 아들로 키우고 싶어 했다. 준호 아빠는 아들에 대한 높은 기대감 때문에 아들이 잘 감당하기 힘들어함에도 불구하고 태권도는 물론 검도, 심지어는 새벽에 산으로 끌고 다니면서 체력을 강화하려고 했다. 뿐만 아니라 아빠는 아들을 엘리트로 만들기 위한 학습에도 과하게 개입했다. 영어, 수학, 과학 등 5~6개의 학원에 등록시키면서 아들을 관리했다.

그러나 아빠의 강한 힘에 눌린 준호는 스스로 할 수 있는 것이 하나도 없었고, 아무리 애를 써도 아빠가 원하는 기대치에 미치지 못했다. 그럴수록 아빠는 더욱더 아들을 강하게 끌고 갔고, 준호는 점점 자신감이 떨어지고 의욕을 상실해 무기력한 사람이 되어 갔다. 이제 준호는 세상에 대한 불신과 두려움이 생기면서 "세상이 어지러워서 정신을 차릴 수가 없어요! 맨 정신으로는 살 수 없어요."라고 호소했다. 그러한 상태이다 보니 준호는 수업시간 내내 잠을 잘 수밖에 없고, 게임에 몰두할 수밖에 없었다.

준호는 활동적이고 외향적이며 친구가 많다. 학교가 끝나면 학원에 가거나 독서실에 가는 것이 아니라, 친구들이랑 몰려 다니면서 PC방에 가서 게임을 한다. 그렇게 엄하던 준호 아빠는 이렇게 행동하는 준호를 더 이상 어떻게 할 수 없는지 아들을 포기한 것 같다고 했다. 준호는 아빠와 가족과 부딪치지 않으려고 밤 늦게까지 PC방에 있거나 친구 집에 있다가 집에 들어간다.

그러다 보니 학교에 지각을 많이 하게 되고, 수업시간에는 잠을 잔다고 했다. 게다가 준호는 담배를 피우다가 걸려서 친구들과 특별교육에 오게 된 것이다.

상담사: 준호야, 눈을 뜨고 네 성격에 대한 결과지를 읽어 보지 않을래? 네 성격에 대해서 알고 싶지 않니?

준호: 별로요…. 귀찮아요.

상담사: 알고 싶지 않구나!

준호: (친구들 성격에 대한 결과를 엎드려서 들었는지, 살그머니 자신의 검사지를 끌어다가 들여다본다.)

상담사: 준호야, 결과를 보니 어떠니?

준호: 저랑 비슷한 것 같기도 하고, 아닌 거 같기도 해요.

상담사: 비슷한 것은 무엇이고 아닌 거 같은 건 뭐야?

준호: 친구를 좋아하는 거, 통제받는 것을 싫어하는 거는 비슷한데, 목표를 세우면 목표를 기어코 이루는 사람이라든가 눈치가 빠르고 머리 회전이 빠른 건 아닌 거 같아요.

상담사: 이 결과지를 잘 읽어 보고 네가 원하는 모습을 줄로 그어 봐. 그리고 네가 가장 원하는 것이 무엇인지 찾아볼래?

준호: (귀찮은 듯이 볼펜을 들어 찬찬히 검사지를 읽어 보면서 줄을 긋는다.) 찾았어요. 제가 원하는 제 모습이요.

상담사: 그게 무엇인데?

준호: 아무에게도 통제받지 않고 새처럼 훨훨 날았으면 좋겠어요. 그러면 속이 시원할 거 같아요.

상담사: 준호가 자유를 원하는구나. 그렇다면 혹시 너를 자유롭게 하지 못하는 사람이 있니? 너를 통제하는 사람?

준호: 아빠요.

상담사: 아빠에 대해서 설명해 줄 수 있니?

준호: 네, 저희 아빠는 경찰인데요. 저에게 너무 기대가 높아요. 저는 공부

하는 것을 좋아하지 않고 노는 것을 좋아하는데… 저는요, 공부도 잘 못하거든요. 그런데 아빠는 제가 학원을 많이 다니고 노력하면 뭐든지 할 수 있다고 생각하시나 봐요. 아빠는 저를 어려서부터 여기저기 끌고 다니고 학원 보내고… 저에게 매우 엄하게 했어요. 아빠가 너무 무서워서 책상에 앉아 있고 학원에 가지만 아빠가 기대하는 만큼 성적이 나오지 않아요. 그러면 아빠는 제가 정신을 안 차려서 그렇다고 매를 때린다거나 방에 가두고 손을 들고 반성하라고 하는데… 저는 반성할 게 없거든요. 아빠가 강하게 할수록 아빠가 무섭고… 공부는 더 싫어지고… 자신감이 떨어지고… 아빠가 시키는 건 다 하기 싫고… 그래서 아빠를 피하게 되고… 이제는 아무것도 하지 못하겠고… 세상이 무섭고 두려워서 정신을 차릴 수가 없어요.

호랑이같이 에너지가 넘치는 행동형은 '자유'라는 기본욕구가 충족되어야 심리적인 안정과 균형이 이루어지고 무엇을 하고 싶은 동기가 생긴다. 또한 이들은 오감각을 통해 다양한 경험을 해 볼 때 진짜 자기가 하고 싶은 것이 무엇인지를 알게 되고 꿈과 목표가 생기는 유형이다.

준호 아빠는 준호에게 거는 기대감이 매우 컸다. 그래서 준호의 일거수일투족을 관리하고 통제하면서 강하게 끌고 가다 보니 행동형인 준호의 '자유'라는 기본욕구가 억압되었다. 준호는 점점 자신감이 떨어지고 의욕이 상실되면서 무기력한 사람이 되었다. 심지어 준호는 세상에 대한 두려움이 생겨 공부시간에 잠을 잔다거나 담배를 피운다거나 PC방을 전전긍긍하면서 견디고 있는 상태였다.

이러한 상황이라면 가족상담을 통해 준호의 성격특성과 자유라는 기본욕구가 충족되어야 준호가 회복되고 꿈이 생긴다는 것을 가족들에게 인식시키는 것이 상담목표가 되어야 한다. 그러나 준호에게 영향을 미친 아빠의 상담거부로 가족상담을 진행하지 못했고 준호와 6회기의 개인상담으로 상담을 진행했다. 준호의 개인상담의 목표는 준호가 자신이 어떤 사람인지, 어떤 강점을 가지고 있는지, 어떻게 살아야 자기다운 삶을 사는 것인지를 인식시키는 것이다. 그리고 준호가 성격특성대로 살지 못하고, 기본욕구가 억눌려서 상처가 되고 무기력해진 것을 회복하는 것을 상담의 목표로 삼고 상담을 진행했다. 학습성격유형검사지를 통해 자기인식의 과정이 있었고 미술치료를 통해 아빠로부터 억눌렸던 감정과 상처들을 털어 내는 작업을 했다.

상담과정을 통해 준호는 억눌렸던 감정들을 토로하면서 때로는 눈물을 흘리고 때로는 분노하면서 억압되었던 욕구와 상실되었던 의욕이 살아나면서 자신감이 생기게 되었다. 특히, 아빠를 미워하고 두려워서 피하기만 했던 준호가 아빠에 대한 두려움에서 벗어나면서 아빠와 얼굴을 마주하게 되는 기적같은 일이 일어나기도 했고, 세상에 대한 두려움에서 벗어나기 시작했다. 이제 수능이 얼마 남지 않았지만 준호는 공부를 해야겠다는 마음이 생겼다. 준호가 처음으로 스스로 공부를 해 보겠다고 마음먹은 것은 상담의 큰 성과였다.

2 이 전쟁을 끝내고 싶어요

수진(중2 / 여 / 행동형)

천방지축 럭비공 같이 어디로 튈지 모르는 자유로운 영혼의 행동형. 공부엔 관심이 없고 행동규범형 엄마의 통제를 견디지 못하면 친구 집으로 도망간다거나 가출하면서 자유분방하게 살고 있음.

엄마(45세 / 복지기관 경영자 / 행동규범형)

작고 깡마른 체구에 대쪽 같고 융통성 없는 행동규범형. 남편과 이혼하고 20대부터 복지기관을 경영했으며, 현재는 암 투병 중임.

170cm가 넘는 날씬하고 훤칠한 키의 딸 수진은 학생임에도 불구하고 눈에 띄는 화려한 색의 옷차림을 했고, 긴 손가락에 네일아트를 했다. 행동형의 딸 수진은 상담사에게 선뜻 다가와 붙임성 있게 인사했다. 어른을 어려워하는 기색 없이 자신의 속마음과 생각을 거침없이 말했는데, 그 말하는 어투와 얼굴표정, 표현력이 너무 생생해 얼른 보아도 행동형 성격의 소유자임을 알 수 있었다.

딸과는 반대로 수진의 엄마는 암 투병 중이어서 체중이 많이 감량되어, 바짝 마른 체구와 작은 키, 굳건하고 단호한 표정과 말투는 '깡마른 작은 고목' 같았고, 사람들이 쉽게 다가가기 어려운 대상으로 느껴졌다. 엄마는 가업으로 대대로 내려온 복지기관을 20세부터 맡아서 경영하고 있다고 했다. 4차원 성격의 남편과 어디로 튈지 모르는 천방지축 딸과의 끊임없는 전쟁으로 엄마는 늘 분노의 감정에 사로잡혀 있었다. 그럼에도 불구하고 엄마는 실수 없이 경영을 해야만 하기에 늘 긴장할 수밖에 없었다고 한다.

이렇게 상반되는 성격을 가진 두 모녀는 만나기만 하면 으르렁대며 다투는데, 그 정도가 너무나 심각해 주변 사람들이 안타까워한다. 다툼의 정도가 얼마나 심한지, 다투다 다투다 더 이상 견딜 수 없으면 딸 수진은 가방을 싸서 친구 집으로 피신하고, 혼자 남은 엄마는 후회하고 자책하다가 너무 외롭고 딸이 보고 싶으면 딸에게 집으로 돌아오라고 간청한다. 엄마의 항복을 받은 딸은 마지못해 집으로 돌아오고, 며칠 만에 상봉한 두 모녀는 외식하고 쇼핑하고 며칠 간은 잠잠하다가 또다시 똑같은 상황이 반복된다.

딸 수진의 성격특성은 규칙이나 규율, 법을 염두에 두지 않고 넘나드는 천방지축 행동형이고 "약속은 깨라고 있는 거야."라고 말할 정도로 엄마와의 약속을 거의 지키지 않는다. 그녀는 학원에 등록을 하지만 2/3 정도는 빼먹고 중2인데도 불구하고 공부엔 전혀 관심이 없다. 정리정돈을 하지 않아 책상과 침대는 항상 옷이나 책들이 쌓여 있고, 자기관리가 부족하다. 이러한 딸을 바라보는 엄마는 항상 분노하게 되고 이것이 모녀의 관계를 악화시키고 있다.

수진: 검사결과를 듣고 보니 너무 저 자신에 대해 잘 표현된 것 같아 신기해요. 소름이 돋는 거 같아요.

상담사: 자신의 성격에 대해서 잘 알게 되었다는 의미인가요? 어머니는 어머니의 검사결과에 대해서 어떻게 생각하시나요?

엄마: 인정하고 싶지 않지만 잘 맞게 나온 거 같아요.

상담사: 성격특성이 자신에게 잘 맞게 표현된 거 같다고 하셨는데, 이러한 성격특성이 생활 속에서 어떻게 서로에게 영향을 주고 있었나요?

엄마: 저는요. 딸이 날 싫어해서 골탕 먹이려고 보란 듯이 싫어하는 짓만 골라서 하는 줄 알았어요. 그래서 더 분노하게 되고 슬펐어요. 남편도 나를 이해하지 않고 나에게 보란 듯이 내가 싫어하는 일만 골라서 하더니… 그래서 그것이 견딜 수가 없어서 이혼을 했는데… 자식까지 내가 하라는 것은 안 하고 하지 말라는 것만 골라서 하고 있으니… 지 애비 닮아서 나를 미워하는 것 같은 생각이 들면서 화나고 슬프고, 혼자라는 생각에 외롭고… 그렇지만 제가 20대에 복지기관을 맡아서 운영하다 보니… 믿고 맡길 만한 사람도 없었고… 도와주는 사람도 없었어요. 어떻게든지 실수하지 않고 책임을 다해야 하기 때문에 슬퍼할 시간도 없이 정신없이 살았어요(눈물을 흘림).

상담사: (딸 수진에게) 엄마 얘기를 듣고 엄마에게 무슨 말을 하고 싶은가요?

수진: 엄마가 그런 생각을 하고 있는지 몰랐어요. 매사에 제가 하는 일을 믿지 않았고 무조건 통제하려고 해서 숨이 막히고 짜증나고… 엄마 말을 듣고 보니 엄마의 마음이 아픔으로 느껴지네요.

상담사: (딸 수진에게) 엄마에게 하고 싶은 말이 없나요?

수진: (엄마를 바라보며) 엄마가 그렇게 힘들었는지 몰랐어요. 엄마를 이해하지 못하고 소리지르고 화낸 것이 미안해요.

엄마: *우리가 좀 더 일찍 이런 것을 해 보았다면 서로에게 상처를 주지 않았을 텐데… 미안하다.*

두 모녀는 성격특성에 대해 설명을 듣고 그들 모녀의 문제의 원인이 성격적인 문제였음을 이해하게 되었다. 엄마가 딸의 태도를 보고 딸에게 욕하고 소리 지르고 마음에 상처를 준 것들이 딸이 미워서가 아니라, 규칙과 규율과 원칙과 도리를 꼭 지키는 것을 기본욕구로 가진 엄마의 성격특성이라는 것을 이해했다. 그리고 그러한 것들이 지켜지지 않으면 고발을 해서라도 지키게 하는 것이 엄마의 성격특성이기 때문에 '자유'가 기본욕구인 딸이 규칙과 규율을 넘나드는 것을 어떻게든 지키도록 할 수밖에 없었다는 것을 딸도 이해했다. 딸이 일부러 자신을 괴롭히려고 한 행동이 아니고, 남편이 자신을 미워해서 그런 것이 아니라, '성격이 달라서였구나'라고 이해하는 순간, 엄마의 가슴에 걸려 있던 체증 같은 덩어리가 내려가는 것 같다고 했다.

4회기의 상담과정을 통해 두 모녀가 성격차이로 인해 받았던 상처를 하나씩 하나씩 끄집어내 표현하고, 사과하고, 용서하는 치료의 과정이 있었다. 이런 과정을 통해 두 모녀는 쌓였던 감정을 해결하면서 서로간의 관계가 편안해졌다.

이제는 성격적인 특성이 매우 다르다 할지라도 서로가 서로에게 바라는 것들을 이야기하도록 했다. 엄마가 딸에게 바라는 것은 딸이 후계자로 경영을 맡아서 해야 하는데, 그렇게 하려면 대학교 경영학과에 들어가서 경영을 배울 것과 그렇게 하기 위해 공부할 것을 부탁했다. 학원을 빠지지 말고 다닐 것과 하루에 3시간 이상 공부할 것을 부탁했을 때 딸은 엄마의 부탁을 듣고 그렇게 해 보겠다고 약속을 했다. 그렇게 노력은 하겠으나 때로 좀 부족해도 조금만 눈 감아 달라고, 기다려 달라고 엄마에게 부탁을 하면서 상담을 마무리했다.

GUIDE

행동형 자녀에게는 이런 공부기술을 사용해 보세요

1. 어려서부터 공부습관 들여라.
2. 글자보다 그림으로, 강의보다 토론으로, 가르치거나 프로젝트이거나 재미있고 흥미있게 공부하게!
3. 20 대 40 법칙: 공부시간 보다 쉬는 시간을 길게 주기, 수업시간 사이사이에 즐거움을 팍팍!
4. 일주일에 1번은 야외학습: 체험학습, 경험학습으로!
5. 오전과 오후를 나누어 집중하도록!
6. 스스로 목표를 정하게 하고 우선순위방식으로 공부하게 하라.
7. 짧은 호흡: 3일 공부하고 하루 쉬고 다시 계획 잡아도 오케이!!

행동형 자녀를 둔 부모들을 위한 양육 팁

1. 자녀와 친밀감을 형성하라.
2. 말로써 가르치려고 하지 말고 스스로 느끼고 깨닫도록 하라.
3. 다양한 것을 경험하게 해서 꿈을 갖게 하라.
4. 다스리려고 하거나 힘겨루기를 하지 말라.
5. 마음껏 해 봄으로써 자율성을 갖게 하라.
6. 끈기를 키우려면 반장 경험을 많이 하게 하라.

행동형 자녀 성장을 위해 반드시 해 주어야 할 말

1. 너는 통이 큰 사람이야.
2. 넌 마음 먹으면 기어코 하는 아이야.
3. 너는 독립적인 아이야.

2

규범형

돌다리도 두들겨 보고 건너는 아이

"완벽주의 그러나 소심한"

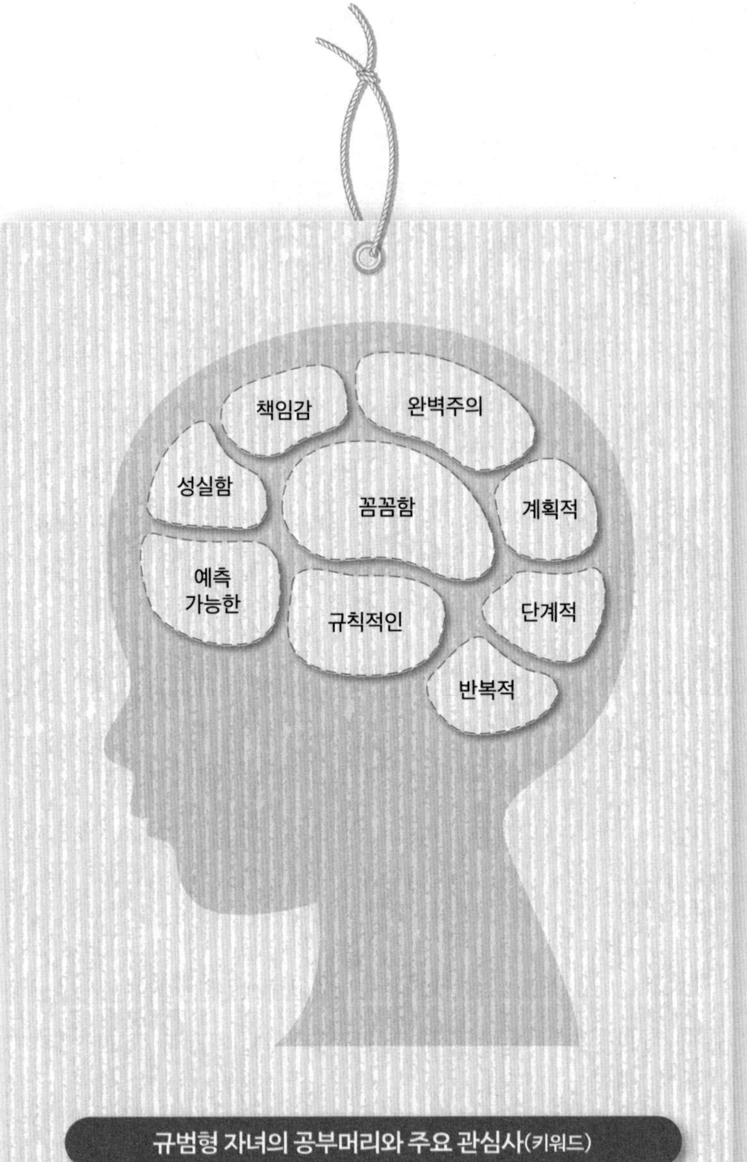

규범형 자녀의 공부머리와 주요 관심사(키워드)

규범형의 기본욕구: 책임감

규범형에겐 책임이 기본욕구이다. 책임이란 자신에게 주어진 일을 실수하지 않고 완벽하게 해내기 위해 최선을 다하고자 하는 의지와 노력을 말한다. 책임감에는 잘 해야 된다는 생각과 실수하지 않아야 한다는 각오, 주어진 과제와 임무를 완벽하게 완수해야 한다는 의미가 내포되어 있다. 그래서 규범형은 실수하지 않고 완벽하게 책임을 다하기 위해 늘 긴장할 수밖에 없고, 철저하게 계획을 세워 계획대로 진행되었는지를 꼼꼼하게 점검하고 완수하는 사랑스런 미어캣 같다. 또 규범형이 자신에게 주어진 과업에 완벽히 책임을 다하기 위해서는 충분한 시간이 주어져야 마음이 안정된 상태에서 완성도 높은 과업을 이루어 낼 수 있다.

규범형 아이의 행동특성 이해하기

1 책임감이 강하고 완벽주의이다

"저희 애는요, 어려서부터 한 번도 속 썩인 적이 없었어요."

규범형이 그들의 부모로부터 제일 많이 듣는 말이다. 이 유형의 아이들에게 붙는 수식어는 '한결같은 아이' '성실한 아이' '믿을 만한 아이' '알아서 자기 일을 잘 해내는 아이'이다. 이 유형의 아이는 누가 지켜보든 지켜보지 않든 자기에게 주어진 일은 스스로 알아서 잘 하기 때문에, 이 유형의 자녀는 있는 듯 없는 듯 키우기가 수월했다고 한다. 이렇게 말 잘 듣는 아이들은 부모가 덜 관심을 갖게 되고, 아이는 자기가 해야 할 일을 스스로 알아서 해야만 한다. 그런 규범형 아이를 부모님들은 칭찬하게 되고, 칭찬받은 아이는 더 착하고 책임 있는 아이로 강화된다. 부모들이 가장 부러워하는 남의 집 아이이기도 하다.

규범형의 기본욕구는 책임감이다. 자신에게 주어진 과업을 완벽하게 완수할 때 책임을 다하는 것이고 '책임감'이라는 기본욕구가 채워지는 것이다. 규범형은 자기가 해야 할 일을 '책임감'을 가지고 다 해야만이 마음이 안정이 된다. 반대로 해야 할 과제나 과업을 책임 있게 완수하지 못하면 '마음이 불안하고 머리가 하얗게 된다.'고 한다.

규범형이 '책임감'이라는 기본욕구를 채우기 위해서는 새로운 일보다는 주어진 과업이 중요하다. 이들은 큰 일이든 작은 일이든 자기에게 주어진 일에 책임을 다해 완수하되 '한 치의 어긋남이 없이 완벽하게' 책임을 다하기를 원한다는 것이다. 그렇게 하기 위해서는 계획적, 체계적, 꼼꼼함이 필수요소이고, 성실하게 끈기를 가지고 노력할 수밖에 없다. 그래서 규범형은 거의 실수를 하지 않고 성과를 이루어 낸다.

특히 규범형 학생에게 주어진 과업은 공부이다. 규범형 학생이 '책임을 다한다는 것'은 학생의 과업인 공부를 열심히 해서 좋은 결과를 내는 것이다. 책임감이라는 기본욕구를 가진 규범형은 시험공부를 따로 할 필요가 없을 정도로 평소에 늘 성실하게 공부하기 때문에 좋은 성적을 내는 사람이다.

2 'one by one' 한 번에 하나씩 한다

"저는 한번에 한 가지씩밖에 하지 못해요. 안 그러면 머리가 하얗게 되고 어찌할지 도무지 생각을 할 수가 없어요."

책임을 다한다는 것은 완벽함이 전제되고, 실수 없이 완벽하게 수행하려면, 한 번에 하나씩밖에 할 수 없다. 그래야 마음이 안정된 상태에서 자신이 원하는 것을 꼼꼼하게 해낼 수 있기 때문이다. 그런데 규범형의 부모님들은 아이가 불평 없이 맡은 일을 잘 해내기 때문에 믿는 마음으로 이것저것 시킬 때가 많다. 이런 상황에서 규범형은 잘 해야 하고, 잘 하고 싶은데, 시간은 한정되어 있고, 그 정해진 시간에 무엇부터 해야 할지 마음이 혼란스러워진다. 뿐만 아니라 '못 하면 어떻게 하지?' 심장이 두근거리고 머리가 하얗게 되면서 멘붕이 온다고 한다. '어떻게 해, 어떻게 해' 허둥대다가 규범형 아이는 결국 아무것도 못하는 사태까지 이르게 된다.

규범형의 아이들은 성격특성상 잘 하고 싶은 욕심이 많고, 완벽하게 하려고 애쓰는 사람이다. 그러나 간혹 이들이 밤낮으로 노력했는데도 불구하고 책임을 완수하지 못할 경우에, 자아가 내부에 있는 규범형은 실패를 자신의 탓으로 돌리게 된다. 규범형에게 있어서 한 번의 실패가 문제가 아니다. 이들은 실패의 원인을 자신의 탓으로 생각하면서 '무능한 사람'이라는 생각 때문에 자신감이 떨어지고 크게 상처를 받는다. 심지어 무슨 일을 할 때마다 그 한 번의 실패가 발목을 잡고 앞으로 나아가지 못하게 한다는 것이다. 그래서 규범형은 가급적 실패를 경험하지 않도록 긴장하면서 더욱더 꼼꼼하게, 하나하나, 차근차근 단계를 밟아 가려고 한다.

부모나 교사는 규범형의 이러한 성격적인 특성을 감안해 가급적 실패 경험을 하지 않도록 세심한 배려가 필요하다. 무엇보다도 부모님들은 조급한 마음에 이 학원 저 학원 뺑뺑이를 돌리는 경우가 많은데, 규범형에게는 최악의 상황을 만들어 주는 것이다. 능률이 오르지 않을 뿐만 아니라, 오히려 규범형 자녀에게 좌절감을 안겨 주는 격이 됨을 명심해야 한다.

부모님의 속도에 맞추는 것이 아니라, 아이의 속도에 맞춰 규범형 자녀가 편안한 마음으로 한 번에 하나씩 하나씩 완벽하게 처리할 때까지 기다려 주고, 완수했을 때 칭찬하고 격려한다면, 규범형의 자녀들에게 최고의 선물을 주는 것이 된다.

3 사진 같이 저장되는 기억력을 갖고 있다

"저는 다 알아요. 엄마가 저보고 머리가 좋대요."

'놀라운 기억력을 가지고 있는 사람' '사진을 찍는 것과 같은 기억을 가진 사람' 규범형의 이런 기억력은 어디서 나오는 것일까? 규범형의 사람들은 기본욕구인 책임을 완벽하게 다할 때 심리적인 안정과 편안함을 얻으며, 살아있음을 느낀다. 기본욕구를 채워 심리적인 안정을 얻기 위해서 규범형은 자신이 맡은 일에 실패를 경험하지 않고 완수하는 것이 매우 중요한 사람이다. 그래서 이들은 철저하게 계획을 세워서 계획에 따라 실행하고, 잘했는지 점검하고, 잘못했을 경우에는 반성하고 다시 계획을 세워 실행하는 그런 과정을 반복하는 사람이다.

또 규범형은 최대한 실패경험을 줄이기 위해서 반복, 반복, 반복해 학습하는 사람이기 때문에, 반복학습을 통해 입력된 기억은 쉽게 잊히지 않는다. 벼락치기로 시험공부를 하는 행동형과는 달리 기억에 오래 남을 수밖에 없지 않을까?

4 나만의 기준, 나만의 원칙이 있다

"저는 저만의 방법, 룰이 있어요."

규범형은 규칙과 원칙을 중히 여기고, 자기만의 정해진 틀과 기준이 있어서 그 틀을 고수하기 위한 고집이 있다. 정해진 틀 안에는 명확한 지침이 있어서 결과를 예상할 수 있고, 늘 같은 결과를 낼 수 있기 때문에, 규범형은 그 틀 안에서 안정감을 얻으려 한다. 그래서 과제를 주거나 어떤 일을 시킬 때, 지침 없이 알아서 하라고 하면 당황스럽고 '머리가 하얗다'고 하면서 혼란스러워한다. 규범형은 변화가 많거나, 결과가 예상이 되지 않는 일을 할 때는 마음이 불안하고 불편하기 때문에 좋은 결과를 내지 못하게 되고, 오히려 자신의 능력을 탓하며 좌절감에 빠지게 된다.

예를 들면, 어떤 일을 하는 데 예산은 얼마 들고, 어느 정도의 공간을 차지하며 어떻게 만들어 가야 하는지에 대한 정보와 함께 명확한 지침이 주어져야 하고, 차근차근 한 단계씩, 한 단계씩 알려 주어야 심리적으로 안정된 상태에서 책임 있게 완수할 수가 있다. 이런 성격적 특성을 가진 규범형은 주변 사람들이 볼 때 답답하고 융통성이 없어 보인다. 그러나 이들은 일의 속도는 느려 보이지만, 높은 완성도를 낼 수 있는 사람이다.

5 존중받는 경험이 중요하다

"참 잘했어요! 정확한 단어로 정확하게 칭찬을 받아야 안심돼요."

인간은 누구나 존중받기를 원하지만, 다른 어떤 사람보다도 존중이 꼭 필요한 유형이 규범형이다. 규범형은 책임을 다하기 위해서 늘 긴장하고 애쓰고 밤낮으로 노력할 뿐만 아니라, 그 책임을 다하는 과정에서 겪는 많은 감정과 생각들을 누구에게도 드러내거나 표현하지 않고 다 참아낸다. 특히 이 유형의 아이들은 거절을 못하는 성격이고 무엇이든지 잘 해내는 특성을 가지고 있다. 그래서 부모나 교사는 이들에게 이것저것 시키게 되고, 이들은 그 일이 아무리 힘들고 버거워도 거절하지 못하고 어떻게든 해 보려고 안간힘을 쓰면서 애쓰고 노력을 하는 아이다. 때로는 서운한 일도 많고 억울한 일이 있어도 이들은 누구에게도 자신의 속마음을 드러내거나 표현하지 못하기 때문에 규범형의 마음 속에는 수많은 감정들이 쌓여 두통, 복통 등 신체화증상에 시달리는 경우가 많다.

이렇게 애쓰고 노력하는 규범형에게 부모나 교사가 그 애씀을 알아주고 인정해 준다면, 그동안의 노고와 상처, 긴장이 봄눈 녹듯이 다 사라지며 보상을 받는 것 같이 심리적인 안정감을 느끼게 된다. 부모님이나 교사 등 권위자가 그들이 책임을 다하기 위해서 얼마나 수고하고 애썼는지를 알아 주고 칭찬하는 것, 그 자체가 그들의 행복이고 보상이 된다는 것이다. 특히 규범형에게 필요한 칭찬은 무조건적인 칭찬이 아니라, 자기가 한 일에 대한 구체적 평가와 그에 상응하는 '인정'을 해 주는 것이 더 중요하다. 초등학교에서 일기장에 '참 잘했어요'라고 빨간색 색연필로 동그라미 1~5개로 표시해 주었듯이, 숙제를 하거나 문제집을 풀었을 때 꼼꼼하게 체크하고 구체적이고 정확하게 평가를 해 주어야 한다. 규범형의 아이들은 부모나 선생님의 이러한 평가를 통해서 자신의 부족함을 가늠하면서 채워 나가기 때문이다.

6 표현하지 않지만 상처가 많은 아이이다

"10년 전에 저에게 한 말도 하나도 빠짐없이 다 기억하고 있어요."

규범형은 자기주장을 잘 하지 않고 상대방에 맞춰 주며, 불편하고 힘들어도 자신의 속마음을 드러내거나 표현하지 않는다. 특히 이들은 대인관계를 하는 과정에서 상처를 받는다거나 억울한 일이 생겨도 자신의 생각이나 감정을 표현하지 않고 참는다. 또 이들은 실수하지 않고 완벽하게 잘 해야 한다는 생각으로 늘 긴장하기 때문에 스트레스를 많이 받는다. 그러나 규범형은 이러한 스트레스와 감정들을 적절하게 풀거나 해소하지 않고 가슴 깊이 쌓아두기 때문에 두통이나 복통 등 신체화 증상으로 시달리는 경우가 많다. 또 기억력이 좋은 규범형의 기억 속에 그대로 간직되어 소위 '뒤끝이 있는 사람'으로 보인다.

'이번 시험은 잘 봐야 할 텐데, 이번에도 실패하면 어떻게 하지?'

규범형은 완벽주의 성향이 매우 강하다. 가끔은 욕심이 많다는 소리를 듣기도 하지만 기본적으로 최고점을 향해 달린다. 특히 완벽을 추구하는 규범형은 시험기간이 되면 긴장을 많이 하게 된다. 규범형의 이러한 성격이 때로는 시험불안의 원인이 되며, 오히려 시험에서 실수하는 경우가 생기게 된다. 예민해지면서 식사를 잘 하지 못하거나 배가 아프다고 호소하는 경우가 많으며, 시험기간에 악몽을 꾸는 경우도 많다.

만일 큰 시험이나 큰 목표를 앞두고 있는 경우 규범형은 대개 겉으로는 평온해 보이나 심정은 매우 불안정해지며 안색이 창백해지기도 한다. 시험을 망쳤을 경우 규범형은 무섭게 무너진다. 자아가 내부에 있는 규범형은 실패의 원인을 자신의 탓으로 돌리면서 스스로에게 상처를 주는 경우가 많다. 심한 자책으로 우울증을 경험하기도 한다. 때문에 가급적 실패의 경험을 하지 않도록 세심하게 보살피고 합리적인 목표를 가지도록 해야 한다.

규범형 아이 부모를 위한 맞춤 학습코칭

1 작은 성취로 책임감의 기쁨을 느끼게 하라

"책임과 성실이 요구되는 상황에서 오히려 공부가 더 잘 돼요."

학습성격유형에서 기본욕구는 매우 중요하다. 기본욕구가 충족되면 심리적으로 안정이 되기 때문에 자기다운 삶을 실현하고 싶은 동기가 생긴다.

규범형의 기본욕구는 책임감이고, 책임감의 핵심요소는 책임과 성실이다. 책임과 성실이 요구되는 상황과 환경이 주어졌을 때 이들은 책임감을 다하기 위해 성실하게 노력하게 된다(김만권, 2004). 이렇게 노력하는 과정에서 잠재능력이 발현되고 기본욕구가 충족되면서 심리적으로 안정을 얻게 될 뿐만 아니라 성취감과 자신감을 얻게 되는 기회가 된다.

그러므로 공부에 방해되지 않는 범위 내에서 실행 가능한 작은 임무를 주어 이들이 책임감을 실천할 수 있도록 경험의 장을 마련해 주는 것이 중요하다. 예를 들면, 신발을 정리하는 것, 교사를 도와서 숙제를 걷는 것, 결석한 친구에게 문자 보내는 것 등, 학생이 자신의 일에 방해가 되지 않는 범위 내에서 책임감을 실천해 보도록 역할을 주는 것이다. 이러한 역할에 충실함으로써 규범형의 기본욕구인 책임감을 충족시키는 것이다. 우리의 상식으로 생각해 보면 자기 공부할 시간을 쪼개서 다른 일을 하는데 어떻게 그럴 수가 있을까 의구심이 들겠지만, 기본욕구를 충족하는 측면에서 본다면 이것이 매우 중요하다는 것을 알게 될 것이다.

2 하나가 끝나면 다른 하나를 제시하라

"제 어린 시절은요, 옆에서 꼼꼼하게 가르쳐 주는 사람이 없어서 어떻게 해야 할지 머리가 하얗게 되고 멘붕이었던 기억이 많아요."

돌다리도 두들겨 보면서 건너는 규범형은 숲을 보기보다는 나무를 보고, 작은 것에 연연하는 사람같이 보인다. 규범형이 작은 것 하나도 놓치지 않고 완벽하게 과업을 이루어서 '책임감'이라는 기본욕구를 채우려면 이들은 과업에 대해서 예측할 수 있어야 한다. 그래야 꼼꼼하게 계획을 세워 실수 없이 완벽하게 수행할 수 있기 때문이다. 규범형이 이런 성격특성을 가지고 있다 보니 한번에 많은 일이 주어지면 무엇을 어떻게 해야 할지 혼란이 와서 오히려 일을 그르치는 경우가 있다.

"그러면 그렇지, 내가 뭐 잘 하는 게 있나."

규범형은 실수와 실패를 환경이나 상황 탓으로 돌리기보다는 자기 탓, 자기 무능 탓을 하는 사람이다. 그래서 규범형에게 한 번의 실수는 한 번으로 끝나는 것이 아니라 좌절감이나 패배감으로 이어지고, 더 나아가 자존감에도 영향을 미친다.

그래서 이 유형의 아이들에게 한꺼번에 많은 것을 요구하기보다는 아이가 감당할 수 있을 만큼의 일을 주어서, 차근차근 하나하나 단계적으로 일을 처리해 나가도록 세심하게 지도해야 한다. 그리고 일을 충분히 완성할 만큼의 시간을 주어 그 일을 완성하게 함으로써 성취감과 자신감을 갖는 기회를 만들어 주는 것이다. 또, 그 일을 완수했을 때에는 그것에 합당한 칭찬을 아끼지 않아야 한다.

간혹 부모님들이 독려와 동기부여를 주려는 의도로 "넌 할 수 있어. 힘들어도 조금만 참아." 하면서 아이의 숨통을 조이는 일이 있는데, 규범형에게는 독이 되는 행위임을 잊어서는 안 된다.

3 결과 못지않게 과정의 중요성을 인식하게 하라

규범형은 자기 기준이 높고 주변의 평가에 대단히 민감하며 결과나 성과에 대한 집착이 크다. 이런 욕구를 충족시키고 완벽하게 성과를 얻기 위해 규범형은 최고의 성과를 위한 최고의 성실성을 보인다.

그러나 기대하고 노력한 만큼의 결과가 나오지 않으면, '자기 탓, 자신의 무능력 탓'을 하며, 어떤 큰일을 시도할 때에 실패에 대한 두려움으로 나타난다. 그래서 이들은 도전해야 할 상황에서 겁을 먹게 되어, 할 일을 시도도 못 한다거나, 도피하는 상황으로 이어진다는 것이다. 또 시험에 대한 불안감으로 표현되기도 하는데, 공부를 많이 했음에도 불구하고 막상 시험지를 받아든 순간 '잘 못 보면 어쩌나!'라는 생각 때문에 긴장하다 시험에 실패를 하는 경우도 많다.

그러므로 규범형의 부모는 평소에 과정의 중요성과 기쁨을 자주 언급하고 과정 자체에 대한 칭찬을 아끼지 않아야 한다. 결과에 대한 칭찬은 규범형을 정서적 코너로 몰아가거나 실패에 대한 심각한 자책을 유발할 수 있기 때문에 부모의 세심한 관찰과 과정의 즐거움을 나누는 것이 중요하다.

4 실패경험을 최소화. 실패 시 아이와 함께 원인을 분석하라

"똑같은 실수를 반복하다니, 저는 바보인가 봐요."

잘하고 싶은 욕심이 많고 기대감이 높은 규범형의 아이들은 누가 시키지 않아도 스스로 계획을 짜서 열심히 노력하는 유형이다. 그렇게 노력하고 애쓰는 모습이 때로는 안쓰럽게 느껴질 수 있지만, 규범형에게 있어서는 그렇게 최선을 다함으로써 자기에게 주어진 과업을 이루는 것이 책임을 다하는 것이고, 기본욕구를 채우는 것이 되기 때문에 오히려 심리적으로 안정을 준다. 이런 안정의 밸런스를 맞추기 위해 스스로 최선을 선택한다. 문제는 성취가 아니라 실패의 시점이다. 규범형은 자신이 애쓰고 노력했음에도 기대치보다 낮은 결과가 나오면 그런 시점마다 자신의 무능함을 탓하면서 좌절한다. 그렇게 좌절하고 있는 규범형 자녀에게 부모들이 하는 가장 큰 실수의 말은 "괜찮아, 다음번에 잘하면 돼."이다. 이 말은 규범형에게 조금도 위로가 되지 않으며, 부모가 자신의 무능을 더욱 크게 보고 있다고 생각하게 한다.

규범형에게는 실수에 대한 분석이 훨씬 더 효과적인 위로가 된다. 부모님은 좌절하고 있는 규범형 자녀와 틀린 문제를 함께 살피며 마치 바둑의 복기를 하듯 꼼꼼히 문제를 따져 보면서 그 원인을 살펴 문제의 해법을 찾아내게 하는 것이 좋다. 규범형은 같은 실수를 막아 완벽을 향해 가는 여정을 훨씬 더 기뻐한다. 이 과정은 규범형이 겪을 다음번 심리위기를 극복하는 매우 좋은 자기패턴을 만드는 데 도움이 될 것이다.

5 아이에게 맞는 공부방법을 찾으라

내 아이에게 맞는 효과적인 공부방법이 중요하다는 것은 굳이 설명하지 않아도 누구나 다 알고 있다. 그러나 매사에 성실하게 노력하는 규범형에게 효과적인 공부방법을 확인하고 알려 주는 것은 어떤 유형보다도 꼭 필요한 부분이다.

규범형은 알아서 공부하는 아이들이기에 사실상 지켜보는 것만으로도 좋은 부모의 역할일 수 있다. 문제는 아무리 애를 쓰고 노력해도 결과가 나오지 않는 경우이다. 규범형은 자기의 속마음을 잘 표현하지 않는 성격이기 때문에 공부하다가 모르는 부분이 있어도, 누군가의 도움을 받아서 문제를 해결하려고 하지 않고 혼자서 끙끙대면서 스스로 해결하려고 애를 쓴다. 그러다가 자기만 모르는 것이 아닌가 불안해지고 "큰일 났네, 나만 모르는 건가?" 좋은 결과를 만들어 내지 못한 자신에 대해 크게 실망하면서 '무능한 사람'이라고 자신을 탓하기 때문에 심리적으로 상처를 받을 뿐만 아니라 자존감에 치명적인 영향을 미치게 된다.

규범형의 내 아이의 공부방법에 문제가 있다면, 전문가에게 의뢰해서 시간관리를 효과적으로 잘 하고 있는지, 노트정리 기술의 문제, 목표나 학습전략의 문제, 과목별 공부방법의 문제 등 어떤 것이 문제인지를 분석해서 반드시 해결해 주어야 한다. 또한 환경적인 문제라면 아이에게 심리적으로 부담을 주고 집중하지 못하게 하는 부분이 무엇인지를 알아보고 아이에게 부정적으로 영향을 주는 것을 해결해 주어 아이가 안정적으로 공부에 집중할 수 있도록 해야 한다. 특히 규범형아이들은 꼼꼼하게 관리해 주고 세세하게 보살피고 관리를 해 주어야 한다. 혹시 알아서 하라고 방치하지는 않았는지 돌아보고, 규범형 아이에게 맞는 효과적인 공부방법과 안정감을 주는 공부환경을 만들어 주어야 한다.

6 반복학습, 선행학습을 하게 하라

한국의 교육현장에서 선행학습이나 반복학습, 기초학습에 대해 강조를 많이 하지만 모든 유형의 학생들이 이러한 방법이 맞는다고는 볼 수 없다. 그러나 다른 유형과는 달리 규범형에게는 기초학습, 반복학습, 선행학습이 꼭 필요하다. 그 이유는 규범형은 '책임감'이라는 기본욕구를 가지고 있어 자신에게 주어진 과업을 반드시 이루며 책임을 다해야 하기 때문이다. 공부에서도 마찬가지로 학습내용을 완벽히 숙지해야 한다는 책임감이 강해 기초, 반복, 선행학습으로 체계적 학습을 지향한다.

또 이 유형의 아이는 평면적 사고를 하고 숲보다 나무를 보는 특징으로 인해 핵심 파악이 어렵고, 해결책을 끌어내는 능력이 부족하다. 그래서 이 유형은 선행학습을 통해 다음에 진행될 수업내용을 미리 알고 수업에 임하는 것이 필요하다. 6개월 정도의 선행학습을 해서 교과에 대한 내용을 알고 있는 상태에서 수업을 받는 것이 좋다. 그래야 그들은 자신이 이미 알고 있는 지식을 교사를 통해 확인받기 때문에 마음이 편하고 안정이 된 상태에서 수업을 받게 된다. 그런 성격적 특징 때문에 규범형은 어려서부터 반복학습을 통해서 기초를 단단하게 갖추는 것이 중요하다.

규범형에게 맞는 직업은 무엇일까?

규범형의 성격특성은 신중하고 꼼꼼하며, 계획적이고 체계적이라는 것이다. 이들은 구체적인 정보가 바탕이 되어 결과가 예상이 되는 구조화된 시스템 안에서 단계적으로 일을 할 때 심리적인 안정을 얻는다. 그리고 심리적으로 안정된 상황에서 집중력과 성실성과 인내심을 가지고 완벽하게 능력을 발휘해 결과를 도출해낼 수 있는 사람이다.

또 이들은 리더십을 가지고 사람을 이끌어 간다거나, 조직을 새롭게 만들어 이끌어 가는 것보다는 이미 만들어진 시스템 안에서 정확한 업무처리를 하며 자신의 역할에 책임을 다할 때 성취감을 얻는다.

이러한 특징을 고려해 볼 때 규범형에게 맞는 직업은 회계사, 세무사, 은행원, 사무직 등이다. 또 이들은 윗사람들을 잘 따르며 조직의 규범을 잘 지키는 사람으로 비서직이나 참모 경리의 일에 능력발휘를 잘 한다.

사례로 살펴보는 규범형 아이 맞춤 솔루션

1 제가 동생에게 계속 잔소리를 해요

도윤(고1/남/규범형)

부모님이 직장에 다니기 때문에 스스로 학원에 가고 숙제를 해야 함. 자신은 책임을 다하지만 동생은 스스로 그것을 잘 하지 못함. 규범형인 도윤이는 동생의 그러한 행동을 보고 자꾸 잔소리를 하고 야단을 치게 됨. 동생은 그러한 형과 거리를 두고 피하게 됨.

지윤(중2/남/행동탐구이상형)

매우 독립적이고 자기 주장이 강함. 부모님이 직장에 다니기 때문에 스스로 알아서 학원에 다니고 자기 관리를 해야 함. 그러나 생각이 많고 자기 주장이 강한 동생은 친구들과 어울리면서 학원을 빼먹거나 숙제를 안 하고 자기 관리를 잘 못함. 형의 잔소리를 간섭으로 느끼고 피하게 됨.

170cm 정도의 키와 약간 마른 듯한 늘씬한 체형의 도윤이는 쌍꺼풀이 또렷한 큰 눈망울을 가진 잘생긴 외모를 가지고 있다. 도윤이의 무표정한 얼굴과 바른 자세, 흐트러짐이 없는 그의 태도는 누가 봐도 '모범생' 이미지였고, 커다란 눈망울을 굴리며 또박또박 말하는 그의 어투에서 어린아이와 같은 긴장감을 엿볼 수 있었다.

도윤이는 특별히 심리적인 문제를 가지고 있는 것은 아니었지만, 언제부터인가 중학교 2학년인 동생이 자신의 눈치를 보면서 점점 거리를 두더니 요즘엔 말도 잘 안 한다고 했다. 특히 동생이 학원에 빠지고, 숙제도 안하고 공부를 소홀히 하는 것 같아서 형으로서 자꾸 잔소리를 하게 된다. 도윤이는 동생이 스스로 자기관리를 잘 하고 공부를 잘 하기를 원하고 있다.

도윤이는 학교에서 대인관계를 할 때 실수하지 않기 위해 늘 긴장하기 때문에 스트레스가 많이 쌓인다고 한다. 그러나 그는 자신의 스트레스 상황이나 자신의 속내를 누구에게 표현하지 않는다. 또, 불만스러운 일이나 오해받는 일이 있어도 변명을 한다거나 오해를 풀기 위해 자신의 의사를 표현하지 않고 혼자서 삭인다. 이런 성격적인 특성 때문에 도윤이가 귀가할 때는 긴장과 스트레스로 인해 파김치가 되고, 집에 와서야 긴장이 풀리니 자기도 모르게 쌓였던 감정을 동생에게 풀게 된다고 한다.

도윤이는 책임감이 강한 사람으로 자신에게 주어진 일은 완벽하게 해내는 사람이다. 늘 계획을 세워 자신이 해야 할 일을 준비하고 실행하기 때문에 그는 좀처럼 실수하지 않는다. 그러나 어쩌다가 실수하면 그러한 상황을 유연하게 받아들이지 않고 자신이 무능해서 그런 실수를 한 것이라고 자신을 탓하기 때문에 다시는 그러한 실수를 하지 않으려고 더욱더 긴장을 하게 된다. 그러한 도윤이의 모습이 경직되어 보이기 때문에 사람들이 도윤이에게 편하게 다가가지 못한다. 또 도윤이는 아무리 힘들어도 자신의 속마음을 잘 표현하지 않는다.

상담사: 많이 긴장하고 있는 거 같은데… 지금 상황이 불편하니?

도윤: 그렇다기보다는… 제가 좀….

상담사: 이 검사를 받고 싶은 이유가 무엇인지 말해 줄 수 있겠어?

도윤: 제가 동생이 하나 있는데… 전에는 저와 잘 지냈는데, 요즘에 제 눈

치를 좀 보는 거 같고, 조금씩 거리감을 느끼고 있어요. 또 동생이 공부를 스스로 하지 않는 것 같아서 잔소리를 하게 되고… 그래서 동생이 저를 피하는 것 같은데… 또 학교에서도 친구들과 편하게 대하지 못하고 긴장을 하고 있는 거 같아요. 친구들과 잘 지내고 싶은데 그게 잘 안 되고 있는 거 같고… 친구들이 제가 긴장하고 있는 거 같아서 편하게 다가오는 것이 어려운가 봐요. 무엇보다도 긴장하는 제가 싫어요.

상담사: 긴장한다고? 왜 그렇게 하나요?

도윤: 실수하는 것을 원치 않거든요.

상담사: 실수하면 어떻게 된다고 생각하니?

도윤: 무능하게 보이고….

상담사: 도윤이는 친구들에게 유능한 사람으로 평가받고 싶은가 보네. 혹시 유능성을 발휘하지 못해 무능한 사람이라고 평가받은 경험이 있었니?

도윤: … 그런 경우는 없는 거 같아요. 생각이 나지 않는 것을 보니….

상담사: 오늘 성격검사 결과를 보면 도윤의 성격은 규범형으로 나와 있네. 검사결과지를 읽어 보니 어때? 맞는 거 같아?

도윤: 네, 전부는 아니지만 일정 부분 맞는 거 같아요.

상담사: 그렇다면, 도윤이의 성격유형은 규범형이야. 규범형의 기본욕구는 책임감이고. 기본욕구인 책임감은 반드시 이루어져야 도윤이가 심리적으로 안정이 되고 '내가 나답게 잘 살고 있구나!' 느끼게 되면서 또다른 무엇인가를 하고 싶은 욕구가 생기지. 규범형인 너는 늘 책임을 다하는 사람이고, 성실하게 책임을 다할 때 심리적으로 안정이 되는 거야. 그래서 늘 나에게 주어진 일이나 역할에 최선을 다하게 돼. 그것도 완벽하게. 빈틈없이 실수를 하지 않으려면 긴장을 할 수밖에 없다는 거야. 만약에 네가 해야 할 일에 책임을 다하지 않으면 마음이 어떠할까?

도윤: 상상할 수도 없는 일이죠. 한 번도 그런 적이 없는 거 같아요. 상담사님의 말씀을 듣고 보니, 그러한 심리가 내 성격적 특성이라면, 제가 어떻게 해야 하나요?

상담사: 아… 일단 그것이 '나의 성향이구나!' 받아들이고… 그리고 이제까지 해 왔듯이 책임감을 다하는 거야. 그래야 마음이 편안해질 거니까. 그러나 도윤이가 상담을 통해 해결하고 싶은 것이 긴장하는 것과 긴장으로 인해 스트레스 받는 것과 그런 경직된 태도 때문에 대인관계를 원활하게 못하는 것을 어떻게 해결할지 도움을 받고 싶은 것인가?

도윤: 네 맞아요.

상담사: 그럼 다시 질문하겠는데, 혹시 이런 긴장 스트레스 때문에 대인관계에서 어려움을 겪은 적이 있거나 손해를 본 적이 있었나?

도윤: 네, 중2 동생이 하나 있는데 요즘 제 눈치를 보고 저에게서 거리를 두는 거 같아요. 공부도 소홀히 하는 것 같고.

상담사: 그렇구나. 왜 잘 지내던 동생이 그런 현상을 보일까 생각해 봤어?

도윤: 제가 학교에서 실수를 하지 않으려고 긴장을 하다 보니 스트레스가 많이 쌓여요. 그렇다고 누구한테 속마음을 털어놓지도 못하고… 그래서 집에 가면 자기관리 못하는 동생에게 화를 내게 되는 것 같아요. 잔소리도 하게 되고… 그렇게 스트레스를 푸는 거 같네요.

상담사: 스트레스를 가지고 집에 가서 그 스트레스를 가까운 동생에게 풀게 되고 그것이 동생과 거리감을 갖게 된다는 건가? 그렇다면 그 스트레스를 동생이 아닌 누군가에게 풀고 집에 가면 되지 않을까? 혹시 그럴 만한 대상이 있을까?

도윤: (한참을 생각하다가) 친구 중에서 한 사람을 만들어야겠네요. 또 내 마음을 적절하게 표현하는 것도 연습해 볼게요. 잘 될지는 모르지만….

도윤이는 자신의 성격특성에 대해 설명을 듣고는 자신이 문제가 많은 사람이 아니라, 성격적인 특성임을 이해하면서 얼굴빛이 밝아졌다. 그리고 자신이 완벽하게 잘 하고 싶은 책임감 때문에 늘 하고 있는 긴장과 스트레스가 동생에게 거리감을 갖게 한 요인임을 알게 되었다. 도윤이는 상담을 통해 도움받기를 원했고, 2회기의 상담을 통해 속마음을 표현하는 방법과 스트레스 해소법을 배웠다.

규범형은 전문가나 권위자의 말에 영향을 많이 받는 성격이다. 그래서 행동탐구이상형의 성격을 가지고 있는 동생에 대한 성격적인 특성에 대해서 전문가로부터 설명을 듣고 도윤이는 동생을 신뢰하게 되었다. 그래서 동생을 염려하던 도윤이는 동생을 믿고 동생을 인정하면서 마음이 편안하게 된 것이다. 동생이 자신이 걱정하고 잔소리할 정도로 형편없는 아이가 아니라 14가지 유형 중에서 가장 그릇이 크고 스스로 잘 할 수 있는 능력을 가지고 있는 아이라는 것을 이해하고 동생에 대해 신뢰하는 마음을 가지게 된 것이다.

이제 도윤이는 상담장면에서 연습한 방법대로 자신의 속마음을 잘 표현하는 것을 시도함으로써 마음속에 차 있던 감정들을 적절하게 해소하고 집에 귀가하게 되었다. 그래서 동생에게 잔소리하는 횟수가 줄어들었다. 그리고 무엇보다 동생의 성격을 알고 동생이 큰 그릇임을 인정하고 동생을 믿는 마음으로 대하니 동생과 관계가 많이 편해졌다고 한다. 그렇게 동생을 대하는 도윤이의 태도 변화는 동생이 스스로 공부하는 모습으로 변화를 이끄는 동기가 되었다.

2 학교에서 긴장해서 공부에 집중할 수 없고, 집에 오면 녹초가 돼요

동현(고3/남/규범형)

입시를 몇 달 앞둔 상태에서 상담실에 찾아옴. 대인관계에 어려움을 갖고 있음. 모든 사람들이 자신의 행동을 지켜보고 있는 것 같아 공부에 집중을 할 수가 없다고 함. 남의 평가에 민감하고 실수를 용납하지 않는 완벽주의.

178cm 키와 마른 듯한 체형의 동현이는 얼굴이 말랐고 이목구비가 뚜렷하다. 겉으로 보면 예의가 바르고 흐트러짐이 없는 모습을 보여 주고 있어서 감정의 동요가 전혀 없는 학생으로 보인다. 마른 얼굴에 눈이 동그랗고 크며, 코도 오똑하고 입이 큰 편이다. 엄마한테 상담을 받고 싶다고 요청을 했기 때문에 식당을 운영하는 엄마가 바쁜 가운데 아들을 데리고 상담실에 와서 아들을 잘 부탁한다는 말을 남기고 떠나셨다. 자세를 바르게 하고 상담실 의자에 앉아 있는 동현이의 모습은 누가 봐도 '모범생' 이미지였고, 커다란 눈망울을 굴리며 또박또박 말하는 그의 어투에서 어린아이와 같은 긴장감을 엿볼 수 있었다.

동현이는 대인관계가 너무 힘들다고 한다. 친구에게 어떻게 다가갈지, 친구가 말을 걸어오면 어떻게 답을 해야 할지, 친구가 묻는 말에 답을 잘 못해서 '삐꾸'라는 말을 듣지 않을지, 혼자 있으면 대인관계에 문제 있는 아이로 보이는 것은 아닌지, 늘 학생들이 나를 어떻게 보고 평가할지 신경이 쓰여서 공부에 집중할 수 없다고 한다. 모든 사람들이 안테나를 세우고 나를 보고 있는 거 같아 긴장이 너무 되다 보니 공부에 집중할 수 없고 집에 오면 녹초가 되어 침대에 쓰러져 잔다고 한다. 고3인데도 공부할 수 없을 만큼 에너지가 고갈된 상태이다.

동현이는 평가에 대한 두려움이 많다. 그래서 긴장을 많이 하게 되고 그러다 보니 대인관계에 유연하게 대처하지 못한다. 자신은 완벽해야 하고 완벽한 결과가 예상되지 않으면 시도조차 하지 않는다. 그런 자신을 보면서 '그 정도밖에 안 되는 사람이구나' 자신을 자책한다. '한심스러운 나' '삐꾸같은 나' 동현이가 잘 쓰는 말이다. 성실하지 못한 아이나 책임감이 없는 아이들을 보면 이해가 가지 않았고, 예의 없는 아이들을 보면 화가 난다고 한다. 그러나 정작 공부에 책임을 다하지 못하는 자신을 보면서 자책하는 마음이 많다.

상담사: 엄마한테 상담받고 싶다고 했다던데… 상담실에 와 보니 어떤 마음이 드나요?

동현: 제가 좀… 새로운 환경에 가면 긴장을 많이 하게 되고, 심지어는 몸이 굳어지고, 말이 꼬이고 버벅대고….

상담사: 아~ 그렇구나, 긴장을 많이 하는구나. 긴장을 하고 있다는 자신의 심정을 말했는데, 지금도 여전히 긴장이 되나요?

동현: 선생님이 물어봐 주시고… 따뜻하게 대해 주시니까 조금 긴장이 풀리는 거 같아요.

상담사: 학교에서는 어떤가요? 학교에서도 긴장하나요?

동현: 네, 학교에서도 그런 거 같아요.

상담사: 학교는 새로운 곳이 아니잖아요?

동현: 네, 맞아요. 새로운 곳이 아닌데도 긴장이 돼요.

상담사: 고3이면 웬만한 아이들하고는 면식이 있고 친구들도 좀 있을 텐데… 본인의 학교생활에 대해서, 대인관계에 대해서 설명해 줄래요?

동현: 고등학교에 다닌 지 3년째이고, 또 같은 지역에서 유치원·초·중·고를 다녀서 대부분의 아이들을 알고는 있지만, 친하게 말을 하거나 따로 만나는 아이들은 없는 거 같아요. 그러다 보니 더 제가 문제가 많은 거 아닌가 생각되고… 사람들도 나를 대인관계에 문제 있는 사람으로 평가하고 판단하는 거 같아서 더 힘들다고나 할까….

상담사: 그 말이 어떤 의미인지 자세하게 설명해 줄래요?

동현: 네, 다른 아이들은 이미 그룹이 형성되어서 같이 몰려다니거나 어울리는데 저는 그러지를 못해요. 한두 명 정도 같이 다니는 친구가 있었는데, 그 중에 한 명이 이사 가고, 또 한 명하고는 그렇게 친하지는 않은데, 그 아이도 전학을 온 지 오래되지 않아서… 제가 같이 다닐 친구가 없어서… 그래서 같이 다니기는 하는데, 좀….

상담사: 친하지는 않은데… 그냥 다닌다는 거는 어떤 거죠?

동현: 혼자 다니는 아이는 대인관계를 잘 못하는 아이이고… 좀 문제가 있는 아이인 거 같은 느낌이요. 그래서 그 아이에게 제가 먼저 접근해서 학원 정보도 가르쳐 주고 그랬는데… 그 애도 요즘 다른 애들하고 어울리는 거 같아요. 그래서 학교 가는 것이 부담되고… 학교에 결석하는 것은 용납되지 않는데… 아침마다 고민이 돼요. 오늘 하루도 어떻게 견딜까… 너무 신경을 쓰다 보니 스트레스가 쌓이고… 애들이 다 저만 보는 거 같아 공부에 집중할 수 없어요. 고3인데… 수능이 얼마 남지 않았는데… 그래서 엄마한테 죽을 거 같다고 상담을 시켜 달라고 했어요.

(중략)

상담사: 성격유형에 대한 설명을 듣고 보니 어떤가요?

동현: 제 성격특성을 잘 설명한 거 같네요.

상담사: 자신의 성격이 맘에 드나요?

동현: 맘에 드는 것도 있지만, 아닌 것도 있어요.

상담사: 맘에 들지 않는 것이 무엇인가요?

동현: 책임을 다한다는 거요.

상담사: 책임을 다한다는 성격이 지금 나의 삶에 어떻게 영향을 주고 있나요?

동현: 저는 책임감 있는 사람을 좋아하고, 책임을 다하지 못하는 사람을 이해하지 못했거든요. 그런데 제가 책임을 다하지 못하는 것이 한심스럽네요.

상담사: 한심스러운 사람이라… 그 말이 어떤 의미인가요?

동현: 학생의 본분이 공부잖아요. 그리고 공부를 잘하는 것이 책임을 다 하는 거라고 생각해요. 그런데 저는 공부를 하려고 생각은 하는데 공부가 안 돼요. 그리고 공부를 못 해요. 선생님이 생각하셔도 제가 한심스럽지요?

상담사: 공부를 잘하고 싶은데… 그렇지 못한 이유가 있나요?

동현: 학교에서 공부에 집중해야 하는데, 애들이 다 저를 쳐다보고 있고 저를 평가하는 거 같아 온통 거기에 신경쓰다 보니 공부에 집중할 수 없고, 집에 오면 녹초가 돼서 공부할 힘이 없어요.

규범형 동현이는 대인관계도 잘하고 공부도 잘하고 말도 잘하는 예의바른 사람으로 남들에게 그럴듯하게 보이고 싶은 욕심이 많은 학생이다. 그런데 현재 자신의 삶은 기대치와는 정반대로 성적은 바닥을 치고 있고, 대인관계도 잘하지 못하는 한심스러운 사람이라는 사실이 동현이를 견딜 수 없게 만들었다. 더욱더 동현이를 힘들게 한 것은, 가장으로서 책임을 다하지 못하고 엄마를 고생시키는 아빠를 경멸하면서도, 자신은 학생으로서의 본분인 공부에 책임을 다하지 못한다는 이율배반적인 자신을 용납할 수가 없다고 했다.

입시가 얼마 남지 않은 중요한 시점에 동현이는 한심스러운 자신을 비난하고 자책하느라 머리가 터질 거 같고 가슴이 답답해 숨을 쉬기가 힘들 정도라고 했다. 또 이런 한심스러운 자신을 아이들이 어떻게 보고 있을까라는 생각에 온 신경을 쓰다 보니 수업에 집중하지 못하고, 집에 오면 녹초가 되어 공부할 에너지가 고갈된다고 했다.

이런 상황에 있는 동현이와 18회기의 상담을 진행했다. 먼저 학습성격유형검사를 통해 자기인식의 시간을 가졌다. 권위자의 평가가 중요한 규범형 동현이는 권위자인 상담사로부터 자신의 성격에 대한 설명을 듣고 자신의 성격과 강점을 인정했다. 그리고 규범형이 가지는 성격특성 중 '완벽함'과 '책임감'이라는 강점이 욕심 많은 동현이에게 비합리적으로 높은 기대치로 작용하고 있었다는 것을 깨닫게 되었다. 동현이는 책임감이 있는 사람으로 자신의 일을 완벽하게 잘하고 싶은 사람이다. 그런데 그의 현실은 기대치에 미치지 못했고 그런 자신을 바라보면서 비난하고 자책하면서 자존감이 낮아지는 원인이 되었다.

그리고 동현이의 낮은 자존감은 대인관계에 부정적으로 작용하고 있었다. 친구에게 어떻게 다가가서 말을 걸어야 할지, 친구가 말을 걸어오면 어떻게 답을 해야 하는지, 친구가 묻는 말에 답을 잘못해서 '삐꾸'라는 말을 듣지는 않을지, 이런 잡다한 생각들이 얽히고 설켜 동현이는 친구들에게 말을 한 마디도 못하고 있는 상황이었다.

동현이를 괴롭히고 공부에 집중하지 못하게 했던 수많은 생각들을 안전한 상담장면에서 여과 없이 쏟아냈다. 1회기, 2회기, 3회기를 지나면서 꼬였던 혀가 풀리고 버벅대고 더듬던 말투가 안정이 되었고, 앞뒤가 맞지 않게 두서없이 말하던 동현이의 말이 또박또박 조리 있게 귀에 들리기 시작했다. 이런 변화에 가장 놀란 사람은 동현이 자신이었다.

상담을 통해 자신감을 갖게 된 동현이는 이제는 남들에게 어떻게 보일까 눈치보던 아이가 아니라 자신의 생각들을 잘 표현하는 아이가 되었고, 타인의 평가에 두려워하면서 정신없이 휘둘리던 그의 감정이 안정이 되면서 동현이는 자신을 인정하고 수용하는 아이가 되었다. 또 비합리적으로 작용했던 '책임감'과 '완벽함'이라는 특성을 하나하나 분석하면서 동현이의 왜곡된 사고가 바뀌었고, 완벽함과 책임감이라는 성격적 특성이 동현이에게 긍정적인 자원으로 변화되었다.

이제 심리적으로 안정된 동현이는 공부하기 시작했다. 비록 재수를 선택했지만 힘든 재수의 시간을 잘 견디면서 공부해 명문대에 입학했다.

GUIDE

규범형 자녀에게는 이런 공부기술을 사용해 보세요

1. 공부 전 워밍업!
2. 체계적이고 구조화된 강의
3. 예습, 복습, 반복학습이 중요! 꼭 기억하라.
4. 참고서, 학습지 풀기 과제, 시험 형태의 과제를 선택하라.
5. 능력 발휘에 초점을 두고 성적, 성과를 올려라!
6. 기초학습을 단단하게 다져 주어야 고등학교까지 안정적으로 집중 가능!
7. 선행학습을 통해 공부할 내용을 알고 수업에 임하게 하라.

규범형 자녀를 둔 부모들을 위한 양육 팁

1. 난을 기르듯이 정성스럽게 세세하게 돌봐 주라.
2. 아이의 속도에 맞춰, 한 번에 하나씩 하게 하라.
3. 합리적인 기대를 하고, 칭찬을 아낌없이 해 주라.
4. 거절하는 법, 표현하는 법을 가르치라.
5. 잘 하고 있는지 중간 중간 점검·확인하고 구조화하라.
6. 충분히 준비할 시간을 주라.
7. 가이드라인, 지침을 주고 자세하게 가르쳐 주라.
8. 자신의 탓인지 외부 탓인지 분리하도록 하라.

규범형 자녀 성장을 위해 반드시 해 주어야 할 말

1. 너는 책임감이 강한 아이야.
2. 스스로 알아서 잘 하는 아이야.
3. 넌, 늘 잘 하는 아이야!
4. 너는 롱런하는 스타일이야.

3

탐구형

호기심과 엉뚱한 아이디어로 꽉 찬 아이

"아이디어뱅크 그러나 편향적인"

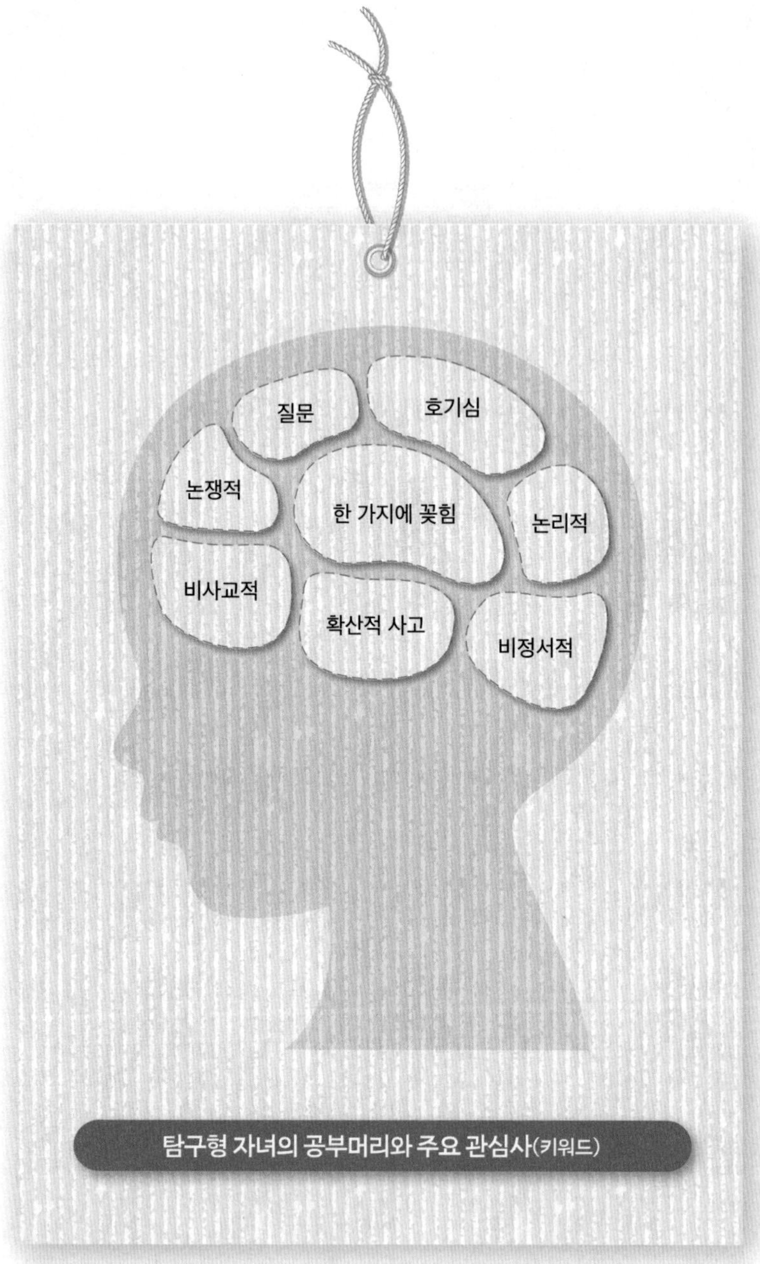

탐구형 자녀의 공부머리와 주요 관심사(키워드)

탐구형의 기본욕구: 호기심과 지식추구

탐구형의 기본욕구는 호기심과 지식추구이다. 탐구형이 추구하는 지식은 세상에 널리 알려진 보편적인 '앎'이 아니라, 이 현상이 왜 일어날까에 대한 근본적인 원리, 근원, 이치 등에 대해서 끝없는 호기심을 가지고 근본까지 깊이 파고들어 가 캐내고 탐색하고 연구하면서 알아내는 것이다.

그래서 이 유형은 어려서부터 궁금한 것이 너무 많고, 그 궁금증과 호기심을 해결하기 위해 끊임없이 질문한다. 머리에 떠오르는 것, 보이는 것, 귀에 들리는 것은 모두 다 궁금하고, 그 궁금증을 해결하기 위해 주변에 아랑곳하지 않고 거침없이 질문한다. 지식은 호기심으로부터 출발하고, 질문이나 연구, 탐험을 통해 명확하게 인식되고 습득된다.

탐구형 아이의 행동특성 이해하기

1 호기심이 많고, 질문을 많이 한다

"왜?" "어째서?"

탐구형 아이들이 가장 많이 쓰는 말이다. 궁금한 것이 생기면 그 의문이 풀릴 때까지 묻고 매달리고 따지고 무엇 하나 예사로이 넘기지 않는다. 눈에 보이는 것, 귀로 듣는 것은 모두 다 알고 싶고, 이해하고, 예측하고 싶어 한다.

'호기심투성이' 탐구형 아이의 끊임없는 질문으로 인해 부모님이나 교사는 때로는 지치기도 하고, 짜증이 나기도 한다. 그들은 규칙과 권위는 안중에도 없고 주변 상황을 고려하지도 않는다. 수업을 하다가 갑자기 궁금한 것이 떠오르면 느닷없이 질문한다거나, 교사가 가르치는 내용이 잘못되었다고 손을 들고 "선생님, 그게 아닌데요."라고 반박해 교사를 당황케 하기도 한다.

오래 전 청소년 동반자로 상담할 때 상담한 사례이다. 신문을 4종류씩 읽고 고등학교 개념수학까지 끝낸 중1 남학생이 초등학교 3학년 때

학교 수업 중에 겪었던 이야기이다. 한번은 교사가 가르치는 내용이 틀렸다는 것을 발견하고, "선생님, 틀렸는데요."라고 큰 소리로 말하자 선생님은 몹시 당황했고, 점점 얼굴이 붉어지더니 나중에는 화를 내었다. 그 후로 반 아이들과 하나가 되어 아이를 왕따시키는 지경에까지 이르게 되었고, 그 소문이 학교 전체에 퍼졌다. 아이는 전따가 되어 힘들게 초등학교를 졸업했다. 그리고 중학교에 입학해 더 이상 버틸 힘이 없어, 입학 후 이틀째 되는 날에 가방을 들고 학교를 나왔다. 그 순간에는 호랑이 같이 무서운 아빠의 얼굴도 떠오르지 않았다.

탐구형의 기본욕구는 '호기심'과 '지식추구'이다. 지적 호기심이 가득해 어려서부터 꼬리에 꼬리를 무는 질문을 하며, 질문을 통해 얻은 지식을 나름대로 자신의 지식체계에 적립하면서 만물박사가 된다. 마치 지하창고에 있는 서랍 속의 잡동사니처럼 머릿속에 뒤죽박죽 엉켜 있던 정보와 호기심들이 질문을 할 때 정리가 되고 체계가 잡힌다. 그러므로 부모님은 탐구형 자녀들이 마음껏 질문할 수 있도록 허용하는 분위기를 만들어 주는 것이 중요하다.

또 탐구형은 이렇게 알아낸 지식이 맞는지 확인하고 싶어 한다. 그래서 자기가 알고 있는 지식을 누군가와 나누면서 자신의 의견을 말하고 설득하려고 한다. 자신이 알고 있는 모든 지식을 동원해서 토론하는 것을 좋아하는 것도 이와 같은 이유이다. 잘난 체하려는 것이 아닌데도, 사람들은 잘난 체한다고 오해하는 경우가 많아 탐구형은 이것이 억울하고 답답하다.

2 생각이 깊고 끝없이 뻗어간다

'수심이 깊은 바다' '드넓은 대지' '확산적 사고'

탐구형은 '걸어다니는 백과사전'이라는 별명으로 불릴 정도로 그들이 가지고 있는 지식의 깊이와 양은 헤아릴 수 없고, 그들의 그릇은 넓은 대지와 수심이 깊은 바다와 같다고나 할까, 눈에는 보이지 않지만 중요한 그 무엇을 찾고 찾는 탐구형의 눈빛은 먹잇감을 찾는 매의 눈처럼 반짝반짝 빛나고 살아있다. 그 눈빛으로 관심사를 찾으면, 호기심이 발동되고, 그 호기심이 파문처럼 꼬리에 꼬리를 물면서 끝없는 깊이로 또 넓이로 퍼져나가면서, 매우 기발하고 독창적이고 창의적인 방법으로 중요한 무엇, 깊이 있는 그 무엇을 찾는다.

탐구형은 입체적·확산적 사고를 한다. 겉으로는 매우 평안하고 그저 골똘히 생각하는 듯 보이지만, 그 머리에서는 거의 매일 빅뱅이 일어나며 생각에 생각을 거듭하고 호기심의 질문이 이어진다. 뉴런이 무한 확장하는 것 같은 탐구형들의 호기심에 부모들이 도망가고 싶을 만큼 질문이 쏟아지는 것은 지속적 사고의 확장 과정이라고 보면 된다.

이러한 특징 때문에 탐구형이 가지고 있는 지식은 해박하고 전문가 수준의 깊이를 가진다. 탐구형의 기발하거나 엉뚱한 행동은 부모님이나 주변 사람들을 놀라게 하고, 친구들에게 '안드로메다' '4차원' '별종'으로 놀림을 받기도 하지만, 그의 눈빛과 생각은 살아있음을 인정해야 한다. 그러니 이러한 탐구형의 아이들을 걱정하고, 이상하다고 여기지 말고 마음껏 질문하도록 허용하고 충분히 탐닉하도록 지지해 주기 바란다. 그래야 탐구형 자녀들은 새로운 지식을 쌓거나 새로운 것을 창조해 내는 놀라운 자산을 갖추게 된다.

3 관심 분야만 파고든다

'선호도가 뚜렷한 아이' '호불호가 분명한 아이'

탐구형 아이들은 좋아하는 것과 싫어하는 것의 선호도가 뚜렷하다. 관심 있는 주제나 관심 분야에는 끝장을 볼 때까지 밤낮없이 몰두하고 파고들기 때문에 전문가 이상의 지식수준에 도달한다. 그러나 관심이 사라지면 언제 그랬냐는 듯 미련 없이 돌아서서 또 다른 일에 매달린다.

학교 공부에서도 이와 같은 행동이 드러나는데, 좋아하는 과목에는 누구보다도 깊이 있게 공부해서 100점 이상의 실력을 쌓지만, 싫어하는 과목은 등한시할 뿐만이 아니라 아예 책을 들여다보지도 않으므로 과목 간의 점수 편차가 상당히 크다. 이것이 탐구형 부모님이 애가 타는 이유이다.

골고루 성적을 받아야 대학교를 갈 수 있는 것이 우리나라 교육계의 실정인데, 부모님의 입장에서 보면 탐구형은 무식한 것도 아니고 머리가 나쁜 것도 아닌데, 왜 생각이란 것을 안 하는지 속이 터지다 못해 한숨만 나온다. 탐구형은 이러한 현실적인 상황이 중요한 게 아니라, 단지 그 과목에 관심이 없다는 것이다. 그리고 왜 필요하지도 않은 이런 공부를 해야 하는지 그 이유를 알지 못하기 때문이다.

요즘 부모님들이 공통 걱정 중 하나는 아이들의 게임과 스마트폰 사용이다. 밤에 잠은 안 자고 게임에 과몰입하거나 유튜브 콘텐츠에 빠져서 공부는 나몰라라 하는 모양새에 부모들의 걱정이 이만저만이 아니다. 말려도 소용없고 스마트폰을 부숴도 어디서 얻어 왔는지 숨겨둔 폰을 꺼내든다. 특히 탐구형 자녀를 둔 부모들은 게임중독을 걱정하거나 스마트폰 몰입에 대한 염려가 큰 편인데, 이는 탐험가 기질을 가지고 호기심이 많은 자녀가 인터넷 세상에 빠져들어 나오지 못하는 게 아닌가 하는 걱정 때문이다.

그러나 너무 염려하지 말길 바란다. 한 분야에 매몰되면 전동드릴처럼 파고들어가는 탐구형의 아이는 자기가 원하는 만큼 욕구가 채워지면, 누가 말하지 않더라도 알아서 그 속에서 빠져나오기 때문이다. 오히려 그 몰입의 시간 이후 아이의 지식세상은 더욱 풍성해질 것이다.

이처럼 탐구형의 관심사에 대한 선호도는 분명하고, 그 몰입도가 중독 수준까지 갈 정도로 아무도 말릴 수가 없다. 그러므로 그것을 못하게 말리느라고 전쟁을 치를 것이 아니라 그 관심사에 몰입하도록 인내하고 믿어 주는 것이 자녀와의 관계를 망가뜨리지 않는 것이고, 탐구형 자녀의 기본욕구가 채워질 수 있도록 함으로써 심리적인 안정과 자아실현의 동기를 주도록 하는 것이 탐구형 부모가 이해해야 할 부분이다.

4 친구에게 관심이 없다

'눈치 없는 아이' '상황파악이 안 되는 아이'
'왕따를 당해도 왕따를 당하는지 알아차리지 못하는 아이'

탐구형 아이의 부모님이 가장 걱정하는 것이 탐구형 자녀의 대인관계 문제이다. 또한 학교에서 담임이 상담을 받으라고 상담실에 보내는 아이가 탐구형인 경우가 많다. 이것은 탐구형이 대인관계에 문제가 있다고 보이기 때문이다.

탐구형의 아이들을 가만히 살펴보면 그들은 사람에게는 관심이 별로 없고 자신이 좋아하는 일에만 관심이 있다. 감성보다는 호기심에 더 집중하기 때문에, 사람들과 교류하는 데 필수적인 감성적인 교류가 부족하고 공감능력이 부족해, 친구를 사귀는 데 어려움이 있다. 간혹 방과 후에 친구들을 만나는 경우가 있는데, 잘 관찰해 보면 정서적인 것을 나누는 것이 아니라, 내가 관심 있는 게임이나 장난감을 그 친구가 가지고 있기 때문이다. 자신의 흥미와 공유할 수 있는 것이 사라진다면, 그 친구와는 만날 필요성도 사라지고, 곧 관계는 끝난다고 할 수 있다.

또 탐구형의 대인관계의 방해요인은 다른 사람들이 틀린 것을 보면 곧바로 끼어들어 바로잡아 주려고 하는 것이다. 이것은 잘난 체하는 것이 아니라, 잘못된 것을 정확하게 알려 주고 싶은 의도 때문이다. 그러나 상대방은 이미 기분이 상해서 화가 나 있는데도 탐구형은 왜 상대방이 화가 나 있는지 그 이유를 알아차리지 못한다.

5 멀티플레이어이다

"왜 그렇게 산만하니? 한 가지만 똑바로 해라!"

탐구형은 보고 듣고가 동시적으로 가능한 유형이다. 그래서 여러 가지를 동시에 하면서 공부할 가능성이 있고, 이것을 바라보는 탐구형 자녀를 둔 부모님이 속이 타는 이유이다.

부모님 입장에서 보면, 탐구형 자녀가 어린 시절에 '영재'라는 소리를 들을 정도로 머리가 좋아서, 조금만 노력하면 전교 1등도 가능할 거 같이 생각한다. 그러나 탐구형의 자녀들은 공부에 관심을 가지기보다는 자신이 좋아하는 것에 몰두하고, 동시에 두세 가지 활동을 하면서 공부에 집중하지 않는 것처럼 보인다.

몇 달 전 인지심리학자로 잘 알려진 어느 교수의 '부모교육 특강'에 참여한 적이 있는데, 강연 중에 들었던 말이 생각난다. 자녀들이 음악을 들으면서 공부하는 것 등, 공부할 때 동시에 두 가지 이상을 하는 산만한 행동을 미리미리 잡아야 한다고 하셨다. 이 교수의 말은 한 번에 한 가지씩 단계적으로 하는 것이 가능한 규범형이 들어간 성격유형에게는 맞는다. 그러나 입체적 사고를 하는 탐구형의 아이들에게는 맞지 않는다.

탐구형은 다양한 아이디어를 창의적으로 생성해 내는 확산적 사고를 한다. 하나의 답을 정하지 않고 다양한 답이 있다고 생각하기에 정보를 단면이 아니라 입체적으로 보고 다차원적인 정보처리를 하기 때문에 멀티플레이가 가능하다. 이렇게 다채롭고 큰 프레리 초원같은 탐구형에게 한 가지에만 집중하라고 요구하는 것은 어불성설이다. 오히려 인정하고 지지하고 권장할 때 넓은 대지는 풍성한 열매를 맺게 될 것이다.

탐구형 아이 부모를 위한 맞춤 학습코칭

1 그릇이 큰 아이임을 알려 주라

탐구형은 다른 유형에 비해 넓은 대지와 같이 그릇이 크다. 탐구형의 자녀를 둔 부모님들은 먼저 내 자녀의 그릇이 매우 크다는 것을 인식해야 한다. 자녀의 그릇을 만들어 주기 위해 채찍질을 하면서 끌고 가야 할 존재가 아니라, 이미 충분히 큰 그릇이기에, 이 큰 그릇에 무엇을 담아야 빛이 나고, 자기답게 행복하게 살 수 있을까를 자녀와 고민하면 된다. 기억할 것은, 탐구형 자녀가 이 큰 그릇에 자신이 하고 싶은 것을 담되, 새롭고 창의적이며, 독창적이고 기발한 탐구형의 특징을 마음껏 활용할 수 있도록 이끌어 주어야 한다.

반면 그릇이 너무 크기 때문에 관심 분야에 몰두하고 파고드는 것이 많아도, 금방 효과나 결과가 눈에 띄게 드러나지 않을 수도 있다는 것을 이해하고, 실망하거나 조급함을 드러내지 않아야 한다. 또한 이 넓은 호기심의 정글에서 길을 잃는 경우도 종종 있을 텐데, 이때 부모는 대화를 통해 아이의 생각을 정리해 주고 각 개념들의 방을 찾아갈 수 있도록 도와주는 것이 중요하다. 이 과정은 이어지는 호기심과 정보들을 정리하는 과정을 배우는 매우 소중한 시간이 될 것이다.

"음악 들으면서 공부가 되니?"

탐구형은 입체적 사고를 하기 때문에 사고의 폭이 넓고 깊은 멀티플레이어다. 이들이 함께 하는 일은 주로 이런 일들이다.

- ✔ 음악을 들으면서 공부하기
- ✔ 친구와 채팅을 하면서 숙제하기
- ✔ 문자하면서 TV 보기

부모들이 볼 때 도무지 이해가 안 되고 산만하기 그지없어 보이는 탐구형은 보고 듣기가 동시에 가능한 사람이다. 이들은 옆에서 천둥이 쳐도 모를 정도로 한 가지 일에 깊이 빠져 있기도 하지만, 어떤 때는 동시에 여러 가지를 할 때도 있다. 이것은 탐구형의 사고의 폭이 넓고 깊을 뿐만이 아니라, 상상력도 풍부하고 여러 감각기관이 잘 발달되어 있기 때문이다. 그러므로 탐구형의 자녀가 이러한 모습을 보이더라도 너무 걱정하지 않아도 된다. 물론 집중력이 필요한 공부나 일을 할 때는 좀 자제하도록 도울 필요가 있다.

2 아이의 논리성을 키워 주고 마음껏 질문하게 하라

탐구형 아이들에게 암기는 그야말로 '꽝'이다. '무조건 암기하기' '반복학습' 등은 탐구형 아이들에게 가장 맞지 않는 공부방법이다. 탐구형의 아이들은 호기심만 가득한 것이 아니라 논리적 사고도 매우 발달되어 있기에, 납득이 되지 않는 것은 이해가 되지 않을 뿐 아니라 기억하는 것도 힘들어한다. 개념이나 원리를 중심으로 하나하나 분석하면서 과정을 살피고 길을 찾듯 논리적으로 공부할 때 재미를 느끼고 기억에도 오래 남는다. 탐구형의 아이들이 논리적이거나 깊은 사고를 요구하는 수학이나 과학, 철학이나 역사를 좋아하는 이유가 여기에 있다.

대화를 할 때에도 논리적으로 하지 않으면 왠지 마음이 개운하지 않게 느껴진다. 그러므로 탐구형 자녀를 양육할 때는 논리적인 대화나 깊이 생각할 수 있는 응용문제, 도전적이고 자극적인 과제를 제시함으로써 자녀의 논리성을 키워 주어야 한다.

또한 탐구형 아이들이 기본욕구인 지식추구를 위해 끊임없이 질문을 하는데, 그들이 하는 질문이 타당성이 부족하고 이해가 가지 않을 때가 있다. 부모님들은 자녀가 하는 질문에 어이없어하며 어른의 논리로 아이들을 질타해 아이의 논리와 호기심의 싹을 잘라 탐구성향이 사라지는 경우가 많다. 이제 탐구성향의 자녀를 키우는 부모님들은 무한한 인내심을 가지고 자녀가 하는 질문에 귀를 기울이고 반응하고 논리적으로 답을 해 주어야 한다. 지식은 호기심으로부터 출발하고 질문을 통해 완성된다는 사실을 인식하고 자녀들이 마음껏 질문할 수 있도록 허용함으로써 탐구형 자녀의 지적호기심이 지식으로 이어지도록 지도하는 것이 중요하다.

3 세부적으로 공부하고 반드시 점검하게 하라

'나무보다 숲을 보는 아이'
그러나 '숲을 보다가 나무를 못 보는 아이'

탐구형은 큰 흐름에 대한 이해는 매우 탁월한 반면, 세부적인 암기는 취약하다. 그러니 큰 흐름은 잘 꿰고 있지만, 세세한 부분을 꼼꼼히 챙기는 것을 매우 귀찮아해 시험 문제를 틀리는 경우가 잦다. 탐구형이 많은 시간 공부를 하면서도 문제를 틀리는 가장 큰 이유이다.

수학의 경우도 수학공식에 대한 개념과 그것이 만들어진 원리에 대해서는 매우 흥미 있어 하고 빨리 습득하지만 수학 공식을 외우고 문제를 푸는 것을 소홀히 하기 때문에 수학 점수를 잘 받지 못하는 경우가 많다. 역사 공부를 할 때에도 마찬가지이다. 우리나라 역사가 어떤 흐름으로 이어져 왔는지 전체적인 흐름과 내용을 파악하는 데는 이해의 속도가 빠르고 흥미 있어 하지만, 구체적인 내용과 그와 관련된 인물이나 연도 등 세부적인 것들을 암기하는 것을 귀찮아하거나 대충 넘어가기 때문에 시험점수를 잘 받지 못하는 경우가 많다.

그러므로 탐구형에게는 예시와 원리가 중요하다. 즉 탐구형에게 가장 좋은 공부방법은, 탐구형이 좋아하는 개념과 원리를 충분히 설명한 다음, 그것들이 어떻게 활용되는지, 예시문을 풀어 보면서 복습을 시키는 것이다.

또한 탐구형의 장점을 활용해 공부해야 한다. 탐구형은 관심 있는 사건과 인물과 상황을 연관시켜서 한눈에 파악하는 능력이 뛰어나기 때문에 이러한 장점을 활용해서 역사공부를 한다면 매우 흥미 있게 공부에 전념할 것이다.

4 공부 이유를 이해시키고, 수준 높은 아이들이 있는 공부그룹에 넣으라

탐구형의 아이들은 관심사에 대해서 선호도가 분명하다. 자신이 좋아하고 관심 있는 과목은 전문가 수준으로 깊이 있게 공부하지만, 관심이 없는 과목은 공부하지 않기 때문에 낮은 점수를 받는다. 대한민국의 교육제도는 한 과목만 잘 하는 것보다는, 골고루 잘 해서 높은 평균점수를 내야만이 원하는 대학에 갈 수 있기에, 아이의 특성이 시험과 입시 부분에서 부모와 자녀의 갈등요인이 된다.

'자신이 좋아하는 것을 맘껏 공부하기 위해서는, 그것을 연구할 수 있는 대학에 가야 하고, 그 대학에 가기 위해서는 하기 싫은 과목도 공부해야 한다는 것'을 논리적으로 이해시켜야 한다. 다행스럽게도 탐구형은 논리적으로 설명해서 이해가 되기만 하면 현실을 매우 빠르게 받아들인다. 게다가 탐구형 아이들은 경쟁심이 강해, 자신보다 다소 상위권 아이들과 함께 경쟁할 경우 매우 집중력이 높아지기에 공부환경을 잘 선택하는 것이 필요하다.

5 사회성은 천천히 기르게 하라

교사가 대인관계 문제로 상담을 받으라고 권유하는 아이들 중에 탐구형이 많다. 부모들 역시 답답한 성격탓에 상담에 동의하며, 아이의 친구관계를 확대하거나 공감력이 떨어지는 부분에 대해 상담에 적극 동의한다. 그러나 정작 이 아이들은 자기가 왜 상담을 받아야 하는지 이유를 알지 못한다.

탐구형은 감정을 잘 느끼지 못하는 내재적 속성 때문에, 사람들과 만나서 친구를 사귀고, 관계를 통해서 얻는 기쁨이 무엇인지 알아차리지 못한다. 또 내가 상대방에게 상처를 주고 있는지도 인식하지 못한다. 이렇게 관계에 관심이 없고 감정을 잘 알아차리지 못하는 사람은 상담을 받는다고 치료가 쉽게 이루어지지 않는다.

그런 성격적 특성을 가진 사람을 대인관계를 잘 할 수 있도록 훈련을 시키는 데 시간과 에너지를 낭비하지 말고, 좋아하는 일에 푹 빠지도록 지도하는 것이 합리적이다. 그러나 사회생활을 하는 데 대인관계는 필요한 부분이기 때문에 성인이 되어서 사회성을 길러도 큰 문제가 되지 않는다. 오히려 요즘같은 다양한 능력과 더불어 깊이와 전문성을 요구하는 융합정보 사회에서 탐구형은 매우 매력적인 사회적 역량을 발휘하게 될 것이다.

탐구형에게 맞는 직업은 무엇일까?

탐구형의 사람들은 자연이나 사회현상 또는 세상의 본질적이고 근원적인 원리에 관심이 많아 그것들을 끊임없이 파고들어 알아내고 싶어 한다. 또 이들은 추상적이고 복잡한 문제나 애매한 문제들을 추론하고 분석하면서 논리적으로 답을 찾아가는 것에 희열을 느끼는 사람이다. 이러한 성격적인 특성을 가지고 있는 탐구형에게 맞는 직업은 세상에 필요한 기술이나 도구를 개발하고 연구하고 분석하는 일, 과학이나 공학, 철학, 수학, 역사, 천문학이나 화학, 물리학, 지질학, 의학, 엔지니어링 등에서 탁월한 능력을 발휘한다.

이들은 사람보다는 사물에 관심이 많아 사람들과 함께 일을 하기보다는 자기만의 공간에서 창의성을 발휘해서 연구하는 일이 맞다.

호기심과 지식추구라는 기본욕구를 충족시키되 새로운 아이디어나 창의성을 발휘하면서 논리력과 분석력을 가지고 독창적인 방법으로 채워 가는 탐구형은 21세기 4차 산업시대에 선두주자로서의 역할을 하지 않을까 기대한다.

사례로 살펴보는 탐구형 아이 맞춤 솔루션

1 누구도 나를 건드리지 마

준서(고2 / 남 / 탐구형)

대인관계에 관심이 없고 친구가 없음. 말이 없고 어떤 질문에도 답을 하지 않아 속을 알 수 없다고 함. 고집이 세고 누구의 말도 듣지 않음. 결석이 잦더니 결국 학교를 그만둠.

180cm가 넘는 큰 키에 에누리 없이 쭉 뻗은 팔등신, 눈 쌍꺼풀은 없지만 조각같이 생긴 얼굴에 조화를 이루는 큰 눈, 붓으로 그린 거 같은 짙은 눈썹, 맑고 투명한 하얀 피부의 준서는 얼른 보아 유명 연예인 같다. 이렇게 멋지게 생긴 고등학교 2학년 남학생과의 첫 만남. 상담사가 갖은 애를 써도 그는 팔짱 끼고, 다리 꼬고, 눈 감고, 모르쇠로 시간을 끌고 있다.

준서는 무슨 마음의 상처가 있는지, 무슨 불만을 가지고 있는지, 아무도 그 속을 알 수가 없다. 이제까지 준서는 누구에게도 마음을 열지 않았고 누구에게도 말을 하지 않는다고 한다. 최근엔 학교도 그만두어, 청소년 기관에서 준서를 돌보고 있으나 감당하기 힘들어한다.

준서는 호기심이 많고, 창의성이 많은 학생이다. 재료실의 재료만을 보고도 그 재료가 어떤 작품으로 완성되고, 어떤 그림이 그려지는지를 아는 듯 민첩하게 재료들을 가져다가 망설임 없이 작품을 만들어 낸다. 또 라이터에 불을 붙여서 그 그을음으로 작품을 완성하는 것으로 보아 준서의 아이디어는 무궁무진한 거 같다.

또 준서는 호불호가 분명한 사람이다. 자기가 마음에 들거나 좋아하는 것에는 마음을 열고 한없이 몰두하지만, 하기 싫은 것이나 마음에 들지 않으면 미동도 하지 않는 아이다.

준서: (눈 감고 팔짱 끼고, 다리 꼬고… 모르쇠로 시간을 끌고 있다.)

상담사: 담배가 맛있니?

준서: ….

상담사: 우리 아버지는 하루에 한 갑 피우셨는데… 요즘 애들은 그렇게 많이는 못 피겠지?

준서: 아니요. 한 갑 피우는데요.

상담사: 그래? 준서 네가 하루에 담배 한 갑을 피운다는 거구나!

준서: 네.

상담사: 담배 한 갑이 얼마야?

준서: 4,500원이요.

상담사: 4,500원이라… 그러면 31일 한 달이면 담배 값이 139,500원이네.

준서: (실눈 뜨고 꼰 다리와 팔을 풀고 못 믿겠는지 종이 위에 계산을 한다.) 맞네요. (의자를 당기더니) 아~ 갑자기 하고 싶은 게 생각났어요. (치료실의 재료들을 빙 둘러보더니 의자에서 벌떡 일어나 필요한 재료들을 꺼내와서는 이것저것 섞어 가면서 무언가를 만들기 시작했다. 물감을 섞고 스프레이를 뿌리고 심지어는 라이터에 불을 켜 작품에 휘~익 스치면서 그을음으로 멋지게 작품을 완성했다)

상담사: 와~ 와~ 이게 네가 만든 거야? 이걸 사람이 만들었다고? 어떻게 이

렇게 만들 생각을 할 수 있을까? 이건 사람이 할 수 있는 게 아니야.

준서: 성공한 게 아니에요~ (재료가 부족해서 원하는 작품을 만들지 못했다면서 아쉬움을 표현하더니 뒷정리까지 말끔하게 했다.)

상담과정에서 성격유형검사를 실시했고, 검사 결과 준서는 탐구형이었다. 탐구형의 성격적 특성은 호기심과 손재주가 많고 원하는 것에 한없이 몰두하면서 다른 사람들이 생각할 수 없는 것들을 만들어 낸다는 것이다. 탐구형의 준서에게 탐구형의 성격적인 특성과 강점에 대해 설명하고, 준서가 가지고 있는 장점에 대해 구체적으로 칭찬하니 어깨를 으쓱하며 미소까지 짓는다.

남다른 창의력을 가지고 만들어 낸 자신의 작품을 보고 놀란 준서, 그리고 그것에 대해 성격적 특성을 적용해서 칭찬하니 '아, 그렇구나' 하고 인정하면서 준서의 마음이 열리는 계기가 되었다. 이렇게 꽁꽁 얼어붙었던 준서의 마음이 녹기 시작했다.

2회기의 미술치료를 통해 마음을 연 준서는 처음으로 자신의 가족에 대한 이야기를 했다. 공부를 잘하는 형과의 편애, 형이 죽지 않을 만큼 준서를 폭력해도 가족들은 묵인했다고 한다. 준서에게는 가정과 가족이 자신의 안전한 울타리가 아니었다. 가정에서 편애를 받은 준서는 세상을 불신하면서 아무도 자신의 편이 없다고 느꼈고 자신을 스스로 지키기 위해, 마음에 큰 벽과 울타리를 친 것이다. 이제 마음을 연 준서에게 공부를 하지 않겠느냐고 접근하니 다행히 준서는 거부하지 않았고, 이렇게 검정고시 공부를 하게 된 것이다. 2회기 상담 후 기관에서 준서의 학습을 도와 준서는 검정고시에 합격했다.

2 제 앞을 막지 말아요, 엄마

영서(6세 / 남 / 탐구형)

호기심이 많아 여기저기 쑤시고 다니면서 집안을 난장판을 만듦. 엄마의 강력한 통제로 소리지르고 분노함. 틱을 앓고 있음.

엄마(36세 / 주부 / 규범형)

결벽에 가까운 성격으로 집안을 반들반들하게 닦고 치우고 정리정돈을 함. 모든 것들이 제자리에 있어야만 안심이 된다고 함.

아빠(39세 / 공무원 / 규범탐구이상형)

까다롭다는 말을 많이 듣고 자기관리가 철저한 사람. 이미 PTSD 치료를 두 번이나 받아 상담이 필요치 않다고 했으나, 아내와 아들의 갈등상황 때문에 부모상담을 받고 싶다고 상담을 신청함.

눈빛이 유난히 빛나고 예쁜 영서는 나이에 비해 키가 작아 보이지만 얼굴 피부가 구릿빛을 띄고 있어 건강미가 넘쳐 보인다. 손바닥만큼 작은 영서의 얼굴에는 사랑과 장난스러움이 공존하는 것 같다. 부모님과 함께 찾아온 낯선 상담실에 낯선 상담사를 보면서 겸연쩍은지 엄마 바짓가랑이를 잡고 몸을 비비 꼬고 있다. 엄마가 상담 선생님께 인사하라는 말을 듣고 생긋 웃으며 인사를 하고 상담사의 질문에 대답을 잘 한다. 그러면서도 영서는 상담실에 어떤 것이 있는지 눈빛을 반짝이면서 잠시도 눈을 가만히 두지 않는다.

영서 엄마는 155cm 정도의 아담한 키에 지방질이 하나도 없이 마른 체형이다. 얼굴은 화장기가 전혀 없고 이목구비가 뚜렷하며 눈은 동그랗다. 머리는 중학생처럼 단정한 단발머리를 하고 있으며, 머리카락이

한 올이라도 내려오는 것을 허용하지 않는 듯 헤어밴드로 머리를 올백으로 올렸다. 옷차림새는 청치마에 흰색 블라우스를 입고 있어 청순한 모습과 앳된 모습을 주고 있다. 표정은 어둡지는 않지만 무미건조하다고나 할까, 농담도 조심스러워지는 사람, 빈틈을 허용하지 않을 듯한 정갈한 모습을 하고 있다. 영서 엄마의 전체적인 분위기는 반듯하고 깔끔한 모습이다.

6살짜리 아들 영서는 잠시도 가만히 앉아 있지 않고, 여기저기 쑤시고 다니면서 꺼내고 뒤집고 파 보고 온종일 집안을 난장판으로 만든다고 했다. 그러나 모든 것이 제자리에 정리되어 있어야만 하는 결벽에 가까운 엄마는 집안이 어지럽혀졌거나 지저분한 것이 용납되지 않는다. 그래서 아이의 뒤를 쫓아 다니면서 장난감을 치우게 하고, 지저분한 손을 몇 번씩 반복해서 씻게 하고, 심지어 머리카락을 줍게 하면서 아들 영서의 놀이의 흐름을 막거나 호기심이라는 욕구를 차단했다. 그럴 때마다 영서는 장소가 어디든 상관없이 바닥에 누워 발버둥 치면서 울고 분노하고 소리 지르고 뒹군다.

엄마는 직장을 그만두고 육아에 전념했기에 그렇게 하는 것이 올바른 양육이고 엄마로서 책임을 다한다고 생각했고 아들의 습관을 바로잡으려고 더욱더 강하게 대응했다고 한다. 그런데 어느 날부터인가 아들의 얼굴에 생기가 사라지고 웃음이 사라졌다. 현재 아들 영서는 예전같이 산만하지는 않지만 최근 틱이 시작되어 틱장애 진단을 받았다.

6세 아들 영서는 호기심이 많아 잠시도 가만히 있지 않고 여기저기 다니면서 뒤지고 꺼내고 분해하고 질문한다. 가족들과 놀이터에 가면 끝까지 놀려고 하고 집으로 돌아올 생각을 하지 않는다. 어느 날 영서가족이 공원에 놀러 가서 잠자리를 잡았는데, 영서는 눈빛을 반짝이면서 잠자리 날개를 잡더니 잠자리의 눈알을 만져 보고 다리가 몇 개인지 세어 보고 몸통을 잡아당겨 보면서 잠자리를 관찰했다. 그리고 집에 와서도 계속해서 잠자리 얘기만 했다고 한다.

그런데 영서의 엄마는 결벽에 가까울 정도로 정리정돈의 달인이다. 잠시도 가만히 있지 않고 털고 쓸고 닦는다. 바닥에 머리카락 하나도 떨어져 있는 것을 견디지 못한다. 두 아들의 청결 상태에 매우 예민해서 밖에 나갔다 돌아오면 손을 두세 번씩 씻게 한다. 또 아이가 장난감을 가지고 놀 때는 엄마는 아이의 뒤를 쫓아다니면서 바로바로 정리를 하도록 잔소리를 하면서 아이의 놀이의 흐름과 호기심의 흐름을 끊는다.

상담사: 남편으로부터 상담을 통해 부모교육을 받자는 제안을 받았을 때 어떤 심정이었나요?

엄마: 어떤 심정이라기보다… 아이의 상태가 좋은 상황이 아니어서… 뭔가 잘못된 게 아닌가 걱정하던 중이어서 남편이 전화왔을 때 바로 오케이 한 거예요.

상담사: 아 그렇군요. 아이의 상태가 문제가 있다는 것을 인식하고 계셨군요. 혹시 어떤 상황인가요?

엄마: … 손가락을 빨아요. 예전엔 맘에 안 들면 소리 지르고 화내고 뒹굴던 아이였었는데… 요즘엔 예전처럼 그렇지 않아요.

상담사: 달라졌다는 거군요. 아이가 산만하지 않고 좀 얌전해졌다는 말인가요?

엄마: 조금요.

상담사: 영서 어머님이 원하는 아이의 모습이 아니던가요?

엄마: 그렇기는 한데… 좀 아닌 거 같은….

상담사: 좀 아닌 거 같다는 말이 무슨 의미인가요?

엄마: 발랄하고 에너지가 넘치던 아이가 생기가 없는 거 같고… 힘이 빠진 거 같고… 손가락을 빨고….

상담사: 활기가 없는 거 같고, 에너지가 빠진 거 같은 것을 문제가 있다고

인식하시는 건가요?

엄마: 아마도….

상담사: 아이가 활력이 없고 에너지가 빠지고 손가락을 빠는 거를 문제라고 보시나요?

엄마: 네….

상담사: 왜 그렇게 보시나요?

엄마: 생기가 없어요. 반짝반짝 빛나던 빛이 어두워지는 듯한. 불이 꺼져 가는 거 같은… 그런 거 같아요.

상담사: 아이가 왜 그렇게 되었다고 생각되나요?

엄마: 흥미가 막히고 에너지가 눌려서 그런 거 같은데….

상담사: 그렇다면 누군가 강한 힘으로 흥미를 차단했고, 강한 힘으로 아이의 에너지를 눌렀다는 것을 인정하신다는 거죠? 그게 누구일까요? 아이를 누르고 에너지의 흐름을 차단한 사람이?

엄마: (눈을 깜박이며, 기어들어가는 목소리로) 저인 거 같아요. … 제가 그렇게 했어요.

상담사: 아이에게 어떻게 하셨는지 구체적으로 설명해 주시겠어요?

엄마: (머뭇거리다가) 저는요, 지저분한 거 못 참아요. 정리가 안 되어 있으면 그게 신경 쓰여서 아무것도 못해요. 아이가 장난감을 가지고 놀 때 장난감이 흩어져 있으면 나도 모르게 쫓아가서 그것을 똑바로 제자리에 놓지 않으면 안 되거든요. 그래서 아이가 끝까지… 제자리에 똑바로 정리할 때까지 그 일을 시켜요. 아이는 다른 장난감에 꽂혀서 그걸 가지고 놀고 싶은데… 놀던 장난감을 빼앗고 놀았던 장난감을 제대로 정리하게 하거든요. 그 과정에서 소리 지르고 울고 뒹굴고 화내고… 그래도 저는 정리정돈을 시키는 것이 맞다고 생각했어요. 그래서 아이가 반항할수록 더욱더 철저하게 시켰어요… 그렇게 정리를 한 후에 갖고 싶고 놀고 싶은 것을 하라고 하면 이미 아이는 흥미가 사라졌는지 그 장난감에 관심이 없더라구요.

상담사: 자세하게 말씀해 주셔서 감사합니다. 그런 상황을 설명하면서 혹시 떠오른 생각이나 감정이 있었나요?

엄마: 아이가 얼마나 답답하고 화가 났을까… 아이에게 미안한 마음이 들었고, 이렇게 매일매일 당한다면… 아무것도 하고 싶지 않을 거 같아요. 아이는 호기심이 많고 에너지가 넘치고 하고 싶은 게 많은 아이인데… 아이는 자기가 하고 싶은 거 할 때 신이 나서 콧노래 부르고 눈빛이 빛나거든요. (눈물을 흘리면서) 제가 어린 시절에 엄마한테 그렇게 교육받았거든요. 너무 답답하고 싫었는데… 그래도 엄마는 끝까지 쫓아다니면서 하게 했어요. 초코파이 부스러기를 떨어뜨리면 난리가 나기 때문에 어린아이가 두 손에 초코파이를 잡고 먹었던 기억이 나네요. 저는 엄마의 강한 힘에 순응했는데 제 남동생은 끝까지 버티고 엄마를 이기더라구요. 지금 말하고 보니 동생은 힘이 있는 아이 같아요.

상담사: 어린 시절의 이야기까지 길게 잘 말씀해 주셨어요. 이미 아이의 상황을 진단하고 답까지 말씀하셨는데… 그러면 아이에게 어떻게 하시겠어요?

심리검사를 한 결과 엄마는 규범형이었고, 아빠는 규범탐구이상형, 호기심이 많은 아들 영서는 탐구성이 강한 아이였다.

탐구형의 아들은 기본욕구가 '호기심'이기 때문에 '호기심'이라는 기본욕구는 반드시 채워져야 아이의 심리가 안정이 된다는 것, 기본욕구가 차단이 되어 심리가 불안해질 수 있다는 점을 부모가 이해하기 시작했다.

엄마의 개인상담과 부부상담을 실시하면서 영서의 엄마도 어린 시절에 친정엄마의 강박적인 양육을 받았고, 숨 막히는 경험을 많이 했음을 알게 되었다. 초코파이 부스러기가 방에 떨어지지 않도록 두 손에 받아 두 손으로 잡고 먹었던 기억, 어린아이가 밥알이 땅에 떨어지지 않도록 긴장하면서 밥을 먹은 기억을 이야기하면서 그렇게 싫었던 것을 자기 아이들에게 똑같이 하고 있는 자신을 보면서 깜짝 놀라는 일이 생기기도 했다.

영서의 엄마는 성격에 대한 중요성과 기본욕구 충족이라는 원리를 빠르게 인식했고, 자신의 변화에 매우 적극적이었다. 10회기의 상담을 진행하는 동안, 엄마의 변화의 정도에 따라 탐구형의 아이가 표정이 밝아졌고 틱이 사라졌으며 엄마와의 전쟁이 중단되었다. 상담이 끝나는 날 두 부부는 아들을 데리고 와서 고맙다고 인사했다.

GUIDE

탐구형 자녀에게는 이런 공부기술을 사용해 보세요

1. 프로젝트식 교수법, 문제중심의 토론
2. 영감을 추구하고 발명, 발견의 기회를 제공하는 과제 선호
3. 관심분야에 집중하게!
4. 질문을 허용하라.
5. 짧은 복습이 핵심! 그래야 복잡한 생각 정리 + 엉뚱한 생각 통제!
6. 다양한 체험학습 필수!
7. 공부 잘하는 아이와 함께 공부하게 하라.
8. 반복적이고 암기식 공부 싫어하니, 원리나 개념, 맥락을 알게 도우라.

탐구형 자녀를 둔 부모들을 위한 양육 팁

1. 호기심에 푹 빠지게 하라.
2. 논리적으로 양육하라.
3. 마음 놓고 질문하게 하라.
4. 사회성을 키우려고 애쓰지 말고, 전문성을 키우라.
5. 관심사를 전폭적으로 지지하라.
6. 새로운 관심을 보이면 관심분야에 바로 책을 투척하라!

탐구형 자녀 성장을 위해 반드시 해 주어야 할 말

1. 너는 그릇이 큰 사람이야!
2. 공부하는 이유를 알면 넌 바로 공부하는 아이지!
3. 너의 지식은 전문가 수준이야.
4. 넌 정말 멀티플레이어구나!
5. 못하는 게 아니야, 네 머릿속은 다 연결되어 있어!

4

이상형

인간적이고 정이 많은 아이

"잡념투성이 그러나 감수성 부자"

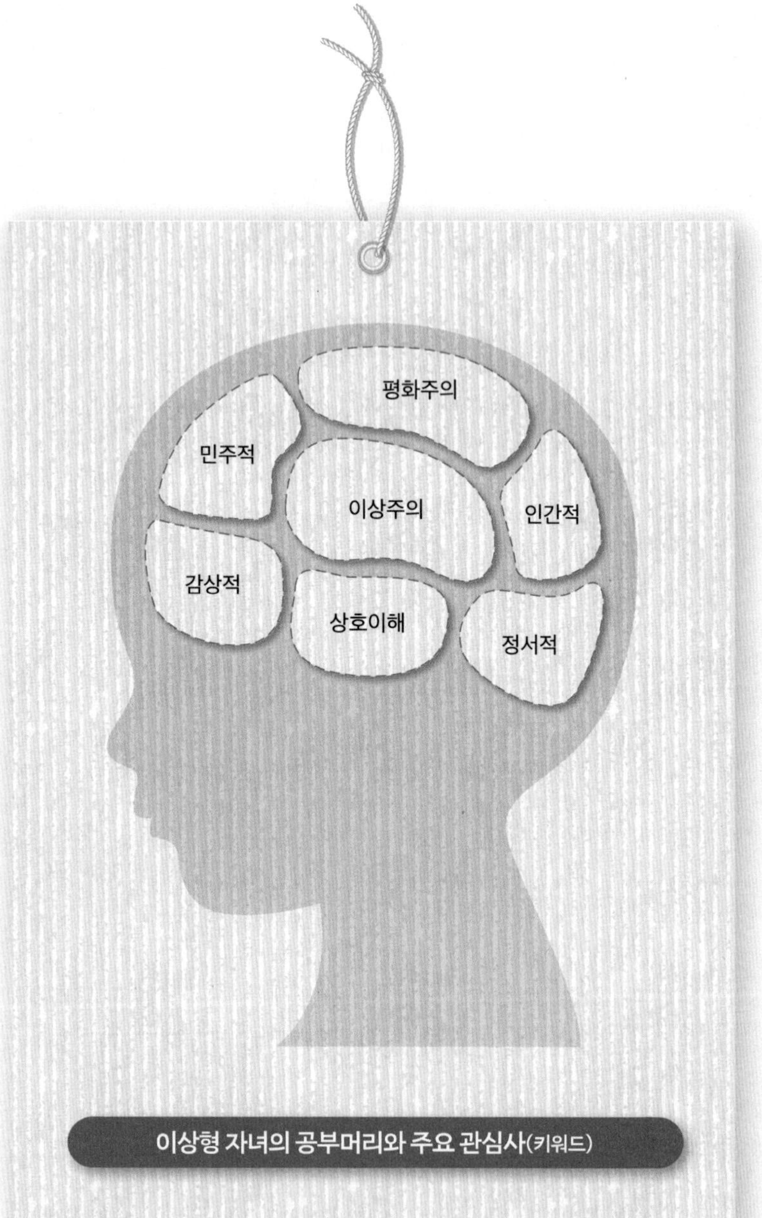

이상형 자녀의 공부머리와 주요 관심사(키워드)

이상형의 기본욕구: 인간성과 인간미

이상형의 기본욕구는 인간미, 인간성이다. 세상에 존재하는 모든 사람들이 행복하기를 추구하고, 누군가 행복하지 않다면 그를 돕되, 상대방이 불편하지 않도록 아주 조심스럽게 말없이 나를 드러내지 않고 살피는 것이 인간미, 인간성이다. 인간성을 갖춘 사람은 사람을 좋아하고 사람을 존귀히 여기는 마음이 있다. 심성이 부드럽고 휴머니즘이 넘치는 이상형 아이는 마음이 온유한 양과 같다.

그래서 이상형은 사람을 좋아하고 마음이 따뜻하고 온화하며 상대방의 감정을 잘 알아차리는 예민한 감성을 가지고 상대방의 기분이 상하지 않게 정성을 다하는 사람이다. 나의 행복보다 타인의 행복을 먼저 생각하는 사람, 나의 기분보다 타인의 기분을 먼저 살피는 사람이다. 이렇게 타인에게 마음을 다하고 정성을 다하는 따뜻한 사랑의 에너지를 가진 이상형은 내가 타인에게 정성을 다하고 사랑하는 만큼 나도 그러한 사랑을 받기를 원한다. 그러나 그러한 행동이 상대방에게 불편함을 줄까 봐 싫은 소리를 하지 않는다.

이상형 아이의 행동특성 이해하기

1 생각이 꼬리에 꼬리를 문다

'제 앞가림이나 잘 하지….'

이상형 아이들은 유토피아적인 생각을 하며, 어떻게 하면 세상의 모든 사람들이 행복할 수 있을까를 늘 생각한다. 만약 아프리카에 살고 있는 사람이 기아로 죽어간다는 뉴스를 들으면 마음이 아파 밤잠을 설치며, 어떻게 하면 그들에게 행복과 사랑을 나누어 줄까를 고민한다.

이렇게 따뜻한 사랑의 에너지를 가진 이상형의 관심은 타인이나 상황에 있어서 주변 사람이나 상황에 따라 기분이나 감정에 많은 영향을 받는다. 만약 이상형 아이의 주변이 복잡하거나 어려운 상황에 처한다면 아이는 자신의 일을 다 내려놓고서라도 그들을 도우려고 하며, 그렇지 못할 때 가슴 아파하고 자기 일에 집중하지 못한다. 세상에 존재하는 모든 이들의 행복을 늘 고민하기 때문에 '잡념 없는 세상에서 살았으면 좋겠다'라고 말할 정도로 머릿속이 복잡하고 생각이 많다. 이런 자녀의 모습을 바라보는 부모는 걱정이 앞선다. '제 앞가림이나 잘 하지….'

2 마음이 여리고 따뜻하며, 좋은 사람이 되고자 한다

'사랑하고 사랑받는 관계, 인정하고 인정받는 인간적인 관계'를 중요하게 생각하는 이상형은 14유형 중에서 가장 마음이 여리고 착하고 따뜻하지만 반면에 소심하고 상처를 잘 받는다. 이들은 자신의 감정과 타인의 감정을 잘 느끼는 예민한 감성을 가지고 있어서, 대인관계에서 중요한 공감능력과 배려심이 많다. 경쟁적이지 않고 평화적이고, 상호이해적인 조화로운 관계, 이러한 진정한 인간관계를 맺기 원하는 사람이다.

인간성, 인간미가 기본욕구인 이상형은 주의 초점이 타인이나 환경에 있어, 상대방의 기분이나 필요가 먼저 보인다. 보이는 사람이 불행한지 행복한지를 살피고 불행하게 보인다면 행복을 채워 주려고 애를 쓰게 된다. 그래서 주변 사람들에게 착한 사람, 따뜻한 사람으로 인식되지만, 이런 특징 때문에 상대방의 반응에 매우 민감하고, 제대로 인정받지 못하거나 이해받지 못할 때는 마음의 상처를 심하게 받는다. 그러나 상처받은 사실을 말로 표현하면 상대방의 기분이 상하게 될까 봐 표현하지 못하고 웃으면서 참는다.

3 칭찬을 받아야 성장한다

"OO야, 내가 너를 얼마나 소중하게 여기고 있는지 알지?"
"나는 네가 있어서 행복해! "

따뜻한 햇볕이 비출 때 식물이 잘 자라듯이, 이상형에게 햇볕과 같은 것은 사랑이고 칭찬이고 인정이다. 사랑과 칭찬은 모든 사람에게 필요하다. 그러나 마음이 여리고 착하고 소심한 이상형은 매우 감성적이고, 주변과 환경의 영향을 많이 받기 때문에, 주변의 사람들이 나를 어떻게 평가하는가에 늘 관심의 초점이 있다.

"○○야, 잘했어!" "최고야!"

누군가가 자기의 눈을 바라보고 이름을 불러 주고 이해하는 환경에서는 무엇이든지 할 용기가 나고 힘이 샘솟는다. 그러나 자기를 이해해 주지 않는다고 생각이 되면 기분이 몹시 상해서 공부에 집중하지 못하고 자기의 방안에 갇혀 대화를 단절하고 접촉하지 않으려고 한다. 그러면서도 남한테 싫은 소리를 못하는 성격 때문에 왜 자신이 그러한 행동을 하는지 분명하게 말하지도 않는다. 그러므로 이상형의 자녀를 둔 부모님은 자녀를 야단치거나 비난을 하지 말고, 늘 칭찬하고 사랑하면서 따뜻한 햇볕을 비춰 주는 것을 소홀히 해서는 안 된다. 자녀가 공부를 잘 하기를 원한다면 더더욱 이해받는 분위기, 존중받는 분위기를 만들어 주는 것이 학습의 동기를 만들어 주는 것이다.

이 아이들은 자기가 상대방을 이해하고 배려하는 만큼 자기도 이해받고 존중받기를 원한다. 늘 사람들의 마음에 들고 싶어 한다.

4 관대하며 용서를 잘한다

'그럴 만한 이유가 있겠지'

이상형은 예민하고 감성적이어서, 상대방의 감정을 더 잘 알아차리고 더 잘 느낀다. 공감능력이 뛰어난 만큼, 타인이 공감해 주지 않을 때 다른 유형에 비해 상처를 많이 받는다. 특히 마음이 여리고 상대에게 싫은 소리나 거절을 잘 하지 못하는 성격이라서, 상처를 받았는데도 자신이 상처를 받았다는 것을 다른 사람들에게 말하지 못한다. 상처와 분노를 꿀꺽꿀꺽 삼키는 유형이라 아무리 화가 나고 속상하고 분해도 참고, 그저 상대방이 자연스럽게 알아차리고 알아서 용서를 구하기를 기다린다.

용서는 이들의 트레이드마크이다. 피해를 보더라도 상대가 용서를 구하면 거의 대부분 용서한다. 용서를 하지 않은 일은 자신의 잘못이라고 생각하고 관계의 평화를 최우선으로 생각한다. 용서를 하지 않는 일은 이상형인 아이에게는 그 자체가 고통이다.

이상형 아이 부모를 위한 맞춤 학습코칭

1 상상력을 활용한 공부로 시작하라

상상력이 풍부하고 감수성이 예민한 이상형은 어려서부터 말을 잘하고 동화책을 읽거나 영화를 볼 때 깊이 빠져들거나 주인공과 동일시를 잘 한다. 부모님이 책을 읽어 줄 때는 상상의 날개를 펼치고, 마치 그 동화 속의 주인공처럼 이야기를 재현하기도 한다.

상상력은 창의력과도 연결되는데, 이런 성격적인 장점을 잘 활용해 지도한다면, 아이들은 재미있게 공부할 수 있을 것이다. 또 반복적이고 지루한 과제나 단순 암기식의 공부보다는, 이들에게 어떤 단어를 주고 연상되는 단어들을 가지고 글을 써 보게 한다. 또 사진이나 그림을 주고 그림을 보면서 떠오르는 생각들을 이야기로 꾸며 보게 하면서 마음껏 상상의 날개를 펴도록 함으로써 상상력을 키워 주는 것이 이상형에게 잘 맞는 공부방법이다.

2 따뜻하고 인간적인 교육환경을 찾으라

이상형의 아이들은 환경의 영향을 많이 받는다. 좋은 사람으로 보이고 싶고 주위의 평판에 매우 민감하기에, 누구나 자신을 수용해 주고 이름을 불러 주며 좋은 평가를 해 주면 그 사람을 좋아하고 그와 좋은 관계를 유지하기 위해 노력한다. 좋아하는 선생님이 생기면 자신이 전혀 관심이 없던 과목이라도 선생님 마음에 들기 위해 밤을 새워 공부한다. 반면 선생님이 비호감이라면 그 과목은 아예 공부를 하지 않는 경우도 있다. 이처럼 이상형의 아이들은 주변의 관심과 인정에 따라서 성적의 변화가 이루어지기 때문에, 인정과 관심을 받는 환경을 만들어 주는 것이 중요하다.

또한 이들은 휴머니즘을 중시한다. 경쟁적인 분위기보다 인간적인 분위기에서 마음의 성장이 이루어지기 때문에, 선생님이나 또래 아이들과 민주적이고 인간적인 관계를 맺을 수 있는 화기애애한 분위기를 만들어 주는 것이 필요하다. 민주적인 분위기에서, 인격적인 교사를 통해 학습활동을 하되, 서로서로 눈을 마주보며 격려하면서 서로의 감정을 느낄 수 있는 분위기를 만들어 주어야 한다.

3 좋은 공부 분위기를 만들어 주어서 좋은 결과를 얻게 하라

'따뜻하고 인간적이고 민주적인 분위기'

이상형은 감수성이 예민해서 분위기 파악을 잘 하고, 분위기에 영향을 많이 받는다. 이 말은 좋은 분위기를 만들어 주면 결과도 좋아진다는 의미이다. 이상형이 좋아하고 선호하는 따뜻하고 인간적인 분위기, 다정하고 부드러운 인격을 가진 교사, 서로 마음을 열고 감동적인 대화를 나눌 수 있는 소규모의 조별 토의나 발표 수업이 좋다. 수업 내용에 있어서도, 인간성이라는 기본욕구에 입각해서 수업을 진행하면 지루함 없이 재미있게 따라 할 것이다. 예를 들면, 화학공식을 만든 사람에 대한 삶과 에피소드를 이야기하면서 인간적인 이야기로 접근한다면 화학 공부가 재미있다고 느낄 것이다.

이상형은 소심한 성격 때문에 수업 분위기가 마음에 들지 않아도, 자신의 의사 표현을 잘 하지 못하고 분위기에 휩쓸려 갈 가능성이 많다. 그러므로 이상형에게는 그들이 선호하는 평화적이고 인간적이고 민주적인 분위기를 만들어 주어야 한다. 눈을 자주 맞추고 이름을 부드럽게 자주 불러 주는 것은 아이에게 자신감과 기쁨을 준다.

4 믿어 주고 인정하고 칭찬을 아끼지 말라

이상형은 주변 사람의 영향을 많이 받는 유형이다. 그래서 주변 사람들이 얼마나 자신들을 인간적으로 대하는지, 민주적인 관계로 신뢰감을 형성하고 있는지에 따라 자신들이 가지고 있는 잠재능력이 발현되는 정도가 다르게 나타난다. 이것은 이상형이 자신보다 주변을 더 신경 쓴다는 것이고, 주변 사람들의 평가에 영향을 많이 받는다는 의미이다. 그러므로 부모들은 화초에 물을 주듯이 이상형 자녀에게 칭찬과 인정이라는 양분을 듬뿍 준다면, 화초가 무럭무럭 자라듯이 여리고 소심한 이상형의 자녀들이 자신감을 갖게 되며, 자신을 '괜찮은 사람'으로 지각하면서 자존감이 향상될 것이다.

이상형의 자녀를 키우는 부모들은 먼저 자녀를 믿어 주고 그들이 좀 더디더라도 기다려 주는 것이 필요하다. 그리고 그들이 한 결과가 흡족하지 않더라도 결과보다는 과정을 세세하게 구체적으로 칭찬한다면, 소심한 이상형 자녀들이 자신감을 얻게 되고 험한 세상을 당당하게 살아갈 수 있는 힘을 가지게 될 것이다.

5 실력 있는 교사보다 인간적이고 인격적인 교사를 찾아라

이상형의 아이는 자신이 좋아하는 사람과 함께하거나 자신을 이해해 주는 환경에서는 마음이 편안해진다. 이들은 낯선 상황에서는 부끄러움을 많이 타고 긴장을 하기 때문에 말을 자신 있게 하지 못한다. 특히 갈등 상황에서는 긴장을 하고 불안감을 많이 갖게 되어 공부에 집중하지 못한다. 그래서 자신을 이해하고 수용하는 교사, 따뜻하고 인격적인 교사를 좋아한다. 자기가 좋아하지 않는 과목일지라도 교사가 좋으면, 그 교사가 가르치는 과목을 좋아하고 공부하기 때문에, 교사와 우호적인 관계를 맺도록 상호작용할 수 있는 기회를 만들어 주자. 이상형 부모에게 드리는 팁 중의 하나를 소개하면, 학년이 바뀌고 새학기가 되면 담임교사를 만나 아이의 성격적인 특성을 이야기하고 아이의 이름을 불러 준다거나 다정다감하게 아이를 대해 줄 것을 부탁하라는 것이다. 그러면 아이의 학교생활이 즐겁고 아이가 공부를 열심히 하게 만드는 동기가 될 것이다.

6 끈끈한 관계의 소규모의 공부그룹을 찾아라

부모님들은 실력 있는 교사가 있는 학원에 자녀를 보내기 위해 많은 정보를 탐색하고 그런 교사를 찾으면 어떻게든지 그런 교사에게 자녀를 맡기려고 애를 쓴다. 마치 교사의 실력이 내 아이의 실력인 듯이. 그러나 이상형 자녀들에게는 실력 있는 교사가 아니라 인간적이고 인격적인 교사가 맞기 때문에 그런 교사가 있는 민주적으로 운영되는 학원을 선택해 주어야 한다. 그리고 실력이 비슷한 소수의 학생들과 화기애애한 분위기에서 수업할 수 있는 그런 분위기를 만들어 주어야 한다.

이상형은 실력보다 따뜻하고 인격적인 교사와 자기와 비슷한 실력을 가진 학생들과 서로의 감정을 나누는 학습 분위기에서 마음이 편안해지고 공부에 집중할 수 있기 때문이다. 대그룹 토론보다는 상호 교류가 가능한 소그룹 토론 수업을 좋아하고, 교과 내용이나 과제는 사람들이 살아가는 삶의 이야기가 담긴 소설이나 수필을 좋아하기 때문에 이런 특징을 고려해서 학습의 장을 마련해 주는 것이 이상형 자녀를 둔 부모가 해야 할 일이다.

이상형에게 맞는 직업은 무엇일까?

인간성과 인간미를 기본욕구로 가지고 있는 이상형은 인간관계를 중시하는 사람이다. 이들은 14가지 유형 중에서 가장 따뜻하고 감수성이 많은 사람으로 세상 모든 사람들의 행복과 유토피아를 꿈꾸는 사람들이다. 이러한 성격특성을 가지고 있는 이상형은 사람과 관련된 일을 좋아하고 사람들을 돌보고 성장시키는 일을 할 때 능력발휘가 가능하다.

이 유형은 혼자서 일하는 것보다는 많은 사람들과 협력하면서 하는 일을 좋아하지만, 한 사람도 소홀히 하지 않고 꼼꼼하게 돌보는 탁월함을 가지고 있다. 이들은 사람들과 경쟁하는 것보다 상호 이해하는 민주적인 분위기 가운데서 사람들을 돌보고 성장시키는 것을 좋아하며, 앞에 나서서 조직을 만들고 책임을 지고 결정하는 일보다는 조용히 뒤에서 도와주는 역할을 선호한다.

이러한 특성을 가지고 있는 이상형에게 알맞은 학과는 사회복지학, 심리학, 교육학, 경영학, 연극영화학, 관광학 등으로 이과보다는 문과가 잘 맞는다. 그리고 이 유형에 맞는 직업은 사람들과 상호 작용하면서 이해하고 이해받고 도움을 주고 도움을 받으면서 성장하고 성장을 시키는 사회복지사, 심리상담사, 임상심리사, 교사, 간호사, 성직자, 의사, 약사,

언어교정사, 사회사업가, 진로 및 직업상담사 등의 업종에서 능력 발휘를 잘 할 수 있다.

사례로 살펴보는 이상형 아이 맞춤 솔루션

1 이기적인 사람이 되어도 괜찮나요

진희(초5/여/이상형)

마음이 여리고 예민해 상처를 많이 받음. 남들을 먼저 챙기는 실속 없는 아이라고 엄마가 걱정을 많이 하심. 그래서 강한 사람이 되고 싶어 함.

파스텔톤을 좋아하는 진희는 상담사와의 첫 만남의 날에 인디언 핑크빛 후드티와 아이보리색 운동화와 가방을 들고 있었다. 그녀는 처음 만나는 상담사와 주변 환경에 신경이 쓰이는지 매우 조심스럽게 주변을 살피면서, 상담사의 질문에 두 손을 가슴에 모으고, 들릴 듯 말 듯 조용한 목소리로 말을 했다. 자신을 바라보는 시선이 많이 신경 쓰이는지 예쁜 표정으로 미소 지으면서 말하는 입가에 약간의 경련이 일어나고 있다.

진희는 마음이 여리고 착하다. 그녀는 자신의 감정보다 타인의 감정에 예민하고, 자기의 주장을 펼치기보다는 타인의 말에 귀를 기울이는 것에 더 익숙하다고 한다. 뿐만 아니라 진희는 자기 자신을 챙기기보다는 다른 사람의 행복 특히 가족의 행복을 먼저 생각하는 학생이다. "가족들이 모두 행복했으면 좋겠어요."라는 생각으로 머릿속이 늘 복잡하다. 길고양이를 보면 가슴이 너무 아프고 밤에 그 고양이 생각에 잠을 설친다고 한다.

상담사: 성격검사 결과지를 읽어 보고 어떤 생각이 들었나요?

진희: 네~ 많이 맞는 거 같아요.

상담사: 어떤 부분이 맞는 거 같은지?

진희: 마음이 여리다. 상처를 잘 받는다. 자신의 마음을 보기보다 다른 사람에게 맞춘다. 평화적이다. 진정한 인간관계를 중요하게 생각한다.

상담사: 그중에서 맘에 들지 않는 게 있나요?

진희: 네, '마음이 여리다'는 거요.

상담사: 왜 그 특성이 마음에 들지 않다는 건지, 그 의미는 무엇이라고 생각하나요?

진희: 마음이 여리다라는 것은 당차지 못하다. 순진해서 남에게 당하기 쉬운… 호구 같은… 그런 의미가 내포되어 있는 거 아닌가요. 요즘 같은 세상에 그런 마음 상태로는 살아가기가 힘들 거 같지 않겠어요?

상담사: 혹시 누군가로부터 그런 말을 들은 적이 있었나요?

진희: 엄마요. 늘 그러셔요. 그렇게 당차고 야무지지 않아서 어떻게 험한 세상을 살아가겠냐고요. 이용당한다고요.

상담사: 본인도 그렇게 생각하나요, 야무지고 당차지 못해서 이용당하는 사람으로?

진희: 꼭 그렇지만은 않은데… 왠지 주장을 잘 못하겠고… 주장하고 잇속 챙기면 이기적인 사람 같고….

상담사: 그렇다면 진희는 어떤 사람이 되고 싶은가요?

진희: 강한 사람이 되고 싶어요.

상담사: 강한 사람이라… 강한 사람은 어떤 사람이라고 생각하는지….

진희: *일단 자기 주장을 잘 하고… 힘이 있어 보여서 사람들이 쉽게 대하지 않을 거 같은… 이용당하지 않을 거 같은 사람이요. 어리숙해 보이지 않고 쉬워 보이지 않아서 사람들이 함부로 하지 않는 사람이요.*

이상형의 성격을 가진 진희는 검사지를 통해 자신의 성격적인 특성을 이해하고 이상형의 좋은 점과 자신이 고쳐야 할 점에 대해서 인정하고 받아들였다. 그리고 자신이 달라져야 할 부분에 대해 이야기를 나누면서 강한 사람, 이기적인 사람이 되기로 결심하고 그런 사람이 되기 위해 먼저 자신의 생각과 감정을 적절하게 표현해 보는 연습을 했다.

이상형은 인간적이고 따뜻하고 안정된 분위기에서 공부에 집중할 수 있고 능력을 발휘하는 성격이다. 그러나 진희는 심리적으로 매우 힘들어하고 공부에 집중하지도 못하고 있었다. 먼저 진희가 공부에 집중하지 못할 정도로 그를 힘들게 하는 문제들이 무엇인지를 탐색해 보았다. 진희를 힘들게 하는 문제는 결혼한 언니의 문제였다. 마음이 여린 진희는 언니가 생활상의 어려움을 겪자 언니를 걱정하고 언니의 문제를 돕기 위해 공부에 몰두하지 못하고 있었다.

상담과정을 통해 언니의 문제와 가족의 문제를 함께 살펴보았고, 그 속에서 내가 할 수 있는 것과 할 수 없는 것, 내가 언니를 도와주는 것이 언니에게 이익이 되는 것과 나에게 손해가 되는 것, 내가 돕지 않는다면 언니에게 어떤 일이 생길 것인지 등에 대해 분석해 보았다. 그리고 이상형 진희에게 언니 문제와 가족 문제와 내 문제를 분리해서 볼 수 있도록 했고, 가족의 문제와 내 문제, 타인의 문제와 내 문제를 분리하는 연습을 했다.

"언니가 저렇게 힘든데 제가 도와주지 않아도 되나요?" "이기적인 사람이 되어도 괜찮나요?" 처음엔 쉽지 않았지만 연습을 하면서 조금씩

이기적인 사람이 되어 가고 강해져 가는 진희, 그러면서 진희의 마음이 안정되어 가고 있었고 자신의 공부에 집중하게 되었다.

2 너무 외롭고 자꾸만 할머니를 실망시켜 드려요

성수(고1 / 남 / 이상형)

10세 때 부모님의 이혼으로 할머니와 둘이서 살게 됨. 장사하시는 할머니를 늦은 시간까지 기다리며 외롭게 성장한 성수는 혼자 있는 것을 힘들어함. 외로움이 무서운 성수는 친구들을 찾게 되고, 친구들과 노느라고 학원을 빼먹고 공부를 하지 않아 할머니를 걱정시키고 있음.

성수는 171cm의 키에 허리가 약간 굽어 있고 몸이 마른 편이다. 살집이 없는 깡마른 얼굴에 커다란 눈망울을 꿈벅이며 웃는 얼굴로 친절하게 상담사를 대하는 성수의 모습에서 '사람이 좋은 사람, 인간다운 사람'의 이미지를 풍긴다. 상담실에 올 때는 항상 상담실 문을 조용하게 노크하고 밝게 웃으면서 의자에 앉는다.

사람을 좋아하는 성수는 친구들과 어울리느라 학원에 가는 것을 잊을 때가 많다. 할머니가 고생하면서 자신을 키우고 있는 것이 미안함에도 불구하고 밤늦게 귀가하시는 할머니를 기다리는 것이 싫어서 성수는 친구들과 어울리게 되고 그러다 보면 학원 가는 것을 잊을 때가 많다. 성수는 할머니께 미안한 마음이 많아서 늘 반성을 하지만 외로움을 혼자 견디는 것이 무서워서 자꾸만 같은 일을 반복하게 된다. 성수의 성적은 점점 떨어지고 있다.

성수는 열 살 때 부모님이 이혼하게 된 후 할머니 집에서 자라게 되었다. 장사하는 할머니는 어린 성수를 혼자 집에 두고 시장에서 일을 하기 때문에 성수는 할머니가 집에 오실 때까지 친구들과 놀이터에서 놀았다. 그러나 저녁이 되면 친구들은 자기 집으로 돌아가고 성수 혼자 남게 되었다. 성수는 어둑어둑한 골목길을 걸어서 혼자 집에 와서 전깃불을 켜는 느낌이 너무너무 싫었다고 한다. 이렇게 외롭게 자란 성수는 고등학생이 되어 공부를 해야 되는 데도 저녁이 되면 쓸쓸하고 외로운 마음이 밀물처럼 몰려와 친구를 찾게 된다고 했다. 마음씨 착한 성수는 할머니께 너무 죄송하고 반성을 하지만 여전히 그 습관을 버리지 못하고 공부에 소홀하게 된다고 한다.

상담사: 할머니가 상담을 받으라고 했을 때 어떤 마음이었나요?

성수: 할머니께 너무 죄송해서 거절할 수가 없었어요.

상담사: 할머니께서 왜 상담을 받으라고 하셨을까요?

성수: 제가요. 반성을 많이 하거든요. 근데 그게 잘 안 돼요.

상담사: 무엇을 반성한다는 건가요?

성수: 학원 빼먹고 공부하지 않고… 친구들이랑 노는 거.

상담사: 반성을 많이 한다고 그랬는데… 왜 달라지지 않을까요?

성수: 아침에는 결심을 하거든요. 오늘은 꼭 학원 빼먹지 말아야지… 근데 저녁때가 되면 어느새 친구들에게 전화하고 그들에게 가고 있는 거예요.

상담사: 친구가 좋은 거예요? 아니면 공부가 하기 싫은 건가요?

성수: … 둘 다 아닌 거 같아요. 그냥 저녁이 되면 외롭고 혼자 있는 게 너무 싫어요.

상담사: 사람은 누구나 외로움이 있고… 외로움이라고 하는 감정은 성수 혼자만의 문제가 아닌데… 그리고 할 일을 못할 만큼 외로움의 감정이 큰가요?

성수: 네. 그런 거 같아요.

상담사: 혹시 외로움이 성수에게 그렇게 크게 영향을 주는 어떤 이유가 있

을까요?

성수: (기억을 떠올리며) 네, 엄마 아빠가 이혼하고 할머니가 저를 키우셨어요. 그런데 할머니는 시장에서 장사를 하셨거든요. 그래서 매일 늦게 오시고… 저는 엄마가 그립고 혼자 있는 게 무섭고 그래서 매일 친구들이랑 놀았어요. 그래서 지금도 저녁이 되면 나도 모르게 친구를 찾게 돼요.

상담사: 성수는 혼자 있는 것이 싫은 거군요. 만약에 이렇게 계속 같은 일이 반복된다면 성수의 미래는 어떻게 될까요?

성수: 아마도 할머니가 염려하는 그런 사람이 되지 않을까요?

상담사: 할머니가 염려하는 그런 사람이 어떤 사람일까요?

성수: 거렁뱅이 거지요.

상담사: 거렁뱅이 거지가 어떤 삶을 살고 있는지 혹시 아나요?

성수: 네, 저희 집 근처 놀이터에 거지가 있는데요, 더러운 옷을 입고 저녁에는 놀이터 벤치에서 자는 것을 보았어요.

상담사: 그 거지를 보고 어떤 생각을 했나요?

성수: 가족이 없는 거 같고 집이 없는 거 같고… 불쌍한 사람이라고 생각했어요.

상담사: 그럼 성수는 어떻게 하고 싶은가요?

성수: 달라지고 싶은데 어떻게 해야 좋을지….

상담사: 성수성격은 성격특성상 주변의 영향을 많이 받는 사람이에요. 그 말의 의미는 주변에 공부하는 사람이 있으면 공부하는 사람이 되고, 주변에 공부를 안 하고 노는 친구가 많으면 노는 영향을 받게 된다는 거지요. 그래서 주변의 사람이 중요한 성격유형인거죠. 그렇다면 학원 잘 다니고 공부하는 친구들을 가까이 두면 그 애들하고 학원 가고 공부하면서 좋은 영향을 받게 된다는 거죠. 선생님의 말을 들으니까 어때요?

성수: 맞는 거 같아요. 저는 그런 생각을 안 하고 어려서부터 놀던 애들이

라 그냥 생각 없이 어울렸어요. 이제는 공부하는 친구들을 찾아봐야겠네요.

이상형 성수는 사람이 중요하고 모든 사람들이 행복하게 살기를 꿈꾸는 유형이다. 성수의 성격이 그런 성향이기 때문에 성수는 자신을 위해 희생하신 할머니를 행복하게 해 드리고 싶은 마음이 많음을 확인하고 할머니가 원하는 사람이 되겠다고 결심하는 계기가 되었다.

그리고 성수의 성격이 주변의 영향을 많이 받는 성격이라는 점을 고려해서 그 특성을 활용하기로 했다. 먼저 성수가 공부하는 좋은 친구들을 만나 좋은 영향을 받기 위해서 좋은 친구들을 어떻게 사귈 것인지 계획을 세웠다. 그리고 그런 친구들을 만나기 위해 먼저 학원을 다니면서 학원에서 그런 친구를 찾기로 하고 학원을 다니는 것을 실천했다.

6회기의 상담과정에서 성수는 자신이 겪은 어린 시절의 외로움을 이야기 하면서 자신의 외로움의 감정을 바라보았고, 그 외로움을 좋은 사람들을 만나 서로 좋은 영향을 주고받으면서 승화시키는 사람이 되어야겠다고 결심했다. 상담결과 성수는 자기의 성격특성에 맞는 소그룹으로 수업이 이루어지는 학원을 찾아 등록했고, 다행히 자기와 마음이 통하는 아이들과 어울리면서 점차적으로 공부를 하는 아이가 되었다.

GUIDE

이상형 자녀에게는 이런 공부기술을 사용해 보세요

1. 1:1 개인교수법, 혹은 따스하고 배려심있는 친구그룹과 비판적 사고 수반된 능동적 독서, 토론, 독후감, 감동을 주는 강의로!
2. 인간적이고 인격적인 교사, 따뜻한 수업분위기가 중요하기에 교사와 좋은 관계를 맺도록 도우라.
3. 섬세하고 복잡하고 자세한 삽화가 있는 자료를 사용하라.
4. 인간적인 면을 학습내용에 포함시켜 설명해 주기
5. 상상력과 창의력을 자극하는 과제제시
6. 쉬운 것부터 성취하게 하고 점차적으로 어려운 문제제시
7. 낯선 시험장에는 미리 가서 분위기를 파악해 긴장도를 낮추기
8. 무엇을 알고 모르는지 꼭 확인후 나만의방법으로 공부하기

이상형 자녀를 둔 부모들을 위한 양육 팁

1. 늘 존재감을 알아 주는 칭찬과 인정을 하라.
2. 인간적이고 인격적으로 대하라.
3. 나의 문제와 타인의 문제를 분리시키는 힘을 주어 상처를 덜 받게 하라.
4. 눈 맞춰 주고 이름을 불러 주라.
5. 늘 애쓰고 있음을 알아 주고 감정을 읽어 주라.

이상형 자녀 성장을 위해 반드시 해 주어야 할 말

1. 너는 소중한 사람이야.
2. 너의 존재 자체가 나의 기쁨이야.
3. 넌 좀 이기적이어도 괜찮아!
4. 늘 애쓰는구나!

TWO 코드 조합형

행동규범형
법과 질서 준수가 중요한 아이

행동탐구형
좋아하는 것만 하는 아이

행동이상형
즐거워야 창의성이 솟아나는 아이

규범탐구형
차갑고 냉정하나 정확한 아이

규범이상형
친절하고 배려심이 많은 아이

탐구이상형
느리지만 독창적인 아이

5

행동규범형

법과 질서 준수가 중요한 아이

"정의의 사도, 검사 스타일"

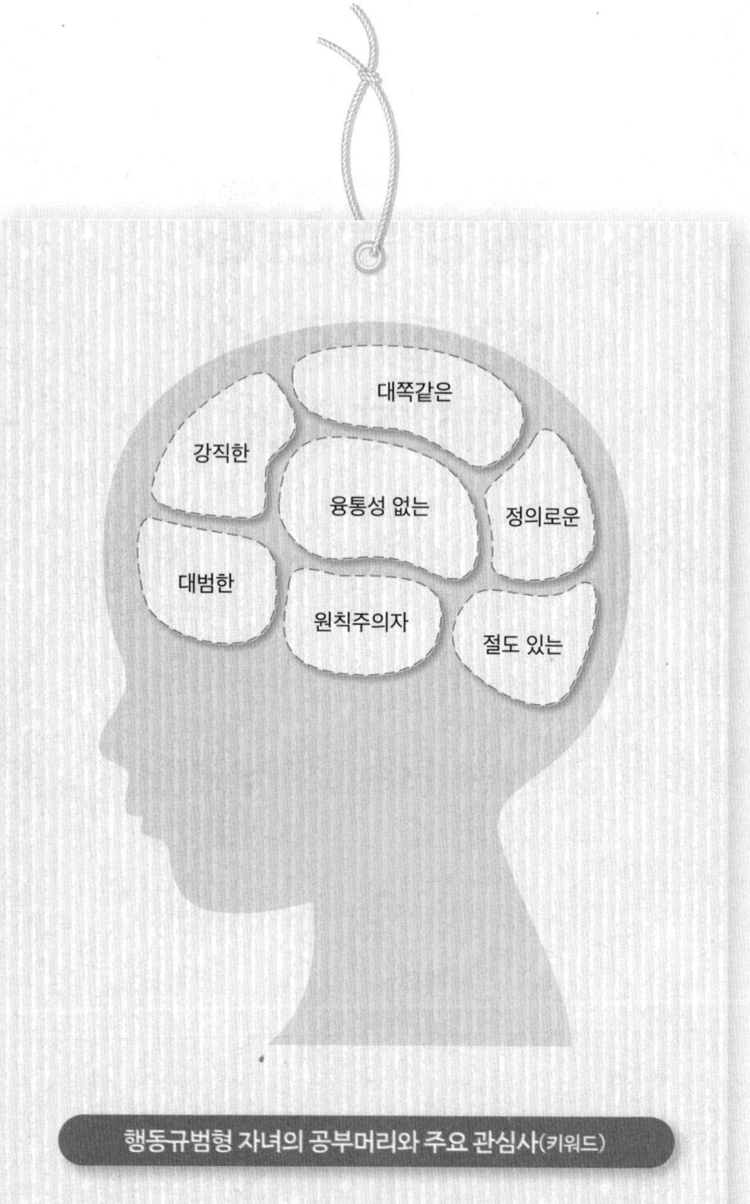
대쪽같은
강직한
융통성 없는
정의로운
대범한
원칙주의자
절도 있는
행동규범형 자녀의 공부머리와 주요 관심사(키워드)

행동규범형의 기본욕구: 정의구현

행동규범형의 기본욕구는 정의구현이다. 이 유형이 추구하는 정의구현이라고 하는 것은, 사회를 구성하고 사회질서를 유지하기 위해 만들어진 법이나 규칙, 그리고 예로부터 되풀이되어 온 집단적 행동양식인 관습이나 인간이 지켜야 할 도리와 원칙을 철저히 지키는 것을 의미한다.

행동규범형에게는 조직의 틀이 중요하기 때문에, 조직의 틀이 유지되고 질서가 유지되는 것에 매우 엄격하다. 마치 늑대의 리더처럼 조직의 틀에 해가 될 수 있는 불의나 비리를 저지르는 것을 절대적으로 용납할 수가 없고, 사회 존속과 질서를 위해 만들어진 법, 규칙, 원칙, 인간의 도리 등을 지키는 것에는 한 치의 양보도 없다. 나와 너, 누구나 예외가 없이 반드시 그것을 지켜야 하고, 그것에서 벗어나는 사람이 있으면 그 누구라 할지라도 고발이 가능하다. 소크라테스가 '악법도 법이다'라는 말을 남기고 독배를 받았듯이, 행동규범형은 구현해야 하는 '정의'의 내용이 비합리적이고 불합리하다 할지라도 옳고 그름에 상관없이 구현해야 한다는 신념자이다.

행동규범형 아이의 행동특성 이해하기

1 정의롭고 원칙적이다

"빨간불엔 서야 해요!"

행동규범형의 사람은 옳고 그름이 분명하고, 정의를 지향하는 생각이나 마음이 분명해서 항상 정도를 걸어가는 사람이다. 자신들이 옳다고 믿는 것, 다시 말해 사회를 구성하고 사회질서를 유지하기 위해 만들어진 공공의 약속인 법이나 규칙, 관습과 인간의 도리, 원리원칙이 중요한 사람이다. 그래서 정해진 틀은 반드시 지켜야 한다는 신념을 가지고 그것을 지킬 때 마음의 안정이 이루어지기 때문에, 자신이 지키는 것은 물론이고 모든 사람이 한 사람도 예외 없이 지켜야 하고 그 정도에서 벗어나는 사람을 보면 주저함이 없이 나서서 바로잡으려고 한다. 그래서 상사가 정도에서 벗어났다면 주저하지 않고 고발할 수 있다.

급한 일로 인해 신호를 무시하고 건너는 엄마한테, "엄마, 빨간 불인데 왜 건너가는 거예요?" 행동규범형 아들이 엄마에게 잔소리를 한다거나, 화장을 예쁘게 하고 온 친구에게 "학생이면 학생답게 교칙을 지켜야 하는 거 아니야?"라고 지적을 하기도 한다. 누군가 길을 가다가 쓰레기를 길에 버리는 것을 보면 영락없이 다가가 "왜 쓰레기를 길에 버리나요?" 참견하기도 하고, 부모에게 반항하거나 윗사람에게 예의 없이 행동하는 사람을 이해할 수 없다는 표정으로 얼굴을 찌푸리면서 바라본다. 이들은 분명한 규칙이나 룰이 중요하고 이것에 따라 행동하는 것이 편하다.

2 용감하며 자기의사가 뚜렷하다

"사람을 때리는 것은 안 됩니다. 멈추세요!"

행동규범형의 대범성은 누가 어떤 생각을 하든, 누가 뭐라고 하든, 사소한 것에 얽매이지 않고 자기 생각대로 행동하는 당당함이 있다. 행동규범형의 성격에는 이상형의 따뜻하고 부드러운 인간적인 특성이 조합되어 있지 않기 때문에, 세상이나 권력에 대한 두려움이 없고, 사람이나 주변에 연연함이 없다. 그렇기 때문에 기분이 나쁘면 기분이 나쁘다고 말을 하고 틀리면 틀렸다고 말을 할 수 있는 사람, 거칠 것이 없고 매사에 주저함이 없다.

길을 가다가 누군가 여자를 때리는 광경을 본다면 이유를 물어보지도 않고 바로 뛰어들어 "이게 무슨 짓입니까? 무슨 일인지는 모르지만 사람을 때리는 것은 안 됩니다."라고 개입한다. '꽃으로라도 사람을 때리면 안 된다'는 원칙에서 벗어난 행동이라는 생각 때문에 참견하게 되고, 잘못이라고 생각하는 것을 바로잡으려고 한다. 이러한 대범성을 가지고 있기에 불의나 비리를 저지르는 사람을 보거나 정의롭지 못한 행동을 하는 사람을 보면 주변을 돌아보지 않고 곧바로 개입할 수가 있고, 정도에서 벗어난 행동이나 잘못된 행동을 바로잡을 수 있다.

어떤 권력 앞에서도 굽히지 않고, 잘못된 부분을 잘못되었다고 말할 수 있고, 원리원칙대로 처리할 수 있는 사람, 목에 칼이 들어와도 고집을 꺾지 않고 자기 주장을 펼칠 수 있는 사람이 행동규범형이다. '대쪽같은' '고집스러운' '타협하지 않는' '정의로운' '올곧은' '원칙주의적인'이라는 형용사의 특성을 가진 행동규범형이 조직의 틀을 세우고 질서를 유지하는 데 중요한 역할을 할 수 있지 않을까?

3 말투와 행동이 단호하고 분명하다

"제가 분명히 그랬지요, 제 방을 몰래 엿보지 마세요!"

정도만을 고집하고 정도만을 걷는 행동규범형은 정도에서 벗어난 사람의 잘못된 행동이 눈에 잘 보인다. 왜냐하면 '정의구현'이라는 기본욕구가 채워져야만 심리적인 안정과 균형이 이루어지기 때문에 기본욕구를 채우려는 욕구가 발동되면서 빠르게 개입하게 된다. 정도에서 벗어난 행동들을 곧바로 바로잡기 위해서는 우회적이거나 예의를 갖추어서 표현하는 것이 아니라, 상대방이 바로 알아차리고 고칠 수 있도록 솔직하고 직설적이며, 간단명료하면서도 단호한 표현을 하게 된다. 그러다 보니 자신의 감정과 생각이 상대방에게 잘 들키게 되고 상대방의 기분을 상하게도 한다.

다음은 사춘기 아들을 둔 한 엄마의 사례이다. 엄마는 사춘기 아들이 방문을 잠근 채 방 안에서 무엇을 하는지 궁금했다. 그래서 아들의 방 안에 서랍장을 놓고 물건을 가지러 간다는 핑계로 방안을 자유롭게 드나들면서 아들의 동태를 살핀다고 말한 적이 있다. 만일 행동규범형의 아들이라면, 그렇게 우회적으로 감시하는 엄마에게 단호하게 말할 것이다.

"엄마, 아들이 방안에서 무엇을 하는지 궁금하다면 이런 방법으로 비겁하게 감시하지 말고, 툭 까놓고 난 네가 방문을 잠가놓고 무엇을 하는지 궁금하고 걱정이 된다고 말하세요."

행동규범형은 자신이 솔직하기 때문에 상대방도 자신과 마찬가지로 솔직한 사람이기를 원한다. 자신의 생각을 분명하게 표현하지 않고, 은근슬쩍 넘겨짚는다거나 간을 보는 행동을 아주 싫어하고, 특히 언행이 일치하지 않는 사람을 싫어한다.

4 결정을 번복하지 않는다

"한다면 해야지요."

행동규범형은 '대쪽 같은' 강직한 검사 스타일이다. 부러질지언정 휘거나 꺾이지 않는 대나무같이 올곧은 사람이어서, 자신이 한번 정한 일에 있어서는 누가 뭐라고 해도 끝까지 밀고 나가는 황소고집을 가지고 뒤돌아 보지 않는다. 정도를 걷고 한 치의 어긋남이 없고, 자기도 그러하듯 타인도 그러하기를 요구한다.

행동규범형 아이 부모를 위한 맞춤 학습코칭

1 세세하게 간섭하지 말라

행동규범형의 기본욕구는 정의구현이며 그것은 정해진 원칙과 규칙 등을 철저하게 지키는 것이다. 규범을 구체적으로 실천할 때 이들은 심리적인 안정이 이루어지면서 자기답게 살아갈 활력이 생긴다. 이러한 심리적 안정에 기초해 사회적인 당당함과 대범성이 나오게 된다. 그러나 부모가 자녀의 기준을 무너뜨리거나, 약속한 내용을 어기는 등 부모의 실수를 만회하기 위해 아이를 나무란다면 아이는 혼란에 빠질 것이다. 또한 너무 세세하게 간섭을 하는 경우 아이의 포괄적 판단능력이 떨어져 리더십에 상처가 날 수도 있다. 행동규범형 자녀의 부모는 아이와 합의한 규칙에 충실하고 가끔씩 발생할 수 있는 실수에 필요한 만큼의 관대함과 용서의 경험을 나누는 것이 좋다.

반대로 행동규범형 아이의 지나치게 올곧은 특성이 너무 강화될 경우 융통성이 없고, 자신과 타인 모두에게 지나치게 엄격하며, 스스로도 실수하지 않기 위해 지나치게 긴장하게 된다. 자칫 엄격함이 소심함으로 비치거나 꼼꼼함이 비사회적으로 보일 수도 있다.

아이들은 실수를 통해서 성장하고 실수를 조절할 수 있는 힘을 배우게 된다. 행동규범형의 자녀를 둔 부모님은 자녀가 사소한 실수를 했을 때 일일이 간섭하거나 지시한다면 행동규범형의 스케일이 작아지고 대범성이 사라질 것이다. 행동규범형의 부모들은 자녀의 실수를 허용하고 너무 세세하게 관리하지 말고 너무 엄하게도 다스리지 말고 아이의 스케일을 생각하면서 키우는 것이 행동규범형 자녀의 대범성을 키우는 방법이다.

2 스스로 계획표를 만들게 하라

정의구현이 기본욕구인 행동규범형의 아이들은 허용적으로 키워서는 안 된다. 이들은 규칙과 룰이 중요하고 그것을 준수하는 습관이 중요한 유형이기 때문에 부모들은 이러한 것들을 지키는 습관이 길러지도록 이끌어 주어야 하고, 작은 약속이라도 꼭 지키는 습관을 가지도록 지도해야 한다. 이 유형의 아이들은 이미 룰, 규칙, 원칙, 약속을 잘 지킬 수 있는 능력을 가지고 태어났기 때문에, 이것을 잘 지킬 수 있도록 이끌어 주어서 기본욕구가 충족되도록 해야 한다.

행동규범형의 자녀는 기본 습관이 매우 중요하다. 따라서 어려서부터 공부습관을 길러 주는 것이 중요하다. 이들은 그 특성상 한번 공부습관이 형성되면 스스로 알아서 자신의 규칙을 지켜나가기 때문이다.

그러면 행동규범형 자녀에게 공부습관을 길러 주기 위한 방법은 무엇인가? 먼저 합의된 계획표를 만들자. 아이에게만 맡기지 말고 아이의 능력범위와 발달 수준에 맞도록 부모와 자녀가 함께 의논해서 실천 가능한 계획표를 짜기를 권한다. 그 계획표에는 공부과목, 공부시간 등 공부를 위한 구체적인 내용이 포함되어야 하며 이를 부모와 자녀가 눈으로 볼 수 있도록 계획표를 잘 보이는 곳에 붙이는 것이 좋다. 공부를 할 때에도 이들은 정해진 장소에서 공부를 하도록 하는 것이 좋으며, 공부와 쉼을 위해 알람시계 등을 이용해 공부 효율과 성취감을 높이는 것이 도움이 된다.

이 과정에서 부모들은 자녀들의 행동에 일일이 간섭해서는 안 되고, 애매모호한 태도나 적당한 봐주기식의 지도는 금물이다. 부모가 할 일은 자녀가 계획대로 잘 실천하고 있는지 확인하고, 그 계획을 반드시 이루도록 해야 한다. 무엇보다 성취에 대해 충분히 칭찬해 주는 것도 기억하라. 행동규범형 자녀는 공부뿐만이 아니라 생활 습관도 부모로부터 배운 대로 행하는 아이들임을 기억해야 한다.

3 목표를 적어 책상에 붙이라

행동규범형의 아이에게 목표를 인식시키는 것은 아주 중요한 요인이다. 행동규범형 자녀를 둔 부모님이 자녀와 같이 목표를 세울 때는 장기목표와 중기목표, 단기목표를 나누어 세우되 그 목표들은 일관성이 있어야 하며, 반드시 목표대로 실천하도록 해야 한다.

영어공부를 예로 들어 보자. 장기목표는 '외국인과 영어로 말하는 것' 그러기 위해서 학년별로 어떻게 영어실력을 향상해야 하는지 중기목표가 세워져야 한다. 그리고 단기목표에서는 실천 가능한 것을 구체적으로 세워야 한다. '토요일 10~11시에 인터넷 사이트를 통해 외국인과 영어 공부하기'처럼 구체적인 계획이 있어야 하고 그것을 실천함으로써 성취감을 느낄 수 있도록 한다. 그리고 점진적으로 목표를 높여 가도록 해야 하는데, 장기목표를 세울 때는 목표를 크게 잡아야 하며 반드시 그 목표에 도달하도록 아이를 지도해야 한다.

4 회장의 기회를 많이 잡으라

주도적이고 대범성을 가진 행동규범형은 행동특성상 남의 밑에서 일하기보다는 지도자의 역할을 맡게 될 가능성이 많고, 지도자의 역할을 맡을 때 잠재능력이 발현된다. 이들은 책임감이 많고 조직의 틀이 유지되는 것을 중시하고 조직의 틀을 유지하기 위한 법과 규칙 등을 한 치의 어긋남이 없이 지키는 사람이기 때문에, 리더의 기회가 주어지면 리더십을 발휘한다. 그러한 것을 대비해서 반장이나 회장 등 리더의 기회가 오면 거부하지 말고 리더로서의 역할을 해 보도록 하자.

행동규범형에게 맞는 직업은 무엇일까?

행동규범형은 대범성이 있고 어떤 일을 계획하고 조직하고 추진하는 능력이 뛰어난 유형으로 조직을 이끌어 나가는 데 탁월함을 가지고 있다. 또 규칙과 원칙을 중시하는 사람이기 때문에 리더의 위치에서 조직을 이끌어 가는 일에 적합하다.

검찰, 경찰, 군인, 장교, 형사, 행정가, 정치가, 외교관, 경호원, 기업의 관리직, 공무원 등 큰 조직의 관리직 같이 조직의 틀 속에서 적극성과 원리 원칙, 강직성과 위계질서가 명확하고 힘이 있는 곳에서 일하는 것이 맞는다.

사례로 살펴보는 행동규범형 아이 맞춤 솔루션

1 지옥 같은 삶을 계속 살아야 하나요

은서(초6 / 여 / 행동규범형)

무표정, 무정서. 가족들을 비난하고 욕하고 소리 지르면서 집안 분위기를 살얼음판으로 만듦. 화내고 말할 때의 눈빛이 얼마나 무서운지 섬뜩하고 소름이 돋음.

은미(초5 / 여 / 행동탐구이상형)

행동규범형 언니와 같은 방을 사용함. 늘 탐구하고 연구하는 은미. 이것을 견디지 못하는 언니는 동생의 행동에 비난의 화살을 쏘아 대며 동생에게 상처를 줌. 동생은 이런 언니의 비난 때문에 날마다 울고 상처를 받고 있음.

아빠(45세 / 사업가 / 행동규범형)

우람한 체격, 우렁찬 목소리를 가진 아빠는 골목대장같이 당당함. 가족들에게 항상 지시적이고, 정해진 원칙과 룰을 따르면 되지 무슨 말이 필요하냐면서 가족들과 전혀 소통이 이루어지지 않음. 날마다 싸우는 자녀들을 보고 아이들은 싸우면서 크는 것이라고 함.

엄마(45세/간호사/규범이상형)

아담하고 조용하며 여성스러운 모습을 가진 현모양처 스타일로 남편과는 캠퍼스 커플이라고 함. 대쪽같고 고집불통 남편과 자녀들과의 갈등. 그리고 두 자매들 간의 치열한 다툼. 그 전쟁 속에서 아내는 중재하려고 전전긍긍함.

초등학교 6학년임에도 불구하고 키가 큰 은서는 딱 벌어진 어깨와 뚱뚱한 몸매를 가지고 있어 남성스럽다는 느낌을 가지게 한다. 그녀의 목소리는 크고 굵으며, 이순신 장군의 눈같이 눈꼬리가 치켜올라갔고 그녀의 눈에서 나오는 눈빛이 날카롭고 예리해 바라보기가 섬뜩하다. 뿐만 아니라 그녀의 표정은 너무 굳건해서 다가가 말을 붙이는 것이 어렵고 사람을 제압하는 힘을 느끼게 한다. 은서는 주변을 의식하지 않는 듯이 상담실 문을 당당하게 열고 들어와서는 왜 이딴 상담을 받아야 되는지 이해가 가지 않는다면서 함께 온 엄마에게 신경질적으로 말하면서 의자에 앉는다.

은서의 성격은 정해 놓은 원칙이나 규칙을 지키는 것이 중요하고 자기 영역이 중요한 아이이다. 그래서 동생 은미와 공동으로 사용하는 '방'이라는 공간에서, 동생이 정해진 룰을 지키지 않는 것을 절대로 용납할 수가 없다. 방을 깨끗이 사용해야 하고, 정해진 시간에 잠을 자고, 잠을 잘 때에는 불을 끄고 다른 사람을 방해하는 행동을 해서는 안 된다는 것과 한 살 차이이지만 언니에게 반말하거나 대들어서는 안 된다는 원칙을 철저하게 지키기를 고집하는 아이이다. 그러나 동생은 자유롭게 생각하고 자신이 원하는 것은 밤을 새워서라도 연구하고 실험하면서 호기심을 채워야 하는 성격이다. 아무리 언니한테 맞고 비난을 받아도 궁금하거나 하고 싶은 것이 생각나면 자다가도 일어나서 실험을 한다. 그러다 보니 한밤중에도 격전이 벌어지는 일이 많고 이로 인해 두 자매의 사이는 점점 멀어지고 있다. 이렇게 스트레스를 받고 있는 은미는 그 스트레스를 학교 친구나 교사에게 표출하기 때문에 문제아로 낙인이 찍힌 상태이다.

행동규범형인 은서와 은서의 아빠는 원칙이나 기준을 준수하고 규칙을 지키는 것을 매우 중요하게 생각하는 사람으로 자기들이 세운 규칙이나 원칙은 어떠한 상황에서도 지켜야 한다고 주장한다. 은서와 은미는 한 방을 사용하는데 은서는 저녁 10시에는 잠을 자야 하고, 잠을 자는 동안에는 남에게 방해가 되지 않도록 조용히 해야 하며, 자신의 책상은 정리정돈이 잘 되어 있어야 한다는 것이다. 그러나 성격이 다른 동생은 늘 이러한 룰을 지키지 못한다. 그래서 이 자매는 전쟁을 치를 수밖에 없다. 그렇다면 각자의 방을 마련해 주면 좋은데 행동규범형 아빠가 꼭 지켜야 하는 원칙 중에서 첫 번째 룰은 절대로 빚을 져서는 안 된다는 것이다. 캠퍼스 커플인 두 부부는 결혼 초에 그러한 원칙들을 약속했고, 신용카드를 절대 사용하지 않고, 밥을 굶어도 남에게 구걸하지 않는다. 집을 살 때도 100% 현금이 마련되어야 집을 산다는 원칙을 고수하고 있기 때문에 현재 80%의 자금이 준비되어 있음에도 불구하고 더 큰 집으로 이사를 가지 않고 있다.

상담사: 온 가족이 모이셨네요. 이렇게 오시는 것이 많이 불편하셨을 텐데… 특히 아버님요.

아빠: 맞습니다. 제가 왜 이런 자리에 와야 하는지 모르겠네요. 아내가 하도 오자고 해서 오긴 왔지만….

상담사: 용기를 내시고 이 자리에 와 주셔서 감사합니다. (큰딸에게) 너는 이런 자리를 만든 것에 대해 어떤 생각이니? 여기 올 때 마음은 어땠어?

은서: 아, 짜증나….

엄마: 은서야, 어른한테 그렇게 말하면 안 되지. 공손하게 말해 주면 좋겠다.

은서: (눈을 치켜뜨고 씩씩 거리며) 알겠다고… 그만 하라고….

엄마: (상담사의 눈치를 보며 안절부절못한다.) 아~ 선생님 죄송해요.

상담사: 아~ 괜찮습니다. 여기에서는 자연스럽게 하시면 됩니다. 아버님께 여쭤 보겠습니다. 아버님은 왜 아내분이 이런 자리를 만들었다고 생각하시나요?

아빠: 사람이 사는 게 다 이런 거 아닌가요? 싸우기도 하고….

상담사: 가족들이 싸우기도 하고… 그렇다면 누가 누구랑 싸우나요?

아빠: 우리 부부는 잘 싸우지 않죠. 자식들이죠. 애들이 다 그렇게 싸우면서 크는 거 아닌가요. 우리도 클 때는 그렇게 싸우면서 컸지만, 지금은 잘 지내거든요. 아내가 그런 걸 힘들어하더라고요.

상담사: 그러면 아버님께서는 자녀들이 싸우는 것에 대해 걱정이 된다거나 스트레스가 되지 않으세요?

아빠: 뭐… 좀 짜증이 나긴 해요.

상담사: (아내에게) 자녀들이 이렇게 싸우는데 왜 남편도 이 자리에 와야 한다고 생각하세요? 아이들이 싸우는 이유가 남편과 관련이 있나요?

엄마: 애들이 크면서 싸우는 것은 그럴 수 있다고 인정해요. 그런데 우리 애들이 싸우는 것은 정도가 좀 과하고… 성격이 너무 다르거든요. 그리고 한 방을 쓰면서 스트레스 받는 부분이 많거든요. 큰 딸은 자기 영역이 중요하고 침해받는 것을 싫어하고, 작은 딸은 언제나 뭘 만들고 그리고 실험하고 가만히 있지 않아요. 그리고 그것을 치워야 하는데… 맨날 언니한테 맞고 욕 먹어도 그게 안 되니까… 그래서 방을 따로 주면 좋겠는데, 남편에게 전혀 씨알이 안 먹히고… 아이들에게 스트레스를 많이 주거든요. 아마도 애들도 쌓인 게 많을 거예요. 그러니까 그 스트레스를 싸우면서 푸는 것 같고… 또 학교에서도 그런 감정이 표출되지 않을까… 생각이 많아요.

상담사: (아이들에게) 엄마 말씀을 들어 보니 너희들은 어떻게 생각해?

은미: 맞긴 해요. 아빠가 너무 답답하고. 고집이 세고… 우리는 완전히 아

빠 말을 따라야 해요. 우리가 싸우면 왜 싸우는지 이유를 알고 잘 지내도록 풀어 줘야 되잖아요? 근데 아빠는 무조건 이유를 들어 보지도 않고 언니한테 사과하라고 해요. 그래서 더 화가 나요.

은서: 아빠는 자기 생각밖에 안 하는 사람 같아요. 우리 입장이라는 게 있잖아요.

상담사: 은서야, 왜 엄마가 이런 자리를 만들었을까?

은서: 은미랑 매일 싸움을 하니까 그것을 해결하고 싶은가 봐요.

상담사: 음, 은서의 말은… 두 자매가 싸우고 있다는 것을 인정하고 있는 거 같은데… 그렇다면 왜 그렇게 싸우는지 이유를 말해 줄 수 있어?

은서: 동생이 같은 방을 사용하면서 너무 자기 멋대로 해요. 잠을 자려고 불을 끄면 슬며시 일어나서 부시럭거리고, 맨날 뭐를 만드느라고 방이 돼지 우리 같아요.

은미: 언니는 자기 생각만 해요. 나는 할 일이 아직 남았는데… 불을 꺼 버리고… 숨만 크게 쉬어도 시끄럽다고 소리 지르고 때리고…. (흐느껴 운다.)

상담사: 은서야, 은미 말을 들으면서 은미에게 하고 싶은 말이 있을까?

은서: 없어요. 짜증나….

상담사: 가족들이 많이 힘들었겠군요. 그러면 서로에게 어떻게 해 주었으면 좋겠는지, 돌아가면서 서로에게 원하는 것을 말해 볼까요? 그리고 고마운 점과 바라는 점에 대해서도….

온 가족이 모여 가족상담을 했고 성격검사를 통해 성격특성에 대한 설명을 했으나 남편은 달라지지 않았다. 그리고 큰딸 은서도 상담에 대한 필요성을 느끼지 않았고 동생이 달라져야 한다는 것을 고집했다. 그래서 이런 상황에서 상처를 가장 많이 받고 있는 행동탐구이상형의 둘째 딸을 상담했다. 그 이유는 둘째 딸은 집에서 받는 스트레스 때문에 학교에서도 친구들과 원만한 관계를 맺지 못하고 공부에 집중하지 않고 있어서 교사와 갈등이 많았기 때문이다.

둘째 딸을 대상으로 12회 상담을 진행했다. 다양한 미술매체를 통해서 만들고, 오리고, 붙이면서 먼저 마음속에 쌓여 있는 스트레스와 상처를 풀어냈다. 은미는 때로는 울고 때로는 분노하면서 마음속에 쌓여 있던 감정이 점점 사라지면서 마음의 여유로움을 갖게 되었다.

이제 은미는 언니와 싸움을 하면서 상처를 받는 것이 아니라 언니와 싸우지 않기 위해서 어떻게 할 것인가 계획을 세우고 하나하나 실천하고 있다. 그리고 언니와 싸움이 벌어졌을 때 어떻게 대처하고 반응하는지에 대한 것들을 이야기하면서 갈등상황에서 대처하는 방법을 배워 갔다. 이러한 과정을 통해 자매간의 관계가 달라지기 시작했다. 그리고 융통성이 없는 아빠를 원망하기보다 아빠의 성격특성을 이해하고 받아들이기로 하면서 은미의 마음이 편안해졌다.

이러한 은미의 변화는 학교생활과 학업태도에 대한 변화로 이어졌다. 그동안 은미는 친구들을 무시하고 자기 입장만을 고집하면서 친구들과의 갈등이 많았고, 수업에 집중하지 않고 수업시간에 딴짓을 많이 해서 교사와 갈등이 심했다. 은미는 학교생활이 재미없고 학교에 가는 것을 싫어했는데 이제는 친구들을 그들의 입장에서 이해하려고 하면서 친구들과 관계가 좋아지고 있다. 친구들과 함께 놀러 가기도 하고 친구의 초대를 받기도 했다. 또한 은미는 수업시간에 공부에 집중하게 되고 수업 태도가 달라지면서 교사와의 관계도 좋아지면서 학교생활이 즐거워졌다.

2 감시하고 통제하는 오빠가 짜증나요

준모(고3 / 남 / 행동규범형)

수영선수. 어려서부터 수영선수로 합숙생활을 함. 부모님 말에 절대순종을 함. 고3인데도 행동이상형 동생의 무질서한 행동으로 인해 스트레스받는 부모님을 위해 동생을 늘 감시하고 관리함.

미영(고1 / 여 / 행동이상형)

자신을 관리하고 감시하는 행동규범형 오빠와 치열하게 다툼. 오빠 때문에 엄청난 스트레스를 받고 있음.

오빠 준모는 수영선수답게 180cm의 키와 단단한 근육질로 구성된 알맞은 체중의 몸매가 균형이 잘 잡혀 있다. 키에 비해 작은 얼굴은 구릿빛에 건강미가 넘치고 눈매는 이국적으로 생겨 여자처럼 눈 쌍꺼풀이 예쁘다. 초롱초롱한 눈빛과 무정서 무표정과 무미건조한 목소리로 또박또박 자신의 주장을 말한다.

규칙과 룰이 중요한 준모는 고1 미영이의 자유로운 행동을 늘 감시하고 통제한다. 미영이의 생활상의 문제행동을 엄마와 하나가 되어 바로잡아 보려고 애쓰다가 오히려 미영이와 심각한 갈등으로 이어지고 있다.

준모와 엄마와 미영이가 가장 크게 부딪치는 것이 귀가 시간이다. 여자가 늦게 귀가하면 큰일을 당할 수도 있다는 생각으로 귀가 시간을 10시로 정해놓고 그 시간에 미영이가 집에 귀가하지 않으면 엄마는 준모에게 일러바치고 준모는 어떻게든 미영이를 찾아내서 집으로 데리고 온다. 미영이는 무서운 오빠와 잔소리꾼 엄마와 귀가 시간을 지키기로 약속을 하지만 친구들과 놀다 보면 시간을 지키지 못하는 경우가 많다. 전화통에 불이 나도록 준모와 엄마가 전화를 하면 미영이는 짜증나서 전화를 안 받거나 전화를 꺼 버린다. 화가 난 엄마는 준모에게 말하고 준모는 어떻게 노는 장소를 알았는지 찾아와서 머리채를 잡아 끌고 간다. 이러한 상황을 안타깝게 바라보던 지인이 상담을 권유해서 성격검사를 하게 된 사례이다.

준모는 정해진 틀, 약속, 규칙에 충실하며 원리원칙을 지키는 것을 매우 중요시하는 사람이다. 원리원칙이 중요하기 때문에 그러한 것을 지키지 않고 어기는 경우, 사람으로 취급하지 않고 어떻게 해서든지 한 치의 어긋남이 없이 지키도록 온 힘을 쏟는다. 그 정도가 얼마나 심각한지 미영이는 숨이 막힌다고 한다. 이런 행동규범형 성격을 가진 준모의 눈에 규칙을 넘나드는 행동이상형 미영이를 이해하는 것은 쉽지 않다. 뿐만 아니라 약속을 밥 먹듯이 깨는 미영이의 행동은 절대적으로 용납되지 않는다.

상담사: (준모를 바라보며) 자신의 성격유형에 대해서 자세하게 설명했는데, 설명을 듣고 보니 어떠세요?

준모: 맞는 거 같네요.

상담사: 어떤 단어들이 기억에 남나요?

준모: 원리원칙. 대쪽같다. 융통성이 없다.

상담사: 이 단어 중에서 어떤 게 맘에 걸리나요?

준모: 원리원칙주의자.

상담사: 이 단어가 무슨 뜻을 내포하고 있는지 설명 가능할까요?

준모: 배운 대로, 정해진 대로 정도만 걸어가는 사람.

상담사: 준모는 원리원칙을 중요하게 생각하는 사람인가 보네요. (예.) 그런 사람은 어떤 사람일까요?

준모: 융통성이 없고, 다른 길로 벗어나는 것을 이해하지 못해요.

상담사: 만약에 주변에 정해진 규칙이나 룰을 지키지 않는 사람이 있다면 준모의 마음은 어떠할까요?

준모: 답답하고… 걱정 되고… 어떻게든지 그것을 지키도록 할 거 같아요.

상담사: 그래도 지키지 않는다면요.

준모: 모든 것을 동원해서라도 지키도록 할 거예요.

상담사: (미영이에게) 미영이는 준모가 저런 성격을 가진 사람이라는 것을 알고 있었나요?

미영: 아니요.

상담사: 그럼, 미영이는 이런 원리원칙주의자들을 어떻게 생각하나요? 이런 사람이 옆에 있다면 어떠할까요?

미영: 숨이 막혀 죽을 거 같아요.

상담사: 만약에 이런 사람이 계속 규칙이나 룰을 지키도록 강요한다면 어떻게 할 건가요?

미영: 살기 위해서 도망가야죠.

상담사: (준모에게) 미영이의 말을 들었지요? 동생의 성격특성은 항상 즐거워야 되고 틀에 갇히는 것을 견디지 못하는 성격이에요. 즐거움을 위해 규율, 규칙을 넘나드는 사람이죠. 두 사람은 아주 상반된 성격을 가지고 있네요.

(중략)

상담사: (준모에게) 미영이를 바라보는 준모의 마음은 무엇일까요?

준모: 걱정이 돼요. 또 동생 때문에 힘들어하시는 부모님을 보면 화가 나고 속상하구요.

상담사: 동생을 걱정하는 마음이 어떤 것인지 구체적으로 설명해 줄래요?

준모: 동생이 친구들과 밤늦게까지 놀고… 귀가 시간이 안지켜지니까… 밤길에 위험한 일을 만나면 어쩌나… 전화를 안 받으면 무슨 일이 생겼나… 가슴이 답답하고… 걱정이 되어서 공부에 집중이 안 돼요.

동생이 조신하게 있었으면 좋겠어요.

상담사: 미영이를 생각하는 마음이 크네요. (미영이를 바라보며) 준모의 말을 들어 보니 어때요?

미영: 나를 걱정해 주는 것은 알겠는데… 그 정도가 너무 과하니까… 무조건 벗어나고 싶은 거죠. 나도 이제 고1인데… 부모님도 아니고… 나보다 2살 더 많은데… 오빠한테 일러바치는 엄마도 밉고… 친구들 앞에서 머리채를 잡아 끌고 가는 오빠가… 너무 창피하고… 밉고… 나도 인격이라는 것이 있는데…. (운다.)

상담사: 준모는 미영이의 말을 듣고, 미영이에게 하고 싶은 말이 있을까요?

준모: 그러니까 일찍 집에 오면 될 거 아니야. (준모는 여전히 원칙을 고수한다.)

행동규범형 준모는 자신의 성격적인 특성에 대한 설명을 듣고 맞는 거 같다고 인정을 했다. 그리고 미영이의 성격특성을 듣고 기본욕구인 즐거움은 반드시 충족되어야 한다는 원리를 받아들이지 못했다. 오히려 미영이가 귀가시간을 지키고 부모님께 걱정을 끼치지 않는 동생이 될 것을 요구했다. 그래서 준모와의 갈등으로 인해 상처를 받는 미영이를 대상으로 상담을 2회기 진행했다. 미영이는 처음으로 이해받는 느낌이 들었고 숨통이 트이는 느낌이라고 하면서 자신을 이해하는 상담사에게 마음을 열고 상담을 받게 된 것이다.

"미영아, 이렇게 엄마랑 오빠랑 매일 매일 싸우는 거 지겹지 않니? 이렇게 매일 매일 엄마랑 오빠랑 싸움만 하고, 미영이가 어떤 사람인지, 어떻게 살아야 하는지 전혀 생각해 보지 않는다면 2년 후엔 미영이는 어떻게 될까? 5년 후엔 어떤 사람이 될까?"라는 상담사의 질문에 미영이는 처음으로 객관적으로 자신의 생활태도를 돌아보게 되었다. 늘 엄마 오빠와 전쟁을 하느라고 자신이 어떤 사람인지, 이렇게 살면 미래에 어떻게 될 것인지에 대해서 전혀 생각없이 살았는데 상담을 하면서 자신의 모습을 보게 된 것이다.

그래서 그녀는 공부하기는 싫지만 미래의 진로를 위해서 무엇을 할 것인지를 생각해 보고 적성이 무엇인지, 어떻게 살 것인지에 대해서 생각하게 되었다. 이제 미영이는 학원을 등록하고 공부를 시작했다. 그러나 아직 친구들과 노는 것에 대한 유혹을 뿌리치고 학원에 다니는 것이 조금은 미흡하지만 학원에 빠지지 않으려고 노력하고 있고, 일찍 들어가는 등 자신만의 삶의 방식을 정하고 이를 유지하며 자신에게 충실하고 있다.

GUIDE

행동규범형 자녀에게는 이런 공부기술을 사용해 보세요

1. 정보가 분명하고 정확하게 전달되는 강의식, 발표식 수업 선호
2. 학습기술, 학습전략을 가르쳐 주기
3. 도전적으로 공부하도록 조금 어려운 문제를 주기
4. 합의된 계획표를 짜라.
5. 목표를 적어 책상에 붙여 두어라.
6. 반장이 될 기회를 무조건 잡아라.

행동규범형 자녀를 둔 부모들을 위한 양육 팁

1. 대범성을 인정하고 대범하게 키우라.
2. 약속은 반드시 지키도록 하라.
3. 계획을 세운 것은 꼭 실천하게 하라.
4. 스스로 공부하도록 공부습관을 길러 주라.
5. 자녀와 함께 시간계획표를 짜고 실천하게 하라.

행동규범형 자녀 성장을 위해 반드시 해 주어야 할 말

1. 너는 정의로운 사람, 대범한 사람이야.
2. 약속은 반드시 지키는 사람이야.
3. 너는 한다면 하는 사람이야.

6

행동탐구형

좋아하는 것만 하는 아이

"루팡 잡는 프로파일러"

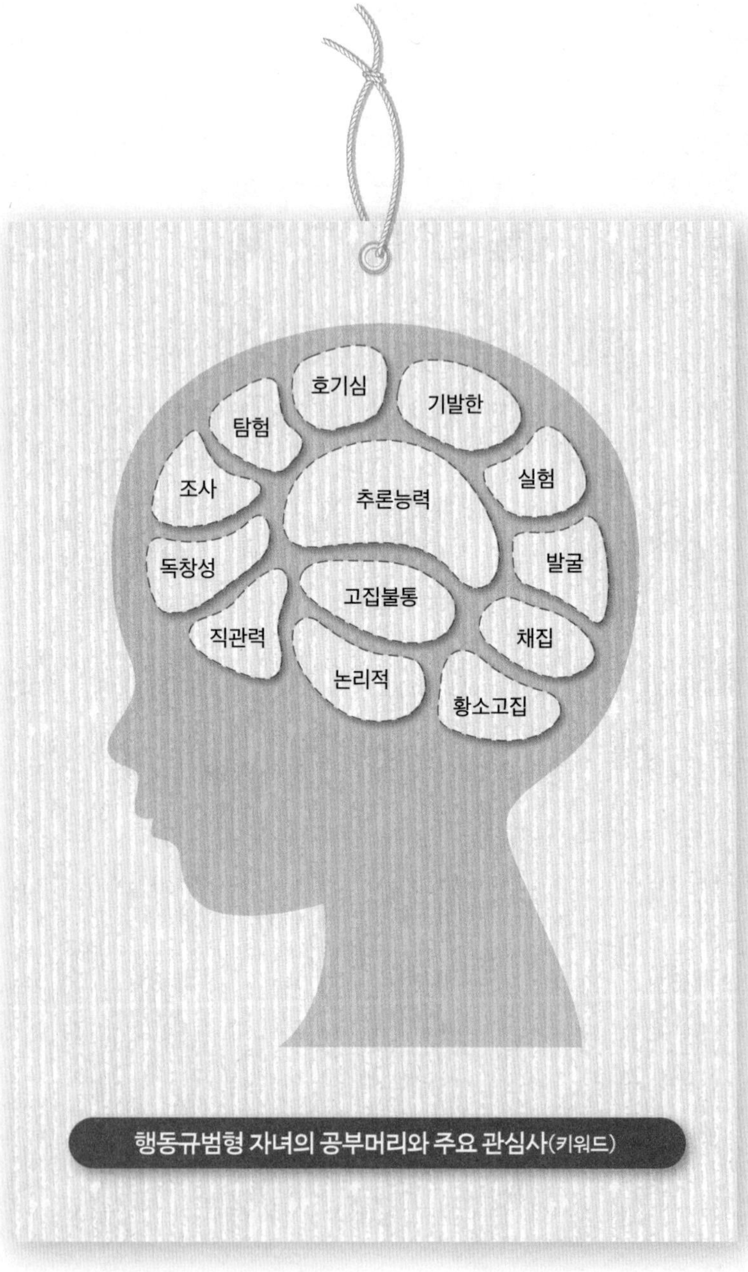

행동규범형 자녀의 공부머리와 주요 관심사(키워드)

행동탐구형의 기본욕구: 진리탐구

행동탐구형의 기본욕구는 진리탐구이다. 행동탐구형이 의미하는 진리탐구란 어떤 상황에서도 변하지 않는 사실, 원리, 현상, 불변의 법칙을 찾아 끊임없이 파고드는 것을 말한다.

행동탐구형의 성격을 가진 사람들은 호기심이 많고 어떤 것에 대한 궁금증이 생기면 그 궁금증을 해결하기 위해서 즉각적으로 행동에 옮긴다. 그들이 궁금하게 생각하는 것이 상황에 맞는지, 합리적이고 타당한지를 생각해 보거나, 따져 보거나, 누구와 의논하지 않는다. 경계가 분명하고 까칠해보여서 고슴도치처럼 느껴지기도 하고 그만큼 민감성도 높다. 만약에 누군가가 그것이 옳지 않다고 설득하려고 하면, 그들은 전혀 들으려 하지 않는다. 그리고 그것을 못 하게 막는다면 불같이 화를 내면서 기필코 자기가 원하는 대로 뚫고 나간다. 행동탐구형의 이러한 모습 때문에 '독선적인 사람' ' 황소고집'이라는 평을 듣는다.

이들은 사람보다 관심사가 더 중요하기 때문에 한시라도 빨리 현장에 가서 궁금한 것을 눈으로 보고 해결하고 싶어 한다. 그래서 그들은 늘 사건의 현장에 있고 사건의 중심에 서 있기를 원하며 직접 눈으로 사건을 보고 취재하고 발굴하고 채집하고 관찰하는 일에 관심을 갖는다.

행동탐구형 아이의 행동특성 이해하기

1 자기주관이 뚜렷하고 구속받는 것을 싫어한다

"내가 이걸 할 땐 나를 건드리지 말라고!"

행동탐구형은 자유롭고 활동적이며, 호기심이 많고 생각하는 것이 특이하다. 또한 이들은 매우 독립적이고 자기주관이 뚜렷해서 어디에서나, 누구에게도 구속받는 것을 싫어하고 남의 말을 잘 듣지 않는다. 특히 규칙이나 관습에 얽매이지 않는 성격이기 때문에 학교와 같이 규칙이 엄격한 곳에서 온종일 견디는 것이 힘이 들 수밖에 없다.

특히 이들은 교사나, 윗사람의 의견을 존중하고 따르는 것이 부족하고, 타인의 기분을 살피고 배려하는 마음이 없는 비정서적 특성으로 인해 교사나 급우들과 갈등을 빚는 경우가 많다. 이들은 오로지 자신의 관심사에만 시선이 집중되어 있어서, 자신의 관심사나 호기심이 차단되거나 자기 뜻대로 되지 않으면 불같이 화를 내거나 거침없는 행동으로 다른 사람들을 당황하게 한다.

2 직관력, 추론능력이 뛰어나고 독창적이다

"딱 보면 모르겠냐?"

행동탐구형은 추론능력이 뛰어나기 때문에 몇 개의 단서만을 가지고도 그 사건의 원인이 무엇인지 파악하고 빠르게 결과를 유추해 낼 수 있다. 또 책이나 드라마 영화를 볼 때 대충 보는 것 같아도 줄거리나 전개 과정을 정확하게 파악하는 것이 놀라울 정도이다. 공부할 때도 다른 사람보다 훨씬 빨리 이해할 가능성이 많다. 이렇게 행동탐구형은 머리회전이 빠르기 때문에 자신이 공부에 대한 필요성을 알게 된다면 1등을 할 수 있는 잠재력을 가지고 있는 사람이다.

또한 행동탐구형은 생각이 매우 독창적이어서 다른 사람이 미처 생각하지 못하는 색다른 생각을 하는 경우가 많다. 그러나 정작 본인은 그러한 사실을 알아차리지 못한다. 특히 일상생활에서 사람들과 다르게 행동하는 경우가 많아, 다른 사람들이 다 이해하는 대화의 주제에서 공감하지 못하고 이해하지 못하는 경우가 있다.

3 생각이 논리적이고 결정이 과감하다

"한번 결정했으면 그걸로 끝이야!"

행동탐구형은 무엇이든 사실(fact)에 근거해서 논리적으로 판단하고 빠르게 결론을 도출한다. 또한 한번 내린 결정에 대해서 되돌아보거나 후회하지 않고, 잘못 판단해 결정을 했을지라도 번복하거나 철회하지 않는다. 이렇게 할 수 있는 이유는 행동탐구형이 가지고 있는 비정서적인 특성 때문인데, 비정서적인 사람은 주변이나 상황, 사람에 연연하지 않고, 과감하고도 신속하게 결정을 내릴 수 있기 때문이다. 그러나 자칫하면 논리적인 비약이 일어날 가능성이 있어서 행동탐구형의 말이나 행동이 생뚱맞거나 이상하게 보일 수 있다. 때문에 고집불통이라는 말을 많이 듣는다.

4 관심 분야에 깊이 파고든다

"속도를 못 맞추잖아요. 혼자가 훨씬 나아요!"

행동탐구형은 호기심이 많고 호기심에 깊이 빠진다. 활동적인 것을 좋아하지만, 많은 사람들과 함께 협업하는 것보다는, 혼자 하거나 소수의 사람들과 관심 분야를 깊이 있게 파고드는 것을 좋아한다.

이 유형이 협업하는 것이 어려운 이유는 직관력과 추론능력이 뛰어나 판단하고 결정하는 속도가 빠를 뿐만 아니라, 동시에 여러 가지 일을 처리하는 능력을 가지고 있기 때문이다. 그런데 이러한 행동탐구형의 능력과 속도에 다른 사람들이 맞추기가 어렵고, 또 행동탐구형이 비정서적인 사람이어서 사람들과 함께 의논해서 의견을 모으고 조율하는 것이 익숙하지 않고 거추장스럽기 때문이다.

또한, 활기가 넘치고 에너지가 많아 움직임이 활발하며, 관심 분야가 생기면 지구 반대쪽이라도 달려가서 호기심이 해결될 때까지 파고든다.

5 대인관계에 관심이 없고 대인관계 방식도 미숙하다

"저렇게 멍청한 애랑은 같이 못해요!"

행동탐구형은 비정서적이어서 다른 사람들의 기분이나 감정을 잘 살피지 못한다. 또 자신의 관심사에 집중하느라 다른 사람의 기분이나 주변 환경에 연연하지 않는다. 마치 눈가리개를 한 경주마와 같다.

게다가 행동탐구형의 행동은 거칠고, 독선적이고, 고집이 세고, 눈치가 없고, 기이하고, 특이하다. 자신이 하고 싶은 말을 상대방의 기분과 상관없이 거침없이 내뱉기 때문에 주변 사람들이 상처를 받지만, 자기 때문에 상처받았다는 사실조차도 알아차리지 못한다. 이러한 행동탐구형의 미숙하고 눈치 없는 행동들이 대인관계에 갈등의 요인이 되어서 긴 시간 학교생활을 하는 행동탐구형은 교사나 급우들과 끊임없이 부딪치고 있다.

행동탐구형 아이 부모를 위한 맞춤 학습코칭

1 호기심을 자주 자극하고 다양하게 경험하게 하라

행동탐구형은 호기심이 많고 하고 싶은 것이 상당히 많은 사람이다. 그들은 호기심이 생기고, 하고 싶은 것이 생기면 주변의 상황을 고려하지 않고, 적극적으로 질문하고 표현하면서 자신의 호기심을 채우는 것이 행동탐구형의 본성이다. 행동탐구형의 기본욕구인 진리탐구가 충족되어야 그들은 마음이 편안해지고 심리적인 안정이 이루어진다. 이와 반대로 기본욕구가 충족이 안 되면 심리적인 균형이 이루어지지 않기 때문에 마음이 불편해지고 화가 나면서 주변 사람들과 심각한 갈등이 이루어진다.

그러므로 행동탐구형의 부모님들은 행동탐구형 자녀들의 호기심과 욕구를 막지 말고 그들이 관심사에 깊이 빠지게 허락한다면, 오히려 분노가 사라지고 마음에 안정이 되면서 자신의 관심사에 깊이 몰두하면서 전문가적인 지식을 쌓을 뿐만 아니라 학교 공부를 하고 싶은 마음의 여유가 생긴다.

2 사회성이 부족해도 서두르지 말라

행동탐구형은 비정서적이고 고집스럽고 자기주관이 강해서 사람들의 마음을 돌아보기보다는 자신의 생각과 호기심만을 고집하는 경우가 많다. 대인관계의 방식이 매우 미숙하고 저돌적이고 독선적이어서 자기와 통하지 않는 사람들과는 어울리는 것을 싫어하고 의견대립이 일어날 때는 누구에게도 양보하지 않는다. 학교의 공부를 골고루 하기보다는 자신의 관심사에만 빠지고 교사나 부모님들이 걱정에 전혀 동요하지 않고 꿋꿋이 자신의 뜻을 고집하기 때문에 교사나 친구들 사이에서 갈등을 일으키는 요인이 된다.

이 유형은 비정서적이기 때문에 사람들의 기분이나 마음을 알아차리지 못할 뿐만 아니라, 자신의 감정과 잘못을 알아차리지 못해서 상담의 효과를 얻지 못한다. 오히려 분노만 쌓이고 부모나 교사와 관계가 나빠지는 경우가 많다.

이러한 성격적인 특성을 부모나 교사에게 이해시켜야 부모나 자녀가 상처를 받지 않고, 사회성을 기르려고 애쓰는 데 시간낭비를 하지 않는다. 부모님들은 행동탐구형의 자녀가 호기심에 푹 빠지도록 끌어 주는 것이 우선이고, 사회성은 스스로 깨달을 수 있을 때까지 기다려 주어야 한다.

3 아이가 이해하도록 논리적으로 설명하라

이들이 가지고 있는 호기심, 독창성, 창의성, 논리성, 추론능력은 깊이 있는 연구로 이어질 수 있는 상당한 강점이다. 이것이 잘 발현되고 이것을 긍정적인 자원으로 활용하기 위해서는 성격적인 특성을 알고, 아이의 잠재능력을 믿어 주고, 그것이 잘 발현되도록 인내심을 가지고 기다려 주는 것이 중요하다. 목표의식을 갖도록 한다면 누가 뭐라고 해도 자신의 목표를 이루어 내는 사람이다.

특히 행동탐구형 부모님들은 행동탐구형을 키우면서 학교에서 갈등을 일으키고 문제를 일으키는 것에 신경이 많이 곤두서고 어떻게 해야 할지 걱정이 많다. 부모님들은 이러한 성격적인 특성을 이해하고 받아들이는 것이 중요하다. 그리고 자녀의 문제를 어떻게 고쳐 보려고 하기보다는 자녀가 상처를 덜 받도록 울타리가 되어 주고 오히려 관심 분야에 푹 빠지도록 자리를 만들어 주는 것이 옳다. 그러면 학교라는 틀 속에서 막히고 막혀 기본욕구가 좌절되어 자존감이 낮아진 자녀의 자존감이 살아나고 자기의 잠재능력을 찾아 몰두함으로써 마음의 평안을 갖고 자존감이 높아진다.

행동탐구형은 부모님들이 논리적으로 이러한 상황들을 설명해 이해시킨다면 이들은 기꺼이 받아들인다.

행동탐구형에게 맞는 직업은 무엇일까?

행동탐구형은 자기 고집이 있는 만큼, 자부심이 강하기에 남의 밑에서 일을 한다거나 협업이 쉽지 않다. 그래서 누구에게도 구속받지 않고 자유롭게 일할 수 있는 직종이 적합하다. 고집스럽고 관심 분야에 몰두하는 면이 있기에 채집이나 발굴, 장기간에 걸쳐 업적을 내는 종단연구가 가능한 사람이다.

이들의 강점인 호기심이 발현될 수 있는 분야로는 다큐멘터리 기획자, PD, 저널리스트나 프로파일러, 발명가, 고고학자, 역사가, 민속학자, 종교철학자에 발군의 능력을 보이기 쉽다. 또한 스케일이 크고 활동적이면서 깊은 탐구가 요구되는 우주항공공학, 자동차엔지니어, 로봇, 건축이나 토목공학, 엔지니어 같은 계열의 직업도 잘 맞는다.

사례로 살펴보는 행동탐구형 아이 맞춤 솔루션

1 나를 막는 자는 다 죽이고 싶어요

민수(초2 / 남 / 행동탐구형)

학교에서 친구들과 자주 문제가 생기고, 교사의 말을 무시하고 수업의 흐름을 막아 자주 벌을 받음. 손가락을 빠는 틱 증상을 보이고 있음.

엄마(34세 / 회사원 / 규범형)

초3 때 부친이 사망한 후 남동생과 홀어머니 밑에서 성장. 장사하러 나가는 친정엄마는 두 남매가 남들한테 '애비 없는 아이'라는 말을 듣지 않도록 통제를 많이 함. 그래서 늘 긴장하고 자신을 억압했기 때문에 결혼을 해서도 습관처럼 자녀들을 통제하게 됨.

외할머니(73세 / 규범형)

민수의 집에 기거하면서 맞벌이 직장 생활하는 딸네 집의 살림을 돌봄. 규범적인 할머니의 양육으로 내담자 민수는 답답해하고 할머니와 갈등이 잦음.

초등학교 2학년 남자 아동 민수는 또래보다 키가 크고 마른 체형이지만 날마다 친구와 동네를 돌아다니면서 노느라 햇볕에 그을려 얼굴이 구릿빛이다. 상담 첫 날에 할머니와 엄마와 동생이 같이 상담실에 왔는데, 상담을 받지 않겠다는 민수를 엄마가 반강제로 끌고 왔기 때문에 민수의 표정과 기분이 험악하다. 엄마와 상담사가 면담을 하는 동안 민수는 치료실로 들어가 궁금한 것들을 꺼내서 만져 보고 두드려 보면서 주변을 탐색한다.

민수 외할머니는 매우 깔끔한 성격으로 엄마와 민수가 상담하는 도중에도 아이들을 간섭·통제하고 지저분한 손을 닦아 주고 옷을 정리하는 등 잠시도 가만히 앉아 계시지 않는다. 민수는 잔소리꾼 엄마와 손을 씻을 때는 3번씩 비누거품을 내서 씻어야 하는 결벽에 가까운 외할머니의 양육으로 자주 분노하고 소리 지르고 때로는 발로 현관문을 박차고 밖으로 뛰쳐나가곤 한다.

또 민수는 학교에서도 급우들과 심지어는 담임과의 갈등이 심하다고 한다. 수업시간에 엉뚱한 질문을 함으로써 수업의 흐름을 막는다거나 선생님을 대놓고 무시하는 행동 때문에 민수는 벌을 받을 때가 많다. 수업시간 내내 손을 들고 있거나, 때로는 우유곽을 입에 물고 복도에 서 있거나, 심지어는 수업시간에 책상에 엎드려 있어야 했던 민수는 벌을 받는 동안 "선생님을 죽이고 싶었다."라고 했다.

민수는 규범이 강한 엄마와 결벽에 가까운 외할머니의 양육과 잔소리꾼 교사로부터 진리탐구라는 기본욕구가 늘 박탈당하거나 제지당했다. 이러한 상황에서 민수는 분노가 쌓일 수밖에 없었고, 결국은 분노가 폭발하게 되는 것이다. 심지어 민수는 손톱을 물어뜯는 버릇이 심해 부모님을 걱정하게 만들고 있었다. 규칙을 지키고 따라야 하는 학교생활이 민수에게는 지루하기만 하다. 그래서 민수는 기본욕구의 좌절로 인해 쌓인 감정을 아이들에게 표출하거나, 상황에 맞지 않는 행동을 함으로써 학교에서나 가정에서 '문제를 많이 일으키는 아이' '대인관계를 잘 못하는 아이'로 상담의 대상이 되어 상담실에 끌려오게 되었다.

민수는 알고 싶은 것이 많고 호기심이 많아 방과 후에는 집에 붙어 있지 않는다. 친구와 아파트 주변을 돌아다니면서 채집하고 관찰하고 실험하면서 늦은 시간까지 즐거운 시간을 보낸다. 이런 민수를 규범형 외할머니는 지나치게 단속하고 통제하려고 하기 때문에 민수의 호기심이 차단되는 경우가 많다. 이럴 때마다 민수는 소리를 지르고 분노한다. 그러나 민수는 아무리 주변에서 통제하고 간섭해도 자신이 하고 싶은 일은 기어코 하고 마는 아이이다.

상담사: 민수야! 상담실이 뭐 하는 곳인지 아니?

민수: 몰라요. 관심 없어요.

상담사: 근데 왜 왔어?

민수: 엄마가 가자고 해서요.

상담사: 엄마가 가자고 했을 때 민수 기분이 어땠을까?

민수: 아~ 짜증나요.

상담사: 민수가 상담실에 오기 싫었구나. 근데 와서 보니까 어떤 곳인 거 같아?

민수: 몰라요. 둘러보니까, 보드게임도 있고… 장난감도 있고… 미술 도구들도 있고… 좀 재미있을 것도 같아요.

상담사: 그런 거 보니까 기분이 좀 달라졌어?

민수: 좀….

상담사: 민수야, 너희 할머니께서 너 맨날 친구랑 학원도 안 가고 늦게까지 논다고 하시던데… 친구들이랑 뭐하고 노니?

민수: 노는 거 아닌데….

상담사: 노는 거 아니라고? 그럼 늦게까지 뭐해?

민수: 개구리 잡고 곤충 잡고….

상담사: 너 채집하는 거 좋아하니?

민수: 채집하는 거… 그렇게 좋아하지는 않는데….

상담사: 그러면 개구리는 왜 잡니?

민수: 궁금해서요.

상담사: 뭐가 궁금한데….

민수: 올챙이가 개구리가 되잖아요. 근데 올챙이는 꼬리는 있고 다리가 없고, 개구리는 꼬리는 없고 다리가 있잖아요. 올챙이 꼬리가 어떻게 사라지고 다리가 어떻게 생기는지… 그게 어떻게 그렇게 변하는지… 궁금하잖아요.

상담사: 와, 그런 게 궁금하구나. 그래서 어떻게 했어?

민수: 개구리 배를 갈라서… 다리가 어디서 나왔는지, 올챙이 꼬리는 어디 숨었는지… 그런 거를 알고 싶었어요.

상담사: 와~ 그랬구나. 그런 것을 궁금해하는구나. 또 다른 해 본 거 있으면 선생님한테 말해 줄래?

민수: 종이배요.

상담사: 종이배? 종이배가 뭐가 궁금했어?

민수: 종이배가 가라앉는 게 궁금했어요.

상담사: 종이배가 가라앉는 게? 선생님은 도대체 민수가 뭐가 궁금하다는 건지 상상이 안 되는데….

민수: 종이배가 물에 가라앉잖아요. 가라앉을 때 찬물과 뜨거운 물 중 어떤 물에서 더 빨리 가라앉는지가 궁금했어요.

상담사: 그래서? 그래서 어떻게 했어?

민수: 종이배를 여러 개 접어서 찬물과 뜨거운 물에 넣고, 어떤 물에서 종이배가 더 빨리 가라앉는지 실험해 보았어요.

상담사: 와~ 민수 과학자구나.

민수는 부모나 할머니가 걱정하는 것처럼 방과 후 학원을 빼먹고 친구와 노는 것이 아니었다. 그는 친구와 아파트 주변을 돌아다니면서 탐험을 하거나 실험을 하는 것이었다. 친구랑 종이배를 만들어서 따뜻한 물과 찬물에 넣어 보고, 종이배가 어떤 물에서 더 빨리 가라앉는지 실험한다거나, 올챙이가 다리가 생기고, 개구리가 되는 것을 관찰하고, 개구리 배를 갈라 올챙이의 흔적이 남아 있는지를 확인하는 실험을 했다.

민수의 이러한 행동과 검사결과를 통해 민수는 행동탐구형의 성격을 가지고 있는 아이라는 것을 알게 되었다. 그 결과를 가지고 먼저 가족상담을 진행했다. 부모님과 할머니와 온 가족이 모인 가족상담에서 가족 구성원들의 성격과 기본욕구에 대한 설명을 함으로써 서로가 서로를 이해하도록 했다. 특히 민수의 성격에 대한 이해와 기본욕구인 진리탐구는 반드시 충족되어야 한다는 기본욕구충족의 원리로 가족들을 이해시켰다. 가족상담을 통해 민수의 기본욕구가 차단되어서는 안 된다는 것을 충분하게 이해시킨 후 민수의 개인상담을 12회기로 진행했다.

먼저 민수랑 라포를 형성하기 위해 보드게임을 시도했으나 민수는 그 게임이 시시한지 한 번 해 보고는 집어치우고 직접 자료실로 가서는 지점토를 가지고 와서는 로켓을 만들었다. 그리고 잡지에서 그림을 오려서 로켓 내부와 외부를 꾸미고는 다음 주에 와서 이 로켓을 타고 우주여행을 할 거니까 잘 보관해 달라고 부탁했다. 이렇게 시작한 우주여행은 여러 회기가 지나도 끝이 나지 않았다. 때로는 만들고, 때로는 그리고, 때로는 잡지에서 오려서 만들면서 기본욕구를 채워 갔다. 12회기의 상담을 하면서 민수의 분노감정이 많이 사라지면서 틱이 사라졌고, 자신을 힘들게 했던 사람들을 이해함으로써 사람들을 대하는 데 한결 너그러운 마음을 갖게 되어 급우들과 교사와 갈등이 줄었다.

상담을 마무리하는 마지막 날에 우주항공기를 만드는 과학자가 되고 싶다는 민수에게 "우주항공기를 만드는 과학자가 되기 위해서 민수는 어떻게 해야 할까? 여기 도화지에 떠오르는 대로 자유롭게 표현해 볼까?"라고 상담사가 제안하자 민수는 한참 생각하더니 "제가 만들고 싶은 항공기를 만들려면 공부를 해야겠어요."라면서 스스로 공부를 하겠다는 답을 찾았다. "그래? 민수가 공부할 거라고? 그러면 어떻게 공부할 거야?" 상담사의 질문에 학원에 다니고 선생님이 마음에 안 들어도 공부를 하겠다고 하면서 민수는 공부를 하게 되었다. 다행히 3학년 담임은 젊은 남자 선생님이었고, 민수와 코드가 맞는 선생님이었다. 민수가 지루함을 느끼지 않게 수업이 진행되어서 민수는 예전과 다르게 수업시간에 집중할 수 있게 되었다고 한다.

2 수년 동안 정신과 치료를 받아 왔던 아이가 달라졌어요

수호(초5 / 남 / 행동탐구형)

매우 독립적이고 고집이 셈. 하기 싫은 것은 절대로 하지 않고 자신이 원하는 것만 하려고 함. 공부는 왜 하냐면서 학교에 가지 않으려고 하고 학원도 다니지 않고 있음. 분노 감정을 조절하지 못해 정신과에서 5년째 상담을 받고 있음.

엄마(38세 / 주부 / 행동이상형)

시부모와 남편과의 미묘한 관계에서 시댁 눈치를 많이 봄. 아들의 심각한 문제를 잘 분석해서 방향을 잡고 양육을 해야 하는데 논리력이 부족하고 아들에게 방향 제시를 잘 하지 못함. 아들을 공감하고 존중하려고 애를 쓰면서 수호와 아빠 사이에서 쩔쩔매면서 끌려가고 있음.

아빠(40세 / 사업가 / 이상형)

어린 시절 부모가 사업을 하면서 자식들을 제대로 양육하지 못한 것 때문에 부모와 관계가 매우 불편함. 불안이 높고 잔걱정이 많아 자녀를 과잉보호하고 강하게 통제함. 자녀들을 논리적인 대화로 이해시키거나 설득시키는 것이 아니라 잔소리를 하는 경우가 많아 수호의 분노를 촉발하고 있음.

수호는 5학년이지만 또래에 비해 키가 작고 몸이 마른 편이다. 수호의 마른 얼굴은 피부가 까무잡잡하고 입술 주위에 버짐이 많이 피어 있다. 마음이 불안한지 수호는 입술을 자주 빨아 입술 경계선이 사라지고 빨갛게 얼룩져 있다. 그리고 그는 가끔씩 코를 킁킁대고 씰룩인다. 수호가 처음 상담사를 만났을 때 수호는 인사도 하지 않고 선생님을 똑바로 보지도 않고 손에 잡고 있는 핸드폰에서 눈을 떼지 않았다.

걱정이 많은 아빠는 아들이 게임중독이 될까 봐, 건강을 해칠까 걱정이 되어 밤 10시가 넘으면 컴퓨터를 못하게 하고, 심지어는 직접 컴퓨터를 꺼 버린다. 이럴 때마다 수호는 눈을 부릅뜨고 씩씩거리고, 분노가 조절되지 않으면 소리를 고래고래 지르고 분을 삭일 때까지 문짝을 발로 차거나 신발을 얼굴에 던지는 행동을 스스럼없이 하고 있다. 수호의 집안은 늘 전쟁터와 같고 부자간의 전쟁 속에서 엄마는 전전긍긍한다. 또 학교에서 수호는 교사와 힘겨루기를 하고 아이들과 갈등을 빚고 있다. 그래서 교사는 부모님을 불러 심리상담을 받으라고 권유해서 정신과에서 5년째 약을 먹으며 심리상담을 받고 있다. 그러나 수호는 달라지기는 커녕 최근에는 예의를 지키라고 가르치는 상담교사에게 책상을 엎고 신발을 얼굴에 던졌다.

하고 싶은 것은 무조건 해야만 하고, 하기 싫은 것은 죽어도 하지 않으려 하는 황소고집, 고집불통 수호는 초등학교 5학년인데도 공부를 하지 않고 심지어 공부를 왜 하느냐면서 학원도 다니지 않고 게임에만 몰두하고 있다.

그는 자신을 귀찮게 하는 가족들로부터 방해받지 않으려고 자기 방에 바리케이트를 치고 아무도 접근하지 못하게 한 상태에서 무엇인가에 몰두하고 있다. 그러한 수호의 행동을 아빠는 게임에 몰두하고 있는 것으로 생각한다.

상담사: 수호야, 이리 나와서 네 성격이 어떤지 볼래? (처음에는 싫다고 막무가내던 수호가 상담사가 부모님이랑 얘기하는 것을 듣고 관심이 생겼는지 버티지 않고 바로 나와서 테이블에 앉는다). 수호야, 이 검사지를 보니까… 너 전문가 이상의 실력을 갖추고 있는 분야가 있는 거 같은데….

수호: (…의아하게 상담사를 바라본다.)

상담사: 수호야, 너는 네가 좋아하는 것은 누가 뭐라고 해도 끝까지 그것을 하려고 하지?

수호: 네.

상담사: 그게 뭔지 나한테 말해 줄래?

수호: 게임이요.

상담사: 게임? 게임을 무척 좋아하는구나, 수호가! 아마도 게임실력도 꽤 있을 텐데… 맞지 않을까?

수호: 그렇지는 않아요. 잘하는 사람이 많아요.

상담사: 근데 수호야, 아빠가 너 게임 때문에 많이 걱정하시던데 너도 알고 있어?

수호: 네. 근데 짜증나요.

상담사: 아빠가 게임을 못하게 해서 화가 나는가 보구나. 근데 수호야, 왜 아빠가 게임을 못하게 하는지 그 이유를 알고 있어?

수호: 네, 게임중독 된대요. 그리고 건강이 나빠진다고요.

상담사: 수호 넌 어떻게 생각해? 게임중독이라는 말?

수호: 몰라요, 그냥 짜증나요. 10시만 되면 컴퓨터를 꺼 버려요.

상담사: 수호가 많이 화가 났겠구나. 근데 수호의 성격특성으로 보면 게임중독으로까지는 가지 않을 텐데… 좋아하기는 해. 그래서 남들보다 더 깊이 빠지기는 하지만 중독으로는 안 갈 텐데… 수호야, 수호는 좋아하는 것이 생기면 그것에 빠지지 않니? 잘 생각해 봐. 깊이 빠진 것이 있었는지….

수호: (…눈을 동그랗게 뜨고 상담사를 쳐다본다.)

상담사: 잘 생각해 봐. 그런 적이 있었는지?

수호: 아, 네. 있었어요. 로봇, 공룡, 자동차….

상담사: 와, 많이 있었구나. 그런 것을 좋아하고 빠졌을 때, 어느 정도였는지 생각나?

수호: 공부도 안 하고 학원도 안 가고 밥도 안 먹고 그랬어요.

상담사: 그럴 때 엄마 아빠 반응은 어땠어?

수호: 엄마는 공부 안 한다고 소리 질렀고요, 아빠는 밥 안 먹고 잠을 제 시간에 안 잔다고 불을 끄고… 매를 때리고 그랬어요.

상담사: 그랬구나, 그래서 수호는 어떻게 했어?

수호: 소리 지르고 방문을 발로 차고… 화가 나서 학교에 안 가고 학원도 안 갔어요.

상담사: 그만큼 네가 하고 싶은 걸 하고 싶었다는 거지? 공부를 안 할 만큼?

수호: 아마도….

상담사: 근데 수호 성격을 보면 수호는 하고 싶은 것을 충분히 해야 하는데… 그것을 충분히 못하게 부모님이 막았으니… 그래서 늘 화가 나고 분노하고 소리지르고 일부러 공부도 안 하고….

수호: 맞아도, 그랬어요. TV도 없애고, PC도 거실에 두고요.

상담사: 아휴~ 수호의 기분은 어땠을까!

수호: 맨날맨날 화가 나고 짜증나고….

상담사: 화가 나고 그래서 공부를 안 한 거니? 일부러?

수호: 그런 건 아닌데, 공부를 왜 해야 하는지 모르겠어요.

상담사: 아까 보니까 수호가 과학과 역사를 좋아하고 그 분야에 실력이 있는 거 보고 선생님이 놀랐는데… 너 무슨 일을 하고 싶어?

수호: 과학자가 되고 싶어요.

상담사: 와~ 너 이런 사실을 누구랑 얘기한 적이 있어? 부모님이 아시니?

수호: 부모님은 몰라요. 저를 믿지 않을걸요?

상담사: 너 과학자가 되어서 네가 하고 싶은 일을 하려면 대학교에 가야 할 텐데… 공부해야 하지 않을까?

수호: 근데 어떻게 해야 할지 모르겠어요. 수학을 하나도 몰라요, 영어도요.

상담사: 그러면 선생님이 도와줄 테니까 해 볼까?

수호: 네.

수호는 검사에 대한 결과를 알고 싶지 않다고 버티었다. 그러고는 상담사가 부모님과 성격특성에 대해 해석상담을 하는 동안 자기 방에서 가만히 듣고 있었다. "너 자신에 대해서 궁금하지 않니? 이리 나와서 네 검사지를 볼래?" 자신에게 접근하는 상담사의 말을 듣고 방에서 나와 상담사 앞에 앉아서 자신의 성격에 대한 설명에 집중하고 있다. 그리고 수호는 자기를 이해하는 상담사에게 마음을 열었고, 아무도 자기 방에 들어오지 못하도록 바리케이트를 만들었던 수호가 상담사에게 자기 방을 보여 주었다. 수호의 방은 깔끔하게 정돈되어 있었고 책상과 책꽂이에 역사와 과학에 관련된 책들이 꽂혀 있었다.

역사에 대한 상담사의 질문에 수호는 매우 깊이 있는 지식으로 홍이 나서 답을 한다. "수호야, 너의 이런 능력을 발휘하면서 살려면 공부해야 하지 않겠니? 공부할까?" 상담사가 수호에게 물었더니 고개를 끄덕였다.

그렇게 수호와 학습상담을 진행했다. 일주일 동안 수호가 문제집을 풀고, 상담사가 채점하고, 틀린 문제는 설명하고, 또 새로운 단원의 문제와 예시 문제를 풀고, 숙제를 내 주면서 수호에게 맞는 맞춤식 공부를 진행했다. 수호는 조금씩 공부에 흥미를 느끼고 처음으로 공부를 하게 되었는데 안타깝게도 코로나가 발생했다. 불안이 높은 아빠는 코로나가 진정될 때까지 상담사를 만나는 것을 미루도록 해서 엄마가 대신해서 아이의 학습을 돕기로 하고 상담을 중단했다.

GUIDE

행동탐구형 자녀에게는 이런 공부기술을 사용해 보세요

1. 깊이 탐구할 수 있는 토론식 수업, 프로젝트식 수업
2. 반복학습보다는 새로운 분야의 문제를 제시해 주기
3. 암기 중심 학원보다 창의력 개발 위주 학원 보내기
4. 관심 있는 분야에 집중하고 몰입하게 하기
5. 부족한 부분을 정확하게 분석해서 논리적으로 조언해 주기
6. 가능한 한 많은 경험하도록 하기
7. 새로운 관심사가 생기면 바로 책 권하기

행동탐구형 자녀를 둔 부모들을 위한 양육 팁

1. 이 아이를 설득할 수 있는 것은 논리밖에 없다. 손대지 말고 논리적으로 설명하라.
2. 대인관계에 에너지 낭비하지 말고, 호기심에 푹 빠지도록 하라.
3. 고슴도치는 가시를 자르는 것이 아니다. 부모가 울타리가 되어 주라.
4. 이 아이를 존중하는 사람만이 이 아이를 바꿀 수 있다는 것을 기억하라.
5. 자신의 행동이 타인에게 어떻게 불편을 주는지 알게 하라.

행동탐구형 자녀 성장을 위해 반드시 해 주어야 할 말

1. 너의 실력은 아무도 따라갈 수 없어.
2. 너의 관심사에 푹 빠져라.
3. 넌 따뜻한 아이야. 모르는 사람에게는 천천히 설명해 줘.

7

행동이상형

즐거워야 창의성이 솟아나는 아이

"시선을 사로잡는 연예인"

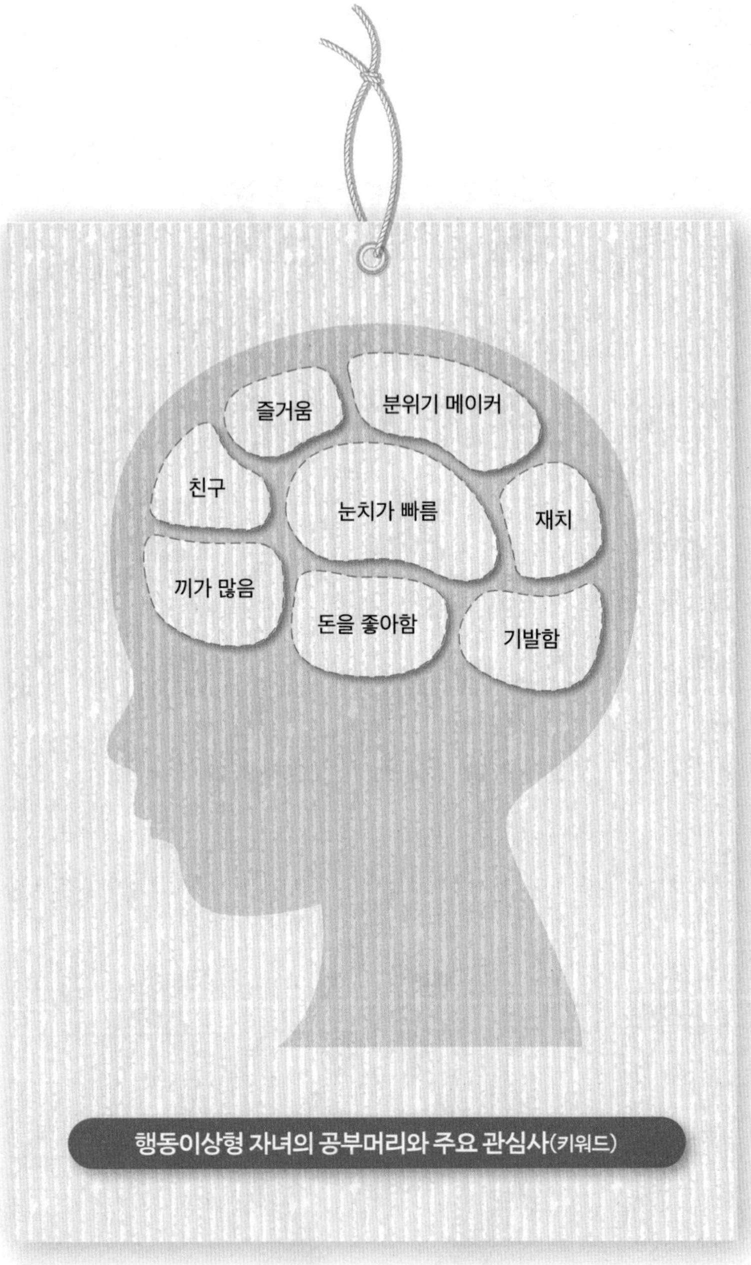

행동이상형 자녀의 공부머리와 주요 관심사(키워드)

행동이상형의 기본욕구: 즐거움

'나도 즐겁고 너도 즐겁고 모두가 즐거운 세상'

이런 세상에서 우리가 산다면 얼마나 신나고 행복할까? 사람들이 모두 즐겁고 행복한 세상, 이러한 세상을 꿈꾸는 사람이 행동형이다. 그래서 그들은 주변 사람들을 즐겁게 하고, 즐거워하는 사람을 바라보면서 그들과 함께 즐거워하는 것, 이것을 기본욕구로 가지고 있는 사람이 행동이상형이다. 다시 말해서 행동이상형의 기본욕구인 즐거움은 혼자서 느끼는 즐거움이 아니다. 그들은 사람들 중심에 서서 사람들을 즐겁게 함으로써 사람들과 함께 즐거워하는 것을 좋아한다.

행동이상형의 관심은 '사람'에 있다. 이들은 사람들을 좋아하고 사람에 관심이 많은 유형으로 다른 어떤 성격유형보다 대인관계의 폭이 넓고, 적극적으로 대인관계를 하는 사람이다. 이들은 누구에게나 주저함 없이 쉽게 다가가서 말을 걸고 악수하고 인사한다. 그리고 격의 없이 말을 하고, 심지어는 쉽게 말을 튼다. 이렇게 사람을 부담스러워하거나 두려워하지 않고 쉽게 사귀며, 모든 사람을 친구라고 여길 수 있는 사람이다. 워낙 사람을 좋아하고 늘 사람들과 함께 있는 것을 좋아하는 유형이다 보니 사람이 많을수록 신이 나고 흥이 난다. 그래서 이들은 사랑스럽고 동그란 판다처럼 늘 사람들과 함께 있고 그들과 함께 즐거워하며 그 중심에서 주목받는 존재가 되기를 원한다.

즐거움을 기본욕구로 가지고 있는 행동이상형은 주변의 사람들을 즐겁게 해 줄 만큼 유머감각이 뛰어나고 재치와 위트가 넘친다. 또 많은 사람들의 주목을 한 몸에 받을 만한 멋진 패션감각이나 유행하는 시류에 대한 민감성은 타의 추종을 불허할 정도이다. 이들은 다채롭고 화려한 옷차림과 형형색색으로 머리를 물들일 수 있는 색상에 대한 과감성을 가지고 있다. 또한 이들의 생생한 표정과 말투는 사람들의 시선을 한 몸에 받기에 충분하다. 이렇게 다양한 재능과 끼로 주변에 긍정적인 에너지를 줄 뿐만 아니라, 사람들의 기분과 상황을 두루두루 살피며 베풀기를 좋아하는 정이 많고 의리 있는 사람이 행동이상형이다.

행동이상형 아이의 행동특성 이해하기

1 즐겁고 자유로운 영혼이다

"선생님, 아직도 멀었나요? 저 화장실 다녀올래요!"

행동이상형은 '즐거움'이라는 기본욕구를 아주 적극적이고 활발하게 채워가는 사람들이다. 이들은 누구에게 구속당하거나 어디에 얽매이는 것을 견디지 못한다. 그래서 행동이상형이 학교 교칙을 지키고 나아가 법이나 관습, 규율을 지킨다는 것을 기대하기는 어렵다. 그런데 학교나 학원은 틀이 엄격한 곳으로 기준과 규칙을 지켜야 하고, 게다가 학습이라는 책임을 다해야 하는 곳이다. 행동이상형은 학교라는 단어만 들어도 답답하고 숨이 막힌다. 이렇게 지루하고 재미없는 곳에서 행동이상형이 하루를 견뎌내기란 쉽지 않다. 아마도 규범성향이 많은 교사가 담임이라면, 행동이상형 학생과 규범형 교사와의 전쟁터 같은 학습의 장이 될 수도 있다.

행동이상형에게 즐거움이 없는 세상은, '공동묘지'와 같다. 행동이상형의 아이들은 즐거움을 위해서 태어난 사람처럼 적극적으로 '즐거움'

이라는 기본욕구를 채우려고 하기 때문에, 책상에 머물러 앉아 공부에 집중하는 것이 매우 힘든 유형이다. 공부만 빼고 다방면에 재능을 가진 행동이상형에게 45분, 50분의 수업시간을 견뎌내는 것은 도를 닦는 행위처럼 길게 느껴질 것이다.

예를 들어, 행동이상형인 민수는 아침에 등교하면서 선생님 말씀을 잘 듣고 말썽을 일으키지 않겠다고 엄마와 약속을 했다. 심지어 말썽 부리지 않고 조용히 공부하면 좋아하는 게임시간을 2시간 더 주겠다고 약속을 했다. 민수는 게임시간을 더 받고 싶은 마음에 수업시간에 잘 참아 보려고 애를 써 보았으나 30분이 넘어가면서 몸이 자꾸만 옆으로 돌아간다. 자기의 의지와 다르게 옆에 학생을 건드리기도 하고, 노트를 찢어 비행기를 날리면서 수업분위기를 방해하고 있다. 그리고는 그것도 모자라는지 "선생님, 화장실 다녀오면 안 되나요?" 하고는 바로 화장실로 도망갔다.

2 충동성과 즉흥성이 심하다

"아, 짜증 나. 그만둬. 때려치울 거야!"

행동이상형은 충동적이고 즉흥적이다. 행동이상형의 이러한 특성 때문에 행동이상형은 '생각이 없는 사람' '원칙이 없이 자기 기분에 따라 행동하는 사람' 심지어는 '어디로 튈지 모르는 럭비공 같은 사람'으로 주변 사람들에게 불신을 받게 된다.

행동이상형은 호기심은 많고 인내는 적은 편이라 반복을 힘들어하고 싫증도 빠르다. 새로운 것에 눈이 번쩍 뜨이며 관심 있는 대상과 사람이 나타나면 지켜보거나 검토하는 일 없이 일단 뛰어들고 본다. 뛰어들기는 빠르나, 진득하지 못해 긴 여정에서 탈락하기 일쑤이다. 일을 하다가도 새로운 관심사가 생기면 이전 일은 내버려 두고 새로운 관심사로 빠져든다. 그렇다 보니 행동이상형은 일의 성공을 끝까지 가져가지 못하고, 실패경험이 많으며, 사람들과 같이 일을 하고도 욕먹는 일이 많다.

또한 이들은 감정반응이 매우 빠르고 폭발적이다. 기분이 나쁘다거나 감정이 상하면 '욱!' 하고 감정을 폭발해서 99번 쌓았던 것을 한번에 다 깨 버리기도 한다.

에너지 이동이 빠른 행동이상형들의 이러한 특징은 열정과 에너지라는 긍정적인 면으로도 볼 수 있는데 융통성, 순발력, 문제해결력이라는 장점으로 연결된다.

3 흥미도 많고 흥도 많은 사람이다

"재미 빼면 시체지!"

행동이상형은 다방면에 관심과 흥미가 많다. 그런데 이들이 가지는 흥미의 다양성은 욕심이 많다는 것과 견주어 볼 수 있는데, 행동이상형의 흥미, 욕심은 멋있어 보이는 것을 내가 해 보는 것이다. 주변 사람들의 주목을 받고 싶어서 머리를 무지개 빛으로 염색을 한다거나, 아이돌이 추는 춤을 멋있게 추어서 축제 때 전교생들에게 주목받는 것, 기발한 아이디어로 분위기를 만드는 분위기 메이커, 이벤트를 해서 분위기를 업시켜 주목받고 즐겁게 하는 것에 대한 관심과 흥미, 이러한 것에 대한 욕심이 많다.

또 행동이상형은 가시적인 것에 관심과 호기심이 많은 사람이다. 가시적인 것, 즉, 눈에 보이는 것은 다 가지고 싶고, 해 보고 싶고, 내 일이 아니어도 참견을 한다거나 끼어드는 경우가 많다. 그래서 사람과 관련된 일에 상식이 풍부하고, 사람과 관련된 일에 기발한 아이디어를 내는 데 실력이 탁월하지만, 한편으로는 사람들과 선의의 경쟁하기를 좋아한다.

이들은 관심 가는 것, 하고 싶은 분야가 많고 욕심이 많지만, 끈기 있게 인내심을 가지고 완수하지 못하고 싫증을 내는 경우가 많다는 단점을 가지고 있다.

4 시선을 즐기는 무대 스타일이다

"일단 폼이 나야지!"

행동이상형은 사람을 좋아하고 그들과 함께 즐거움을 만들어 가는 것을 기본욕구로 가지고 있는 사람이다. 이들은 사람에 관심이 많고 사람의 즐거움과 행복에 대한 인간애를 가치 있게 여기기 때문에 누구든 차별 없이 편하게 다가가 격의 없이 말을 튼다. 오늘 처음 만나 몇 마디 말을 나눴을 뿐인데, 행동이상형은 곧바로 "형이라고 불러도 되지요?"라고 말을 튼다. 그래서 이 유형은 상대방으로 하여금 무장해제를 하고 마음을 열게 하는 힘이 있어서 사람들과 친해지는 속도가 매우 빠르다. 그리고 말을 튼 사람은 깊이 있게 마음을 나누지 않아도 친구라고 생각하기 때문에 전교생이 다 행동이상형의 친구들이다. 이들은 사람의 숫자가 많을수록 신이 나고 좋아하기 때문에 어디를 가든 사람을 몰고 다니는 경우가 많다. 그래서 행동이상형의 대인관계의 형태는 깊이보다는 폭이 넓어, 14가지 유형 중에서 대인관계의 폭이 가장 넓다.

행동이상형은 '사람'에게 관심이 많고 '사람과의 관계와 가치'를 중요하게 여긴다. 이러한 가치관 때문에 이 유형은 사람을 좋아하고 사람들과 함께 즐거워하며 사람을 다루는 것에 관심이 많고, 사람의 기분을 잘 알아차리고 입의 혀처럼 능숙하다. 사람들과 함께 더불어 사는 1차적 즐거움과 사람들 속에서 그들이 원하는 것을 나누어 주면서 즐거움을 충족하는 2차적 즐거움을 지향하는 인간애가 넘치는 사람이다. 그러나 그 즐거움이라는 기본욕구는 자신이 그 중심에 서서 주도하고 주목받을 때 채워지기 때문에 행동형은 목소리와 제스처가 크고, 표정이나 행동이 생생하고, 유머와 재치가 남달라서 항상 사람들의 주목을 받고 사람들을 즐겁게 한다. 그러한 행동이상형을 좋아하고 따르는 사람이 많다.

5 상당히 직감적(눈치, 촉, 감)이고 통이 크다

"돈 왕창 벌어서 친구들과 실컷 놀 거예요!"

행동이상형은 감각적·상황적 사고를 하기 때문에 상황 파악을 잘하고, 대중들이 좋아하는 코드를 잘 파악하고, 눈치가 천 단이다. 이러한 특징을 가지고 있는 행동이상형은 사람들의 기분을 잘 알아차리고 그들의 숨은 의도를 빠르게 파악해서 입의 혀처럼 상대방의 기분을 잘 맞춰 준다. 이들은 적응력, 문제해결능력, 협상, 타협의 대가로서 나에게 이익이 되는지, 손해가 되는지를 귀신같이 알아차리고 손해 보지 않고 사업을 잘할 수 있는 감각이 뛰어나다.

잘 알고 있는 지인이 자신의 행동이상형 아들의 이야기를 해준 적이 있다. 중학교 2학년 때 임원 수련회를 갔을 때의 이야기라고 한다. 그들이 간 수련회 장소는 마을에서 멀리 떨어진 산 중턱에 위치한 수련원이었고, 그 수련원에는 매점도 없고 오로지 음료수 자판기밖에 없었다고 한다. 지난해 임원 수련회 때 경험한 지인의 아들은 받은 용돈을 다 동전으로 바꾸었다. 혹시 수련회에서 도박을 하는 것 아니냐고 엄마가 물었더니, "엄만 나를 몰라? 내가 그런 사람은 아니잖아?" 그랬다는 것이다. 수련회에서 이 아들은 가지고 간 돈으로 자판기의 음료수를 다 빼서 자기 방에 쟁여 두고, '음료수를 마시고 싶은 사람은 ○○호실에 가면 살 수 있다'는 소문을 흘렸다. 매점도 없는 곳이었기 때문에 학생들은 이 아들한테 음료수를 사 마실 수밖에 없는 상황이어서 비싼 돈을 내고 음료수를 사 마셨다고 한다. 아들은 수익금으로 전 임원들에게 피자를 사 주었는데, 그렇게 하고도 돈이 남았다고 한다.

행동이상형은 돈에 대한 감각이 발달되어 있어 어떻게 하면 돈을 벌 수 있는지 그 흐름을 잘 알고 있다. 또 돈을 벌어도 혼자서만 독식하는 사람이 아니라 함께 나눌 줄 아는 사람이다.

또 이들은 통이 매우 커서 "저는 가상화폐로 수백 억을 벌고 싶어요." "수영장과 전용 헬기가 있는 큰 집을 지어서 친한 사람들과 같이 살고 싶어요."라든가 큰 돈, 큰 권력, 큰 집 등 통이 큰 사람이다. 대인관계 폭도 넓어 돈을 써도 화끈하게 쓸 뿐만 아니라, 돈을 벌어도 많이 벌고 싶고, 권력을 잡아도 가장 높은 자리를 잡고 싶어 한다.

행동이상형 아이 부모를 위한 맞춤 학습코칭

1 신나는 공부환경을 만들고 반드시 보상을 하라

즐거움이 기본욕구인 행동이상형은 늘 즐거워야 한다. 공부 빼고 모든 것을 잘 하는 이 유형의 아이들에게 공부를 시킬 수 있는 방법은 무엇일까? 그것은 바로 이들의 기본욕구인 즐거움을 채워 주면서 신이 나게 공부하는 방법이다. 체험학습이나 현장학습은 이 유형의 학생들에게 적합한 신나는 공부방법이다. 사람들과 함께 조를 짜서 현장학습을 한다든지, 자료를 수집한다든지, 발표를 하게 한다면 지루함을 덜 느끼고, 그들 가운데서 주목을 받고 싶은 마음 때문에 흥이 나서 신나게 공부를 하게 될 것이다.

또한 이들에게는 어떤 일을 한 후에는 적절한 보상을 주는 것이 바람직하다. 그 방법으로는 용돈을 올려 준다거나, 가족들과 외식을 하거나, 아이가 갖고 싶어하는 것을 사 준다면 매우 신이 나서 공부에 몰입할 것이다.

2 보다 더 차원이 높은 즐거움을 경험하게 하라

우리는 자신이 경험해서 알고 있는 범위 내에서 꿈을 꾸게 되고 그 만큼의 범위 안에서 즐거움을 추구하게 된다. 행동이상형이 제대로 된 고품격 즐거움을 만끽하고, 품격 있는 사람이 되기 위해서는 그에 상응하는 경험을 해야 한다. 고풍스러운 공연장에서 공연을 보고, 고급스럽고 격조 있는 식당에서 맛좋은 음식을 먹는 경험을 하는 것이다. 행동이상형에게 있어서 이런 품격 있는 경험이 그의 안목을 높이고, '제대로 된 즐거움'의 기본욕구를 채우게 되면서 자존감 높고 품격 있는 사람이 될 것이다.

3 선을 넘지 않도록 가르치라

행동이상형의 사람은 매우 활동적이고 독립적인 성격이어서 남이 시키는 일은 잘 하지 않는 사람이다. 이들은 독립적인 성격 때문에 남의 밑에서 시키는 일을 하기보다는, 많은 사람을 거느리면서 자기 사업을 할 가능성이 많다. 그래서 이들에게 이런 성격특성을 알게 하고 미리미리 리더십을 길러서 대비해야 자신감 있고 능력 있는 경영자가 될 수 있다.

공부하기 싫어하는 행동이상형 아이에게 "너는 너의 성격특성상 남의 밑에서 일하기보다는 자기 사업을 할 가능성이 많다. 사업을 성공적으로 하려면 실력 있고 수준 있는 직원을 채용해서 경영을 해야 할 텐데, 그러한 수준 있는 직원들과 평생을 같이 하려면 너도 수준 있는 리더가 되어야 하지 않겠니? 그러려면 공부해서 좋은 대학에 가야 된단다."라고 설득을 해서 공부하게 하고 리더 경험을 많이 하도록 지도해야 한다.

행동이상형이 리더십을 길러야 하는 또 다른 이유는 행동이상형이 가지고 있는 단점이나 문제점들을 보완하는 데 목적이 있다. 행동이상형은 부모나 교사가 훈계를 하거나 교육이나 설명을 해서 교정이 이루어지는 유형이 아니다. 오히려 부모와 관계만 나빠지고 갈등이 생긴다는 것을 경험을 통해 알고 있을 것이다. 행동이상형의 부모들은 '이렇게 하는 것이 빠른 길이고 옳은 길이다. 이렇게 하라.'고 끌고 가는 것이 아니라, 좀 불안하고 더디지만 행동이상형 본인이 스스로의 길을 가도록 하라. 스스로 판단하고 선택해서 길을 가다가 "어, 이 길이 아니네, 이렇게 하면 안 되겠구나!" 스스로 느낄 때 교정이 가능하다.

부모님들은 걱정되고 급한 마음에 자녀들의 행동을 통제하게 되고 잘못한 것들을 앞장서서 막아 주는 경우가 많다. 그러나 부모님들은 행동이상형에게 할 수 있는 일과 하지 말아야 하는 일들에 대한 분명한 선을 가르쳐야 한다. 그리고 자신이 한 일에 대해서는 스스로 책임지게 하고 대가를 치른다는 것을 알게 해야 한다.

4 부모와 친밀한 관계를 만들라

'의리에 죽고 의리에 사는' 행동이상형에게는 이러한 특성이 장점일 수도 있지만 단점으로 작용할 수도 있다. 행동이상형은 한번 맺은 인연을 평생 동안 유지한다. 이러한 점을 긍정적으로 보면 사람을 자원으로 활용한다는 것이나, 불량한 사람과 인연을 맺는다면 생각만 해도 끔찍한 일이다. 그래서 부모님은 아이들에게 사람을 보는 안목을 길러 주는 것이 중요하다.

행동이상형이 자신의 부모와 좋은 관계를 유지하고 친밀한 관계형성이 잘 되었다면, 나를 믿어 주고 잘해 준 부모님을 절대로 배신하지 않는다. 이러한 행동이상형의 성격적 특성을 잘 활용하는 것이 행동이상형의 부모들이 해야 할 지혜로운 역할이다.

행동이상형에게 맞는 직업은 무엇일까?

공부 빼고 다 잘하는 행동이상형에게 알맞은 직업은 무엇일까? 행동이상형은 대인관계능력이 뛰어나 사람을 좋아하고 사람에 유독 관심이 많은 유형이다. 따라서 관계와 활동을 엮어 구성할 수 있는 일들이 잘 맞는다. 또한 매우 독립적이고 활동적인 사람이기 때문에 리더십이 요구되는 일이나 자기 사업을 하게 될 가능성이 많다. 사무직처럼 소속과 정지된 영역보다는 이들의 독립성과 활동성을 관계에 녹여 낼 수 있는 직업이 적절하다.

특히 사람과 관련된 일, 사람과 함께하는 직업이 매우 유리한데, 이는 행동이상형의 기본욕구인 '즐거움'을 채우면서 자신의 성과를 얻는 결과를 얻게 될 것이다. 엔터테인먼트 영역, 이벤트 회사, SNS 사업, 사회복지사, 의상디자이너, 인테리어, 크리에이터, 광고전문가, 디자인, 영업판매, 성직자, 작가, 운동선수, 연예인 등의 직업이 이들에게 잘 맞는다.

사례로 살펴보는 행동이상형 아이 맞춤 솔루션

1 애가 지각을 밥먹듯이 해요

수영(고1 / 여 / 행동이상형)

168cm의 키와 날씬한 몸매. 눈에 띄게 예쁜 외모를 가짐. 공부보다는 친구들과 노는 것을 좋아함. 지각과 결석을 자주 하고, 부모와의 약속과 규칙을 잘 지키지 않는 것 때문에 부모와 갈등이 많음.

아빠(48세 / 회사원 / 행동규범이상형)

어린 시절 부모로부터 엄격한 교육을 받고 자라난 아빠는 천방지축인 딸을 이해하지 못하고 통제하려고 함.

엄마(48세 / 공무원 / 규범탐구이상형)

딸 문제가 심각해지자 딸을 바로잡아 보려고 많이 애를 써보았지만 규칙과 규율을 넘나드는 딸과 날마다 전쟁을 함.

눈에 띄게 예쁜 외모를 가진 수영이는 8등신 미인이다. 날씬한 몸매는 길게 기른 머리와 잘 어울린다. 검고 뚜렷한 눈썹과 쌍꺼풀이 짙은 커다란 눈, 오뚝한 코와 앵두같이 빨간 입술은 누가 봐도 다시 한번 뒤돌아볼 만한 미인이다. 그러나 자신은 자신의 외모에 전혀 관심이 없는 듯 화장을 한다거나 옷을 차려입지 않고 머리도 빗질을 잘 하지 않는지 헝클어져 있어 전체적으로 털털한 느낌이다. 목소리는 허스키하고 말을 할 때도 생각해서 조리 있게 말하지 않고 그냥 떠오르는 대로 말하고 행동한다.

수영이는 친구들을 만나 즐겁게 놀다 보면 엄마와 약속한 시간을 까맣게 잊어버리고 자정이 되어야 돌아오는 경우가 많다. 집에 늦게 귀가해서도 수영이는 친구들과 통화하고, 게임하고, 아침에 늦게 일어나 학교에 지각하고, 학원을 빠지는 일이 잦았다.

맘에 들지 않는 아이들과 어울리며 생각 없이 놀고 있는 딸의 행동을 행동규범이상형 아빠와 규범탐구이상형인 엄마는 전혀 이해하지 못한다. 어떻게든 딸의 행동을 바꿔 보려고 수영이의 부모님은 애를 쓰지만 딸이 달라지기보다는 관계만 나빠졌다. 아무리 어르고, 때리고, 약속을 해도 그 약속한 사실조차도 잊어버리는 아이였다. 이런 딸의 습관을 바꿔 보려고 부모님은 더 강하게 통제를 했고, 이것을 견디지 못한 딸은 가출을 했다. 그러나 밤늦게까지 놀다가 수영이는 자신이 가출했다는 사실을 잊은 채 집에 왔는데 현관문 번호가 바뀌어 있었다. 부모님은 전화도 받지 않고 그래서 수영이는 어쩔 수 없이 3일 동안 집에 들어가지 못하고, 건물 계단 밑에서 자거나 아파트 계단의 빈 공간에서 잠을 잔 적도 있었다. 그러나 수영이는 자신의 문제점에 대해서 인식하지 않고 달라지지 않는다.

수영이는 친구들을 좋아한다. 그래서 수영이 곁에는 항상 사람들이 많다. 학교에서나 학원에서나 어디서든지 친구들과 몰려다니다 보니 공부를 소홀히 하게 되고 학원을 빠질 때도 많다.

상담사: 검사지 결과에 대한 설명을 했고, 각 유형에 대한 기본욕구는 반드

시 충족되어야 한다고 설명했는데 어떤 생각이 드시나요?

엄마: '맞구나'라는 생각이 들었어요. 그런데 딸의 기본적인 욕구가 '즐거움'이라는 말이 맞기는 한데, 그것을 채우려고 하는 딸을 어떻게 감당할 수 있을지 난감합니다. (남편을 바라보고) 당신은 수영이가 항상 즐거워야 한다는데… '즐거움'이 막히면 안 된다는 얘기를 듣고 무슨 생각이 드는지 궁금해요.

아빠: '아, 어쩌란 말이냐!' 노래 가사가 생각나네요.

상담사: 무슨 의미이신지… 설명 좀 부탁드려요.

아빠: 어쩔 수 없다는 말입니다. 그게 필요하다면 그렇게 해야죠.

상담사: 엄마 아빠의 말을 듣고 수영이 당사자는 어떤 마음이 들었을까?

수영: 이해를 받는 거 같아서 속이 시원해요. 그런데 한편으로는 좀 미안한 마음이 드네요. (엄마 아빠 눈치를 살핀다.)

엄마: 이제는 내 입장에서가 아니라 수영이의 입장에서 생각하고 이해하려고 노력할게.

상담사: (아빠를 향해) 아버님도 한 말씀 하시겠어요?

아빠: 내가 딸을 사랑해서… 딸이 자기관리를 잘 하는 사람이 되라고 한 행동이… 딸을 죽이는 행동이었네요. 수영아, 이제라도 노력할 테니까 그동안 스트레스 주고 상처 준 거 용서해라.

상담사: 수영이 아버님, 너무 쉽게 이해하시고 딸을 위해 이렇게 약속해 주시니까… 참 멋지신 분이란 걸 알겠어요. 어머니께서도, 하실 말씀?

엄마: 수영아 미안하다, 잘해 보자, 엄마도 이해하려고 노력할 테니까….

수영: 네.

수영이 가족은 검사를 실시하고 상담실에 방문해 해석상담을 진행했다. 그들은 상담사로부터 먼저 가족구성원 각각의 성격유형에 대한 해석을 들었다. 그리고 각각의 성격유형마다 기본욕구가 있는데 그 기본욕구는 반드시 충족되어야 심리적으로 균형을 이루면서 자기다운 삶을 살아갈 동기가 생긴다는 기본욕구충족의 원리에 대한 설명을 들었다.

특히 문제로 보았던 수영이의 성격특성과 '즐거움'이라는 행동이상형의 기본욕구는 반드시 채워져야 한다는 설명을 듣고 수영이 부모님은 당황하는 것 같았다. 왜냐하면 즐거움을 충족하려는 수영이의 성향 때문에 발생했던 부모-자녀의 심리전이, 고칠 것이 아니라 오히려 채워져야 한다는 사실을 이해하기가 쉽지 않기 때문이다. 그러나 수영이 부모님은 기본욕구충족이라는 원리를 이해하고 받아들이기로 자녀와 약속했다.

수영이의 생활패턴이 달라지는 것이 부모님이 바라는 목표이지만, 그러한 목표는 먼저 '즐거움'이라는 기본욕구가 충족될 때 가능하다는 것을 이해한 부모는 자녀를 바라보는 관점을 다르게 해 보려고 노력했다. 이렇게 부모님의 생각이 달라지자 수영이도 변화하기 시작했다.

'기분'이 중요하고 '관계'가 중요한 행동이상형 수영이는 자기의 기분을 상하게 하지 않고 친밀한 관계를 만들려고 애쓰는 부모의 마음을 보려고 노력했고, 부모님이 자신에게 무엇을 원하는지 그 의도를 알려고 애를 쓰게 되었다. 그래서 수영이는 친구들이랑 놀면서도 엄마와 약속한 시간을 의식하면서 약속한 시간에 귀가하려고 애를 쓰게 되었다. 이렇게 변화하려고 애를 쓰는 자녀의 변화를 부모가 칭찬하면서 부모-자녀 관계가 점점 더 좋아지게 되었다. 수영이는 자신을 믿어 주는 부모를 실망시키지 않겠다면서 공부를 하기로 하고 학원에 다니고 있다.

2 제 딸이 전교 일짱이라는데, 어떻게 해요? 사고 좀 그만 쳐라, 제발

세현(중2 / 여 / 행동이상형)

태권도 유단자. 일짱으로 전교생이 두려워하는 아이라고 함. 공부에 흥미가 없고 결석이 잦음. 화장을 짙게 하고 교복을 줄이고 등교하다가 학생주임에게 걸려서 상담을 받게 됨.

엄마(46세 / 주부 / 규범이상형)

방임적 양육. 자녀들의 행실의 심각성을 인식하지 못하고 있음. 학생주임이 상담받으라고 해서 상담실에 왔으나, 구체적인 이유에 대해서는 인식하지 못하고 있음.

세현이는 155cm 정도의 작은 키에 살집이 없어 얼른 보기에 왜소한 느낌이다. 게다가 그녀는 이목구비가 눈에 띄게 예쁘다거나 시원시원하거나 뚜렷함이 없이 그냥 평범한 여학생이다. 세현이의 엄마가 상담사에게 세현이가 상담실에 온 경위에 대해서 이야기를 하고 상담사와 면담을 하는 동안 세현이는 책상에 엎드려 있다. 엄마가 상담사에게 아이의 문제점에 대해 말할 때 세현이는 그것에 대해 변명을 하려고 일어났고 자신의 입장을 변명한다. 세현이와 엄마, 상담사 셋이서 상담목표를 조율한 후 세현이의 엄마는 집으로 돌아갔다. 세현이는 상담사가 묻는 말에 아무런 저항감 없이 차분하게 대답을 잘 했다.

결석을 자주 하는 세현이는 친구들과 몰려 다니며 '셔틀'을 시키고, 돈을 뜯고, 학생들을 산으로 끌고 가서 폭행하고, 노숙자에게 부탁해서 술과 담배를 사는 것은 기본이었다. 어느 날 세현이는 최대 한도로 줄이고 줄인 터질 거 같은 교복을 입고 화장을 짙게 하고 학교에 등교하려다 학생주임교사에게 잡혀서 반성문을 쓰고 상담을 받게 되었다.

세현이는 태권도 유단자였다. 주변에는 항상 같이 몰려 다니는 친구들이 많았고, 전교생을 장악한 일짱으로서 힘을 가지고 있다. 그녀는 공부보다 노는 것을 좋아하고 친구들을 좋아한다. 그래서 세현이는 학원엔 전혀 다니지 않고 학교에도 결석·지각이 잦다. 그런 성격을 가진 세현이가 상담날짜와 상담시간을 잘 지키는 것이 의아했다. 그리고 상담할 때에도 세현이는 말을 논리 있게 잘 하지는 않지만 상담사가 묻는 말에 예의 있게 답을 한다.

상담사: 세현아, 오늘 상담을 했는데, 어땠어?

세현: 음… 그냥… 괜찮았어요.

상담사: 그래, 괜찮았다고? … 다음 상담에 올 때는 화장을 최고로 예쁘게 하고 와, 너에게 잘 어울리게 화장을 했는지 평가해 줄게.

세현: (의아해하면서 상담사를 바라보더니, 인사를 하고 나간다.)

(중략)

상담사: 오늘 화장을 하지 않았네. 지난번에 화장을 예쁘게 하고 오라고 했을 텐데.

세현: (씨익 웃는다.)

상담사: 세현아, 지난 시간에 선생님이 너한테 화장을 예쁘게 하고 오라고 했을 때 무슨 생각이 들었어?

세현: 음, 처음엔 놀랐는데….

상담사: 왜 놀랐어?

세현: 제가 여기 상담 받으러 온 것이 화장을 하고 등교하다가 학주한테 걸린 거잖아요. 그래서 상담 받으라고 해서 여기 온 거잖아요. 근데 상담선생님이 화장하고 오라고 하니까….

상담사: 그랬구나. 그래서 무슨 생각이 들었어?

세현: 아, 이 상담선생님은 다르구나….

상담사: 어떻게 다른 거 같은데?

세현: 우리 마음을 이해하는 거….

상담사: 어떤 마음을 이해한다는 걸까?

세현: 예뻐지고 싶고… 예쁘게 보이고 싶고….

상담사: 아, 그렇게 선생님 마음을 알게 되었어? 음… 선생님 마음을 알게 되면서 세현이가 달라진 게 있을까?

세현: 음… 있잖아요. 사람은 무엇을 못 하게 하면 더 하고 싶잖아요. 그런데 상담선생님이 그런 마음을 알아주셨잖아요… 우리가 하는 행동을 누군가 못 하게 막으면 더 하고 싶었던 것들이 막막 생각이 나는 거예요… 이제는 그런 거 안 하려구요. 그래서요… 이제는 일짱 안 하고 공부할 거예요.

(이렇게 세현이는 마음의 문을 열었고 정해진 8번의 상담에 한 번도 빠지지 않고 시간을 지켜서 왔다.)

중학교 2학년 세현이는 전교 일짱이다. 어느날 세현이는 교복을 줄이고 화장을 하고 등교하다가 학생주임교사에게 잡혀서 상담을 받게 되었다. 엄마 손에 끌려서 상담실에 온 세현이는 엄마와 학생주임교사가 자신을 혼낸 것처럼 상담사는 어떻게 자신에게 반응할까 긴장하면서 상담사의 반응을 보고 있었다. 그런데 의외로 상담사는 "세현아, 다음 상담 올 때는 화장을 제일 예쁘게 하고 와! 선생님이 네가 한 화장이 너와 잘 어울리는지 봐 줄게."라고 말을 했다. 이 상담사의 말에 세현이는 상담사가 '예뻐지고 싶은 청소년의 심리를 이해하는 사람'으로 보고 상담사에게 마음을 여는 계기가 되었다.

세현이는 한 번도 지각하거나 결석하지 않고 상담실에 왔다. 상담과정에서 그녀는 학교생활을 어떻게 하고 있는지, 학생들에게 어떻게 폭력을 행사했는지를 솔직하게 이야기했다. 세현이는 일짱으로서의 이야기를 하면서 때로는 흥분하기도 하고, 때로는 생각 없이 아이들을 괴롭힌 것을 미안해하고 후회하기도 했다. 자신을 보호하기 위해 배운 태권도를 자신을 보호하기 위해 쓰다 보니 세현이는 어쩌다 일짱이 되었고, 주변에 따르는 아이들과 몰려 다니면서 생각 없이 놀았던 것을 반성했다. 세현이가 왜 그런 행동을 했는지에 대해서 비판 없이 들어주는 상담사에게 "선생님, 이젠 공부를 해야겠어요."라고 말을 했고 이제까지 태권도 외에는 한 번도 다녀보지 않은 학원을 다니게 되었다.

GUIDE

행동이상형 자녀에게는 이런 공부기술을 사용해 보세요

1. 체험, 현장학습
2. 상호작용할 수 있는 수업방식
3. 1시간 공부한 후, 1시간 놀기
4. 즐겁게 공부할 수 있는 분위기 만들어 주기
5. 야단치지 말고, 조금이라도 한 것에 대해 적극적으로 칭찬하기

행동이상형 자녀를 둔 부모들을 위한 양육 팁

1. 기분을 맞춰 주라(감정을 상하게 하지 말라).
2. 친밀감이 중요 - 자녀와 친밀한 관계를 만들라.
3. 용돈을 충분히 주라.
4. 잔소리는 독임을 기억하라.
5. 말로 가르치려고 하지 말라. 스스로 부딪치면서 깨닫게 하라.
6. 할 거 해 주면서 통제력을 키우라.
7. 리더십을 키우는 데 주력하라(반장, 회장).

행동이상형 자녀 성장을 위해 반드시 해 주어야 할 말

1. 너는 의리가 있는 사람이야.
2. 재치만점, 분위기 메이커야.
3. 너는 통이 큰 사람이야.
4. 너는 돈 잘 버는 사업가 스타일이야.
5. 너의 아이디어는 기발해.

8

규범탐구형

차갑고 냉정하나 정확한 아이

"정의를 구현하는 판사"

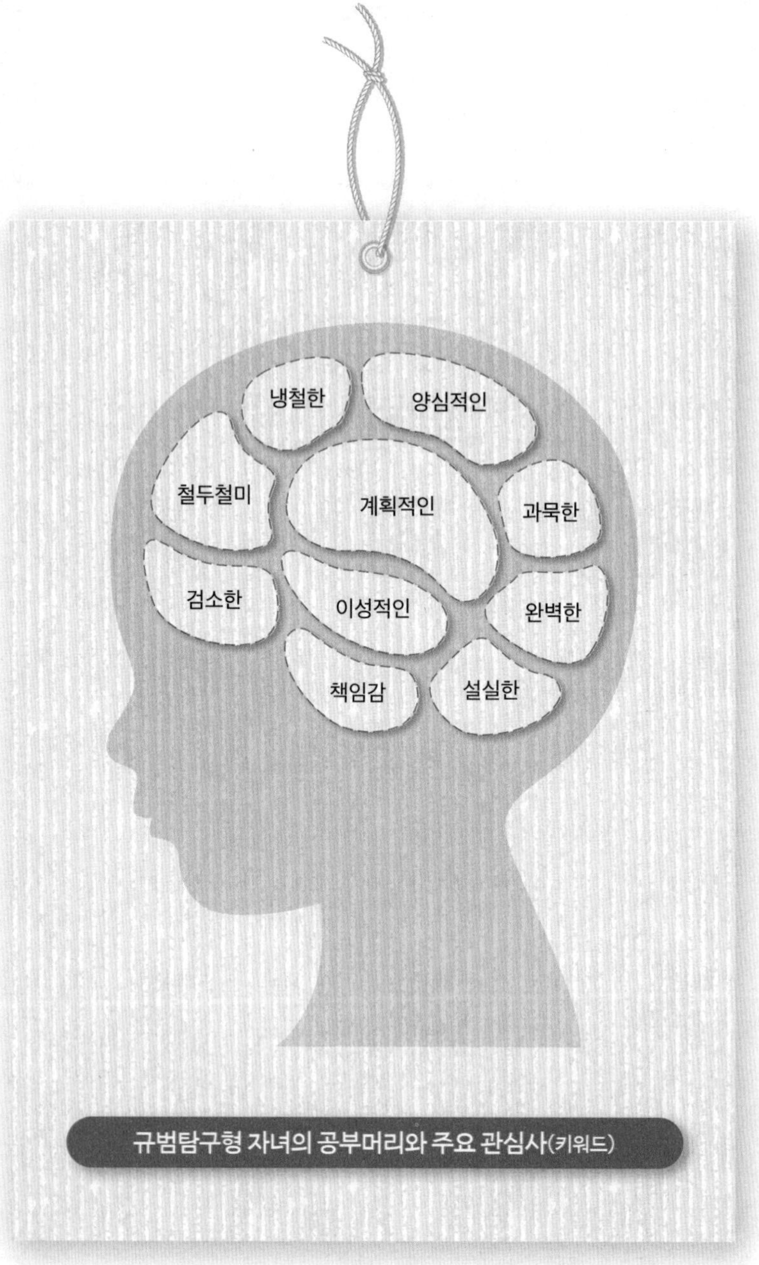

규범탐구형 자녀의 공부머리와 주요 관심사(키워드)

규범탐구형의 기본욕구: 냉철한 양심

인간이 살아가면서 어떤 행위를 하는 데 있어서 원칙이나 규칙, 법칙 등을 한 치의 어긋남이 없이 지켜나가고, 어떠한 상황에서도 상반되지 않는 도리, 양심, 도덕을 늘 지키는 것을 양심적이라고 한다. 그리고 그것을 지켜나가는 사람을 양심가라고 한다. 규범탐구형은 이러한 것들을 스스로 알아서 지키는 사람이다. 누가 보지 않아도, 누가 시키지 않아도 늘 하는 사람이다.

이들의 행동의 준거가 되는 것은 내적으로는 자신의 마음속 도덕적인 잣대인 양심이고, 외적으로는 누가 보아도 타당성이 입증된 통계적 수치나 데이터 백서 등 객관적인 지식이 준거가 된다. 그래서 이들은 무엇이 옳고 그른지를 가장 객관적이고 정확하게 판단하고 행동하는 사람이다. 그래서 규범탐구형은 마치 올빼미처럼 감정에 치우치지 않고, 가장 객관적이고 가장 이성적인 눈으로 세상을 바라보며 공정한 세상을 이루어 갈 수 있는 사람이라고 할 수 있다.

이들은 일상생활에서도 항상 원리원칙과 관습이나 규범을 철저히 지키는 사람이다. 예를 들면, 이들은 산골 한산한 도로에 지나가는 사람이나 차가 없는데도 신호등의 신호조차도 철저히 지킨다. 이렇듯 규범탐구형은 매사에 양심에서 벗어나거나 도의에서 벗어나지 않으려고 늘 애를 쓴다.

규범탐구형 아이의 행동특성 이해하기

1 행동도 표정도 돈도 절제하는 원칙주의자이다

"완벽만이 살 길이야."

규범탐구형은 규범이나 관습을 잘 지키며 완벽하게 자기관리를 잘 하는 규범형의 특징과 생각이 깊이가 있고 주관이 뚜렷하고 논리적인 탐구형이 결합 된 유형이다. 그래서 이 유형의 행동특성은 주관이 뚜렷하고 생각이 깊으며, 규칙과 관습, 원리원칙을 가장 철저하고 완벽하게 지키는 유형이다. 이들은 행동할 때에도 매우 신중하며 자신이 정한 기준을 넘어서지 않을 뿐만 아니라, 그 기준이 객관적으로 입증된 통계나 숫자, 데이터 등 가장 확실한 것이 잣대가 되기 때문에 누구라도 반박을 한다거나 비판할 여지가 없다.

이상이 없는 이 유형은 희노애락 등 감정표현이 거의 없고 표정이 절제되어 있어, 사람들은 그들을 차갑게 느끼게 되고, 다가가기를 어려워한다. 게다가 필요한 말 외에 사적인 이야기를 하는 것을 쓸데없는 것으로 생각하며, 마음속에 있는 속내를 잘 드러내지 않기 때문에 다른 사람들이 그를 이해하기가 쉽지 않다.

2 불안이 높고 비판이나 비난에 쉽게 상처받는다

"선생님께 혼날 때 정말 죽고 싶었어요!"

규범탐구형의 기본욕구는 냉철한 양심이다. 이 유형의 사람들은 양심에 조금도 어긋남이 없이 매우 철저하게 사회가 정한 관습이나 규칙을 지키고, 자기 자신과 세운 규칙과 도의적인 것도 철저하게 지킨다. 이들은 매사에 한 치의 실수도 없이 완벽하게 해내며, 도덕이나 양심에 어긋나는 행동을 하지 않으려고 매우 엄격하게 자신을 통제하고 관리한다.

왜 이 유형은 자신에게 엄격하고 철저할까? 연구결과 규범탐구형은 14유형 중 불안이 가장 높다. 그리고 규범탐구형은 타인으로부터 지적받거나 부정적 평가를 받는 것을 매우 싫어하기 때문에 누군가로부터 부정적인 평가를 받는다면 상처를 매우 심하게 받는다. 그래서 이들은 비판을 받거나 지적받는 상황을 만들지 않기 위해 철저하게 준비해서 완벽한 결과를 만들어 낸다.

3 기준과 원칙을 반드시 지킨다

"애들이 저더러 '걸어다니는 법전'이래요."

규범탐구형의 성격은 이상형이 조합되어 있지 않아서 감정에 휘둘리지 않고 다른 사람의 의견에 크게 영향을 받지 않는다. 그래서 이들은 철저하게 객관적이고 이성적인 사람이 될 수 있고 옳고 그름에 대한 판단이 매우 정확할 수 있다.

또 이들의 판단 기준이 안으로는 양심이고 밖으로는 객관적으로 검증된 수치나 통계나 백서이기 때문에, 정확한 준거와 틀이 규범탐구형을 고집스럽다거나 융통성이 없는 사람으로 보이게 한다.

이러한 특징을 가지고 있는 규범탐구형은 자신의 실수를 용납하지 못할 뿐만 아니라 타인의 실수도 용납하지 않고 자신에게 엄격한 만큼 타인에게도 매우 엄격한 기준을 요구하게 된다.

4 차갑고 냉철한 이성주의자이다

"저더러 얼음 공주래요!"

규범탐구형의 사람은 기쁜 일이나 슬픈 일이 있어도 감정표현을 잘 하지 않고 감정이 섞인 관계를 부담스러워하며, 표정 변화도 거의 없다. 말을 할 때도 차분한 어조로 간단명료하게 자신의 의사만을 표현한다. 규범탐구형의 이러한 태도는 매우 차갑고 냉정하게 보이기 때문에 주변에 있는 사람들이 가까이 다가가는 것을 부담스러워한다. 이들은 많은 사람들과 어울리는 것을 부담스러워하고, 주변 사람들 역시 사적으로 관계 맺는 것을 불편해한다. 그래서 코드가 맞는 소수의 사람들과 깊은 관계를 맺는다.

5 논리적이고 분석적이다

규범탐구형은 논리적이고 분석적이다. 생각이 정돈되어 있고 지적 관심사가 커 전문적 지식이 많으며 지식의 깊이도 깊다. 일과 관계에 있어서도 고려사항을 잘 파악해 무리 없이 일을 진행하며 친구들 사이에서는 똑똑한 해결사로 통한다. 대신 이들은 다른 사람들이 인정할 만한 실력을 갖추었음에도 불구하고 자기 스스로 다른 사람을 설득할 만한 충분한 근거가 확보되어야만 비로소 자신의 의견을 표현한다.

규범탐구형의 사람들은 특히 자신이 좋아하는 일에 한없이 빠지고, 관심분야에 깊이 몰두하면서 탁월한 능력을 발휘할 수 있는데, 이것은 이들이 가지고 있는 지적 호기심과 탐구력 때문이다.

규범탐구형 아이 부모를 위한 맞춤 학습코칭

1 간섭은 최소화하고 원하는 공부환경을 만들어 주라

규범탐구형의 아이는 지적받거나 비판받는 것을 싫어한다. 실제 지적받을 일이 많지는 않지만, 실수를 했을 때 비판이나 지적을 받는 일이 있으면 자존심에 큰 상처를 입는다. 스스로를 지키고 자존감에 손상을 받지 않기 위해서 이 유형의 사람은 이러한 상황을 만들지 않기 위해 미리미리 철저하게 계획을 세워서 완벽하게 진행한다.

이러한 성격적 특성 때문에 이들은 항상 계획을 짜서 그에 따라 공부해 이미 공부습관이 잘 되어 있고 스스로 시간 관리를 잘 하면서 철저하게 공부를 한다. 따라서 이런 유형 중에는 조용한 우등생들이 많다.

이러한 규범탐구형 자녀에게 부모들은 욕심을 부리게 되고 이것저것 더 많은 것을 시킬 가능성이 높다. 그리고 순종적인 규범탐구형은 이를 거절하지 않고 부모가 시키는 것을 해 보려고 애를 쓸 것이다. 그러나 이러한 것들이 과중되면 오히려 자녀에게 긴장감과 시험불안의 요인이 될 수 있음을 기억하고 절대 자녀에게 욕심을 부리지 말고 스스로 알아서 잘하고 있는 아이를 곁에서 응원하며 아이에게 필요한 것과 아이가 요구하는 것만을 지원하는 것이 필요하다.

2 실력을 통해 자신감을 쌓게 하라

규범탐구형은 실력, 능력이 중요한 유형이다. 다른 사람들을 설득할 만한 충분한 근거를 확보해야 비로소 행동하는 유형이기 때문에 무엇이 옳고 그른가에 대한 정확한 판단력의 근거가 되는 수치나 통계, 데이터, 백서 등 객관적인 정보에 대한 능력을 갖추는 것이 중요하다.

이들은 다른 사람들의 말을 들을 필요도 없고 내 의견을 말할 필요도 없다. 객관적으로 입증된 데이터나 지식으로 대응하면 되기 때문에 이러한 지식과 능력을 갖추기 위해 다양하고 폭넓은 경험이 필요하다.

3 부모의 정답을 강요하지 말라

규범탐구형의 아이는 원래 창의적이고 독창적인 면을 가지고 태어난다. 그러나 성장과정에서 규범적인 측면이 너무 강조되면 탐구형이 사장되면서 독창성과 창의력이 줄어들 가능성이 있음을 염두에 두어야 한다. 또 탐구성향이 강한 부모가 어른의 강한 탐구성향으로 자녀를 지적한다거나 강한 논리성으로 자녀를 누른다면 자녀의 탐구성이 눌려서 자녀가 탐구성향이 없는 사람처럼 자랄 수 있다. 뿐만 아니라 규범성향이 강한 부모가 지나친 규칙과 예의범절을 강조한다면 자녀의 규범성향이 자라면서 탐구성향의 장점인 논리성과 창의성, 독창성이 사라질 수 있기 때문에 성장과정에 있는 규범탐구형의 자녀를 지나치게 어른의 생각으로 강요하지 않는 것이 중요하다.

규범탐구형에게 맞는 직업은 무엇일까?

규범탐구형은 체계적이고 매우 계획적이기에 정확하고 객관적이며, 타고난 직관력에 책임감까지 강하다. 동시에 조심스럽고 규범 안에서 활동하기에 분석력과 책임감을 요구하는 교수직이나 연구직, 사무직이 잘 맞으며, 회계사, 세무사, 설계사, 교육공학, 한의학, 심리평가(분석), 과학자, 발명가, 엔지니어링, 건축가 등 꼼꼼한 점검과 책임을 요하는 직업군이 맞다.

이들은 섬세하고 자신만의 안정을 예술적인 면에서 찾는 경향이 강해 예술적 조예도 매우 깊다. 그러나 예술가로서의 창의적 능력보다는 내적 안정을 추구하는 면에서 예술을 활용하기에 예술가의 길보다는 예술 분야에서 다른 사람을 가르치거나 전문적 영역에 예술적 감성을 접목하는 일을 하기를 권장한다.

사례로 살펴보는 규범탐구형 아이 맞춤 솔루션

1 너무 잘하고 싶은 욕심 때문에 시험불안이 와요

세라(중2 / 여 / 규범탐구형)

늦게 결혼해서 7년 만에 낳은 외동딸. 기숙 국제학교에 다님. 평가받는 것이 두려워 늘 긴장하고 열심히 노력한다고 함.

엄마(45세 / 전문직 / 규범탐구이상형)

인테리어 분야에서 실력을 인정받고 있는 전문가임. 늦게 얻은 외동딸이 늘 완벽하게 책임을 다하는 아이여서 안심하고 일에 전념하고 있다고 함.

엄마와 상담실에 찾아온 중학교 2학년 세라는 낯을 가리는지 엄마 옆에 딱 달라붙어 상담실과 상담사를 조심스럽게 살핀다. 중학교 2학년인데 키가 평균보다 작은 편이고, 몸집이 마르고, 왜소하고, 피부색이 어두운 톤인데다가 파마한 긴 머리로 얼굴과 어깨를 가려 전체적으로 분위기가 어둡게 느껴진다. 잔뜩 긴장을 하고 있는데다가 말수가 적은 세라는 표정이 없고 차갑게 느껴져 말을 걸기가 조심스럽다.

늦게 결혼해서 7년 만에 낳은 외동딸. 능력 있는 커리어 우먼인 엄마는 자기실현을 위해 밤낮으로 애쓰고 대기업에 다니는 아빠는 얼굴 보기가 힘들다. 그런 상황에서 세라는 혼자서 늘 성실하게 공부하고 학원에 다니면서 할 일을 다 하는 아이였다. 지금은 국제학교에 다니고 있어서 부모와는 떨어져 있다. 그러나 코로나로 인해 집에서 영상으로 공부하는 자녀를 가까이에서 보니 너무 긴장하고 애쓰는 모습이 안쓰럽게 느껴졌다고 한다. 그래서 긴장을 풀어 주기 위해 헬스클럽에 등록하게 되었고 PT를 받는 과정에 세라가 진로에 대해서 고민을 많이 하고 있는 것을 알게 되었다.

세라는 타인으로부터 지적을 받거나 비판받는 것을 매우 싫어한다. 그래서 지적이나 비판을 받지 않기 위해 완벽하게 준비하고, 철저하게 자신을 관리·통제한다. 초등학교 때부터 부모를 떠나 기숙사에서 생활하는데, 함께 방을 쓰는 언니들한테 '부족하게 보일까 봐' 많이 긴장하고 있었다고 한다. 공부를 잘 하고 항상 노력하는 아이로 알려졌고 어린 아이인데도 한 번도 실수하거나 지적받은 적이 없었다. 세라 엄마의 말에 의하면 세라는 어려서부터 부모가 손댈 필요가 없이 자기 일은 알아서 잘 하는 아이여서 부모가 마음 놓고 자기 전문성에 몰두할 수가 있었다고 한다.

상담사: (엄마를 바라보며) 성격에 대한 설명을 들으니 어떠신가요?

엄마: 이거 보세요. 소름이 끼치는 거… 어떻게 나를 이렇게 잘 알 수 있지요? 신기하네요.

상담사: 세라의 성격에 대해서는 어떠신가요?

엄마: 맞아요. 얘가 그런 애예요.

상담사: 세라도 그렇게 생각해?

세라: 네. 맞아요.

상담사: 그런데 세라는 잘 하고 싶은 욕심이 참 많은 거 같은데… 이런 마음이 어디서부터 생겼을까? 엄마 아빠가 딸 하나여서 기대하는 바가 크신가요?

엄마: 우리는 늦게 결혼했고, 아기가 7년 만에 생겼지만 아이한테 잘하라고 욕심을 부리지는 않았어요. 건강하게 잘 자라면 되지… 그것을 우리 부부는 바랐던 거 같아요. 잘하라고 압력을 가하지 않았고, 이 학원 저 학원 스트레스를 주지 않았어요. 지금도 세라가 잘하고 있으니까… 주말에 만나면 외식하고 재미있게 아이랑 놀아 주는 편이에요.

상담사: 세라도 그렇게 알고 그렇게 느끼는 거야?

세라: 네.

상담사: 그럼 여기 완벽에서 보여 주고 있는 이 점수는 무엇을 말해 줄까? 잘하고 싶은 마음, 완벽하게 이루고 싶은 욕심이 상당히 높은데… 맞아?

세라: 네.

상담사: 그런데, 내가 기대하고 노력하는 것만큼 결과를 내지 못하는가 보네. 여기 고군분투 점수가 높은 것을 보니… 그래서 만족스럽지 않은가 봐.

세라: 맞아요.

상담사: 왜 이런 현상이 생겼을까? 혹시 시험 볼 때 시험을 잘 보지 못하면 어떻게 하나 시험불안이 있니? (네.) 그럼 시험불안이 어디서 왔을까? 시험지를 받았을 때 누가 떠오르고 무슨 생각이 들어?

세라는 어려서부터 자신의 일을 스스로 알아서 하고 공부도 스스로 알아서 잘하는 아이였다고 한다. 세라는 초등학교 저학년 때 집을 떠나 국제학교에 들어갔다. 그런데 어린 나이에 기숙사의 언니들로부터 부정적인 평가를 받은 경험이 있었는데 그러한 경험이 세라에게 큰 마음의 상처로 자리 잡고 있었다. 그 일이 있은 후 세라는 다시는 누군가로부터 부정적인 평가를 받지 않기 위해 더욱더 노력하는 아이가 되었고 완벽하게 잘 해야겠다는 생각으로 긴장에 긴장을 하다 보니 자신의 심리에 영향을 주어 시험불안이 나타나게 된 것이다. 세라는 어린 나이에 부모를 떠나 기숙사에 있으면서 완벽하게 자기를 관리하면서 공부했다. 그리고 대인관계에서 어려움을 겪었지만 부모님이 걱정할까 봐 부모에게 말하지 않았고 어느 누구한테도 속마음을 말하지 않고 혼자 참았다고 했다. 그렇게 참아 왔던 세라는 상담을 진행하는 동안에 이런 기억이 떠올라 마음속으로부터 올라오는 눈물을 참으려고 화장실에 다녀오곤 했다.

세라가 도움받기를 원하는 진로탐색검사 프로파일을 보면서 세라는 사람들을 돌보는 것에 관심이 많다는 것을 알게 되었다. 그래서 그런 계통의 진로에 대한 경험을 쌓고 흥미를 높이기 위해 주말에 부모님과 함께 ○○고아원 자원봉사에 참여하기로 했다. 세라는 1달에 1번씩 찾아가서 아이들을 돌보았다. 그러면서 세라는 긴장감이 낮아지고 아이들의 빛나는 눈동자와 미소를 보면서 세라의 표정이 밝아지기 시작했다.

2 원인 모를 분노를 통제 못해 너무 창피해요

진희(20세 / 재수생 / 여 / 규범탐구형)

불안이 높음. 부정적 평가와 실수에 대한 두려움이 커서 늘 긴장하게 되고, 무엇을 결정할 때는 주저하게 됨. 결정장애라고 함. 그래서 스트레스가 많이 쌓이고 원인 모를 분노에 시달리고 있다고 함.

진희는 중간 정도의 키에 마른 체격이다. 깡마른 얼굴에 크고 짙은 쌍꺼풀이 선명해서 동그랗고 커다란 눈을 더 크게 보이게 한다. 그녀의 얼굴 피부는 거칠고 생기가 없는데다 표정 변화가 없어 매우 차갑게 느껴진다. 파마기가 없는 검은색 단발머리가 글씨를 쓸 때마다 살랑살랑 움직여서 그녀의 반듯하고 흐트러짐 없는 태도를 돋보이게 하고 있다. 진희의 말투는 차분하면서도 매우 논리적이고 군더더기 없이 필요한 말만 간단명료하게 한다.

진희는 불안이 높아 어떤 일을 결정할 때에는 실수할까 봐 쉽게 결정을 내리지 못하고 있다고 한다. 평상시에도 그녀는 늘 긴장감을 가지고 살고 있는데, 때때로 원인 모를 분노가 치밀어 올라 자기 방 안에 들어가 방문을 잠그고 엄청난 폭발로 분노를 털어 낸다거나 산에 가서 분노를 폭발한다고 한다.

진희는 매우 신중하고 체계적인 사람이다. 그래서 공부를 하든 어떤 일을 하든 꼼꼼하게 계획을 세워 실수 없이 완벽하게 해내고 있다. 반면 진희는 불안이 매우 높아 어떤 것을 선택하고 결정하는 데 시간이 많이 걸리고, 때로는 주저하다가 기회를 놓치는 경우가 많다. 그녀는 친구들과 이야기하는 것보다는 자기만의 공간에서 공부하는 것을 좋아한다고 한다.

진희: 저는 감정을 못 느끼는 사람인 줄 알았어요. 그런데 선생님이랑 미술치료를 하면서 제가 감정이 있다는 것을 알게 되었어요.

상담사: 그러면 지금 이 그림을 보면서 어떤 감정이 올라오나요?

진희: 슬퍼요. 가슴이 먹먹하고 쓸쓸하고….

상담사: 그 감정은 무슨 감정일까요? 어떤 감정인지 표현해 볼래요?

진희: 엄마 미안해요… 한 번도 엄마의 입장을 생각해 보지 않고 엄마한테 섭섭한 거, 엄마가 제 울타리가 되어 주지 못한 것만 원망했어요.

상담사: 엄마한테 미안한 마음이… 왜 엄마에게 이런 마음의 변화가 생겼을

까요?

진희: 저는 감정을 느끼고 표현하는 것을 한 번도 해본 적이 없었어요. 애기 때부터… 그런 것을 알지도 못했고… 오빠 눈 밖에 나지 않으려고… 얼마나 눈치보고 긴장하고… 잘해 보려는 생각밖에 없었으니까요. 그래서 항상 노력해서 좋은 결과만을 얻으려고 했던 거 같아요.

상담사: 만약에 그 당시에 긴장을 풀고 힘들고 속상한 것을 표현했다면 무슨 일이 벌어졌을까요?

진희: 아마도 모든 성이 와르르 무너졌겠죠. 그것이 두려웠던 거 같아요. 그래서 학교에 가서도 늘 긴장하고….

상담사: 그렇게 늘 긴장을 하고 살고 있는데… 그 결과는 무엇일까요?

진희: 저는 행복을 몰라요. 한 번도 행복을 느끼지 못했어요.

상담사: 행복을 못 느낀다는 것과 긴장이 무슨 관계가 있나요?

진희: 저는요. 감정을 항상 누르고 누르고 그러다 보니 감정을 못 느끼는 사람인 거 같아요. 행복도 감정이잖아요.

상담사: 그런데… 그렇게 살아왔는데… 왜 갑자기 감정에 대해서 생각하게 되었을까?

진희: 감정을 못 느끼는 사람으로 그렇게 살고 있는데… 그게 다는 아니더라구요. 갑자기 원인 모를 분노가 솟구치는데 저도 감당할 수가 없어요. 그래서 산에 가서, 때로는 방문을 잠그고 감정을 폭발해요.

상담사: 그랬구나. 그렇게 분노감정을 폭발한다는 거구나. 근데 왜 폭발 장소가 산일까요?

진희: 아마도 남들에게 보이는 것이 두려운가 보지요.

상담사: 그렇게 폭발하고 나면 마음이 어때요?

진희: 창피하고… 한편으로는 내가 왜 그럴까? 이유가 뭘까? 궁금해지더라구요. 여기서 미술치료를 하면서 그 원인을 알게 된 거 같아요.

상담사: 오늘 그린 사람이 누구예요?

진희: 멀찍이서 엄마를 바라보는 저요, 지금은 치매로 요양병원에 계시는데… 며칠 전 요양병원에 갔는데… 코로나라서 면회가 안 되더라구요. 그래서 멀찍이서 바라보는 모습이에요.

상담사: 이 그림을 보니까 무슨 마음이 들어요?

진희: 너무 슬퍼요. 엄마 구실을 못해서 막내딸에게 울타리가 돼 주지 못해 미안해하는 엄마. 그것을 원망한 저… 이제는 아무것도 기억하지 못하고 저렇게 누워 계시네요. 상담을 하고 엄마한테 죄송하다고… 이젠 미안해하지 않아도 된다고… 그 말을 하고 싶어서 병원에 갔는데…. (눈물을 흘림)

진희는 분노에서 벗어나고 싶고, 자신의 성격을 알고 싶다고 해서 성격유형검사를 실시했다. 검사결과 진희의 현재 모습은 규범탐구형이었다. 어려서부터 실수하지 않고 완벽하게 보이려고 행동했던 그 모습을 아직도 벗어나지 못하고 있다. 원래 진희의 성격은 규범이상형이었다. 그러나 오빠 집에서 살면서 실수하지 않고 완벽하게 살려고 애썼고 긴장하고… 감정을 누르면서 규범탐구형처럼 산 것이다 . 그러다 보니 감정을 누르고, 힘들고 억울한 모든 감정을 누르다 보니 그 많은 감정들이 쌓이고 쌓여 때때로 자기도 모르는 상황에서 원인 모를 분노감정이 폭발하는 것이다.

진희는 자신의 분노의 원인을 알고 분노에서 벗어나고 싶어서 상담을 신청했고 10시간의 미술치료를 진행했다. 상담을 하면서 자신의 불행한 어린 시절에 부모 같은 오빠 밑에서 눈 밖에 나지 않기 위해 애어른같이 생활했던 이야기가 떠올랐다. 숨소리조차도 조심스러웠고 항상 완벽한 결과를 내기 위해 애쓰고 애썼던 그녀의 삶은 긴장의 연속이었다. 지금은 오빠로부터 독립해서 학교 근처에서 자취를 하면서 대학교 입시를 준비하고 있지만 여전히 오빠의 눈치를 보면서 긴장하고 있는 어린 시절의 습관을 벗어나지 못하고 있다고 한다. 긴 시간 동안 상담을 하면서 때로는 눈물을 흘리고 때로는 분노를 하면서 점차로 긴장감에서 놓여나는지 농담을 하고 소리를 내어 웃기도 한다.

이제는 엄마에 대한 원망보다 그렇게 살 수밖에 없었던 엄마를 이해하고, 그래도 거부하지 않고 자신을 돌봐 주었던 오빠와 언니에게 감사한 마음을 갖게 되면서 마음의 평안이 오게 되었다. 이제는 긴장감이 아니라 편안한 상태에서 공부에 집중하면서 입시를 준비하고 있다.

GUIDE

규범탐구형 자녀에게는 이런 공부기술을 사용해 보세요

1. 강의식, 토론식 수업
2. 예습과 복습이 중요
3. 스스로 공부할 수 있는 환경을 만들어 주기
4. 꼼꼼하게 계획을 짜고 규칙적으로 공부하는 자세 만들어 주기
5. 계획표와 오답노트 사용하기
6. 작은 성취를 칭찬하기

규범탐구형 자녀를 둔 부모들을 위한 양육 팁

1. 비판이나 평가로 상처받지 않도록 철저하게 준비하도록 하라.
2. 자기 일은 스스로 알아서 하는 사람임을 알아 주고, 간섭하지 말라.
3. 장래희망을 구체적으로 설계하도록 하라.
4. 칭찬을 많이 해 주라.

규범탐구형 자녀 성장을 위해 반드시 해 주어야 할 말

1. 너는 완벽 그 자체야.
2. 너는 양심적인 사람이야.
3. 엄마는 네가 하는 일이라면 최선을 다해 도울 거야.

9

규범이상형

친절하고 배려심이 많은 아이

"인정 많고 헌신적인 복지사"

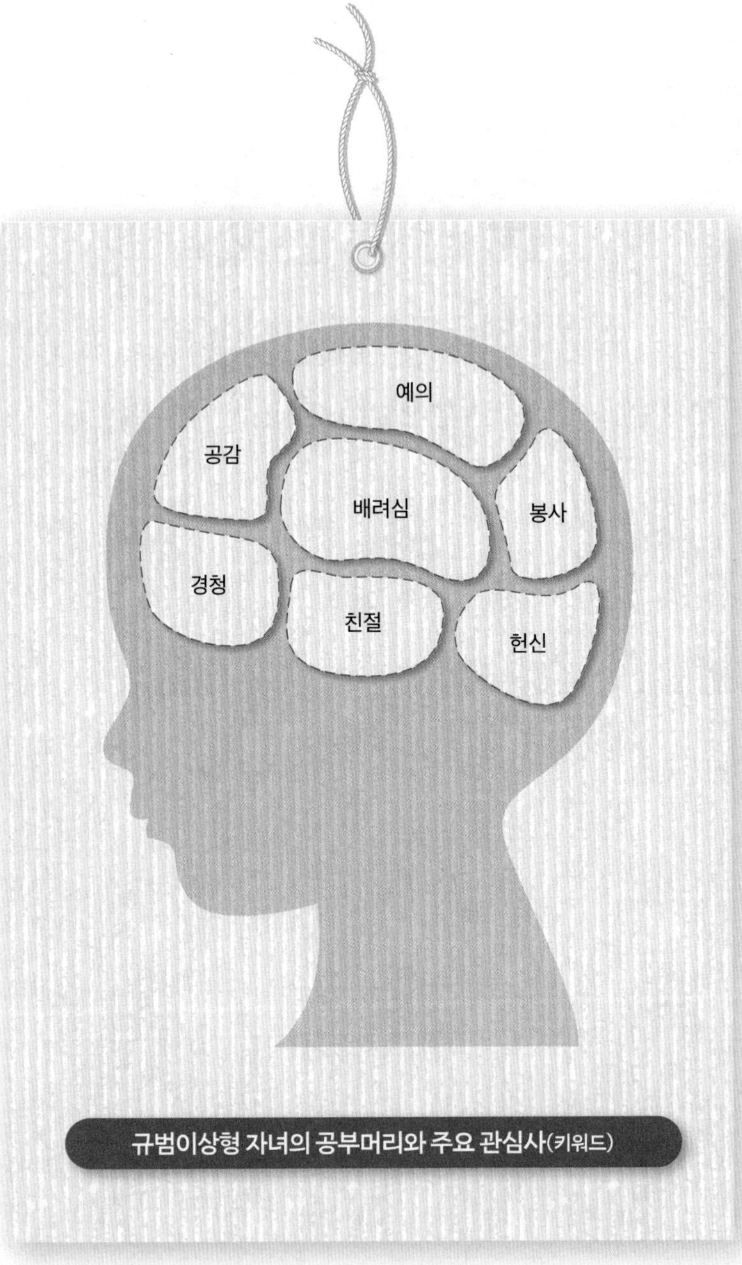

규범이상형 자녀의 공부머리와 주요 관심사(키워드)

규범이상형의 기본욕구: 봉사와 헌신

봉사와 헌신은 규범이상형을 대표하는 단어이다. 규범이상형은 누군가에게 도움을 줄 때, 아무런 대가를 바라지 않고 온 힘을 다해 끝까지 변화를 이끈다는 데 삶의 의미를 둔다. 규범이상형은 사람을 보살피고 키워 내고 성장시키는 데 매우 헌신적인 사람이다. 주변에 있는 누군가가 돌봄이 필요한 사람이라고 판단되면 규범이상형은 그 사람의 변화를 이루기 위해 온전히 봉사와 헌신을 한다. 이것을 다할 때 규범이상형의 기본욕구가 채워지고 심리적인 안정과 균형을 이루는 것이기 때문이다.

규범이상형의 사람이 봉사와 헌신을 온전히 이루기 위해서 태도를 갖추어서 정성을 다 하는 것이 매우 중요하다. 돌봄을 받는 대상이 불편감을 느끼지 않아야 하기 때문이다. 그래서 규범이상형은 매우 예의 바르고 친절하고 배려심이 많고 부드럽고 따뜻해, 그 시선은 마치 사슴처럼 맑고 넓다.

이들은 어떻게든 상대방에게 부담을 주지 않고 민폐를 끼치지 않으려고 조심스럽게 행동한다. 자신을 전혀 드러내지 않고, 한결같은 마음과 자세로 세세하게 끝까지 온전히 정성을 다한다. 규범이상형의 이러한 세세한 보살핌은 다른 어떤 사람이 흉내 낼 수 없는 규범이상형만의 능력이다.

기본욕구의 단어 자체가 봉사와 헌신이다 보니, 봉사와 헌신의 대상 자체가 불특정 다수에게 내 몸을 내던지듯이 도와주는 것이 아닐까 생각할 수도 있다. 그러나 규범이상형의 기본욕구가 의미하는 봉사와 헌신의 대상은 내가 책임질 수 있는 범위의 가족이나 직장 등 주어진 역할에 대해서만 책임을 다하는 것이다. 내가 알지도 못하는 사람에게 무작위로 도와주려고 하는 이상형이 추구하는 유토피아 같은 개념과는 다르다.

또한 규범이상형은 내면에 강한 신념을 가지고 있어 자신이 하고자 하는 것은 끝까지 포기하지 않고 책임을 다하는 그런 성격을 가지고 있기 때문에 어떤 희생이 와도 포기하지 않고 끝까지 최선을 다해 변화를 이끌어 갈 수 있다.

규범이상형 아이의 행동특성 이해하기

1 신념이 확고하나 표현이 부드럽다

"최선을 다해 끝까지 해 보고 싶어요!"

규범이상형은 예의 바르며 배려심이 많은 사람이다. 빈부귀천을 가리지 않고 누구에게나 부드럽고 친절하며, 항상 웃는 얼굴로 상대방이 가장 편안함을 느낄 수 있는 태도로 정성스럽게 대해 주는 규범이상형이 가장 많이 듣는 말이 '천사와 같은 사람'이다. 그렇게 부드럽고 따뜻한 규범이상형이지만, 그의 내면은 강인하다고 할 만큼 심지가 곧고 깊이가 있다. '외유내강'의 단어가 가장 잘 어울리는 규범이상형은 누가 뭐라고 해도 결코 포기하지 않는 뚜렷한 원칙과 확고한 신념을 가지고 있다. 예를 들어, 가까운 사람 중에 변화가 필요한 사람, 자신의 보살핌이 그 대상에게 도움이 될 것 같다는 신념이 생기면, 그 사람의 변화가 이루어질 때까지 포기하지 않고 이룰 수 있는 것은 이 유형이 가지는 강인함의 이점이라고 할 수 있다.

2 일처리가 깔끔하고 체계적이다

"선생님께서 저라면 믿을 수 있대요."

규범이상형은 늘 계획을 세우고 체계적이고 조직적으로 일 처리를 하되 세부적인 것까지 치밀하고 꼼꼼하게 일처리를 하기 때문에 좀처럼 실수를 하지 않는다.

또한 이들은 인내심이 대단해서 자신이 해야 할 일은 끝까지 책임을 다하며, 누구와도 견줄 수 없는 성실성으로 완벽하게 해내기 때문에 '믿을 만한 사람'으로 인정을 받는다. 그러나 이들의 꼼꼼한 성격과 순차적으로 한 번에 하나밖에 일을 처리하지 못하는 태도가 타인의 눈에는 답답하고 더디게 느껴지지만 그 결과를 보면 꽤 완성도가 높다는 것을 인정하지 않을 수가 없다.

이러한 규범이상형의 행동특성이 학업을 하는 학생에게도 적용된다. 규범이상형은 겉으로 보기에는 부드럽고 친절하며 경쟁심이 많지 않은 사람처럼 보이지만, 내면에는 자아실현의 욕구가 강하고 공부를 잘하고 싶은 욕심이 많은 사람이다. 그래서 이들은 실수하지 않고 좋은 결과를 내기 위해 늘 계획을 세우고 꼼꼼하게 공부를 하기 때문에 좋은 성적을 낸다. 그러나 안타깝게도 이들은 숲을 보기보다는 나무를 보는 경향이 있고, 핵심파악과 요점파악이 어렵고, 중요한 것과 덜 중요한 것을 구별하는 능력이 부족하다는 단점이 있다. 이러한 이유는 이들의 눈에는 모든 것이 다 중요하게 느껴져 어떤 것을 선택하고 어떤 것을 버리는 것이 어렵기 때문이다.

3 항상 최선을 다하고 헌신적이다

"친구들에게 피해 주지 않도록 해야지요."

규범이상형은 도움이 필요한 사람들을 도와 주고 북돋아 주는 봉사정신이 투철한 사람이다. 대가 없이 끝까지 봉사하고 헌신하는 것이 이 유형의 기본욕구이다. 규범이상형은 이러한 기본욕구를 이루기 위해서 가장 부드럽고 따뜻하며 친절한 태도로 예의를 다해 상대방이 부담을 느끼지 않도록 끝까지 최선을 다하는 사람이다. 이들은 타인에게 민폐 끼치는 것을 싫어하는 유형이기 때문에 주변 사람들과 조화를 이루면서 평화적인 관계를 유지한다.

4 지속적으로 자기계발을 한다

"제가 좀 더 괜찮은 사람이면 좋겠어요."

규범이상형은 사람에 대해서 관심이 많은 사람이다. 이들은 나보다 주변 사람들을 먼저 생각하고 그들과 잘 지낼 뿐만이 아니라, 사회에서 어떤 사람으로 살아갈 것인지에 대해 깊이 생각하는 사람이다. 또 상대방의 입장이나 사정을 생각해 그들에게 불편감을 주지 않기 위해 배려하는 마음이 많다. 이들은 경청의 자세를 갖춰 경청을 잘하기 때문에 상대방의 감정을 잘 알아차리고 항상 좋은 관계를 만들어 가려고 애를 쓴다. 규범이상형의 사람은 자신에게 집중하기보다는 주변을 살피는 눈을 가지고 있다. 그래서 어려움을 겪는 사람이 있으면 헌신하는 자세로 끝까지 살피는 봉사와 희생정신이 투철한 사람이다. 개인의 이익보다는 공동의 이익을 생각하는 사람이다. 겉으로 보기에 이들은 부드럽고 따뜻한 사람이지만 그의 내면에는 굳건한 신념이 있어 자아를 실현하는 열정적인 사람이다.

5 다수에게 따뜻하지만 소수와만 깊은 관계를 맺는다

"먼저 다가가기가 너무 힘들어요."

규범이상형의 대인관계의 폭은 좁고 매우 소극적으로 보인다. 아무리 마음에 드는 사람이 주변에 있어도 규범이상형은 먼저 다가가거나 자신의 속을 먼저 드러내는 것을 힘들어한다. 특히 이들은 낯선 상황에서 낯선 사람에게 먼저 다가가 말을 거는 것을 상상으로도 가능하지 못한 것으로 생각한다. 그러나 자신에게 다가오는 사람을 거부하지는 않는다. 그런 성격으로 인해 규범이상형은 폭넓게 사람을 사귀지는 못하지만, 소수의 사람들과 깊은 관계를 가지며, 사람들과의 관계 속에서 '성격이 모나지 않고 두루두루 잘 지내는 따뜻하고 친절한 사람' '사람 좋은 사람'으로 인식되고 있다.

규범이상형 아이 부모를 위한 맞춤 학습코칭

1 실수를 하더라도 다그치지 말라

규범이상형의 아이는 매사에 체계적이고 계획적인 사람으로, 무슨 일을 하든지 사전에 충분하게 준비하고 꼼꼼하게 일을 하려고 애를 쓰는 사람이다. 이들은 주어진 과업에 책임을 다하는 사람으로 완벽하게 준비하기 때문에 좀처럼 실수를 하지 않는다. 부모님들은 규범이상형의 이러한 성격적인 특성을 이해하고, 이들이 노력하고 애쓰는 부분을 인정하는 것이 우선시되어야 한다. 혹시 이들이 실수를 하더라도 야단치지 말고 수용해 주면서, 잘한 부분과 애쓴 부분을 칭찬하고 인정을 해 주어야 한다.

규범이상형은 마음이 여리고 소심하기 때문에 조금만 야단을 쳐도 기가 죽고 자신감에 큰 상처를 받는다. 또 이들은 자아가 내부에 있어서 실수하고 잘못을 저지르면 대범하게 받아들이지 못하고, 자신의 무능함을 탓하면서 자존감에 영향을 받는다.

2 선행·반복학습을 통해 기초학습을 튼튼하게 만들어 주라

규범이상형의 아이는 잘하고 싶은 욕심이 많고, 항상 목표를 세우고 계획을 세워 체계적으로 공부를 하되, 매우 성실하게 열심히 공부한다. 그래서 이들은 학업성적을 잘 받을 수밖에 없다.

규범이상형이 이러한 성격적인 특성을 가지고 있음에도 불구하고 노력한 만큼의 결과를 얻지 못한다면, 규범이상형의 부모님은 자녀의 문제점이 무엇인지를 분석하고 자녀에게 알맞는 공부방법을 찾아주는 것이 필요하다. 또 선행학습이나 반복학습을 통해 기초학습을 튼튼하게 만들어 주어서 자녀가 학교수업에서 자신감을 갖게 만들어 주어야 한다. 만약에 규범이상형 부모가 빠르게 개입해서 자녀의 이런 문제점을 해결해 주지 않는다면, 자아가 내부에 있고 소심한 규범이상형은 자신을 탓하며 자신감이 낮아지고 자존감에도 치명적인 영향을 받게 될 것이다.

3 세세하게 관심 갖고 하나하나 물을 수 있도록 하라

규범이상형의 아이는 14유형 중에서 가장 마음이 따뜻하고 친절하며, 배려심이 많은 유형이다. 이들은 나를 챙기기보다는 타인을 먼저 생각하고 타인의 행복을 생각하는 사람들이다. 이렇게 마음이 여리고 나보다 타인의 마음을 돌아보는 성격이다 보니 다른 유형보다 더 많이 상처를 받는 경우가 많다. 그러나 이 유형의 사람은 자신의 힘듦이나 불편한 감정을 표현하지 않고 참는다. 내가 힘들고 불편하다는 것을 표현함으로써 상대방이 불편하거나 어색해하는 것을 견디는 것이 힘들기 때문에 이들은 상처를 받아도 상처를 받았다는 것을 표현하지도 않고 참는다. 그러다 보니 규범이상형은 부정적인 감정과 상처가 많이 쌓여 있을 가능성이 많다. 부모님이나 권위자들이 이들의 수고와 애씀을 세세하게 살펴보고 이들의 애쓰는 마음을 알아 주고 인정해 준다면, 그동안 쌓였던 모든 감정이 봄눈 녹듯이 사라진다. 이렇게 쌓인 감정의 풍선을 비워 내고 편안한 상태에서 공부에 집중하게 만들어 주자. 뿐만 아니라, 권위자들이 시시때때로 아이들의 눈을 바라보고 이름을 불러 주고 칭찬해 주는 분위기를 만들어 주기만 해도 아이들은 신이 나서 노력을 할 것이다.

4 소리 지르지 말고 먼저 아이가 하는 말을 끝까지 들어 주라

규범이상형은 조용하고 친절하고 배려심이 많고 윗사람들의 말에 순종적인 성격을 가지고 있다. 부모님이나 권위자가 무슨 일을 시키면 그 일이 아무리 힘들고 부당한 일이라도 따지거나 거절하지 않고 어떻게든 그 일을 해 보려고 애를 쓰는 사람이다.

이들은 자신의 감정을 돌아보거나 자신의 이익을 챙기는 사람이 아니고 상대방에 맞추는 성격적인 특성을 가지고 있다 보니, 옳다 그르다에 대한 의사 표현력이 부족하고, 자신의 감정표현을 잘 하지 않는다. 그래서 이 유형은 항상 감정이 쌓이고 상처를 많이 받는다. 이러한 성격특성을 이해하고 부모들은 규범이상형 자녀에게 세세하게 관심을 가지고 자녀들이 자신의 생각과 의사를 적절하게 표현하도록 지도해야 한다. 무엇보다도 늘 상대방에게 맞춰주고 참는 자녀의 감정이 어떠한지를 부모가 먼저 알아차리고 자녀의 감정에 반응하고 공감해 줄 뿐만 아니라 자녀들이 자기의 감정을 적절하게 표현하도록 해야 한다.

어느 여고에서 집단상담을 하면서 경험한 사례이다. 규범이상형의 이 여학생은 책임감이 강하고 공부를 잘하기 때문에, 늘 반장으로 추천을 받고 반장을 한 경험이 많았고 반장을 하면서 실수 없이 완벽하게 잘

하려고 긴장을 많이 했다고 한다. 그러나 이 여학생은 잘하려고 무지 애를 썼음에도 불구하고 지적받고 비난을 받았다. 그러한 경험이 얼마나 그에게 많은 상처가 되었는지, 그 경험을 떠올리면서 많이 울었던 기억이 있다. 규범이상형은 리더보다는 선생님을 도와드리는 보조나 참모 역할을 할 때 더 능력 발휘가 된다는 설명에 "아! 그렇구나!" 하고 고개를 끄덕이면서 그때의 상황이 이해가 된다고 했다.

대신 규범이상형은 다른 사람들에게 항상 부드럽고 예의 바르며 친절하고 배려심이 많게 대하는 반면 자신도 다른 사람들로부터 그렇게 대접을 받기를 원한다. 누군가가 큰 소리로 말하면 자신을 비난하는 것으로 오해를 하며 긴장하게 되고 스트레스 요인으로 작용하면서 가슴이 두근거리고 머리가 하얗게 되기도 한다. 규범이상형의 자녀를 키우는 부모들은 자녀들을 난을 키우듯이 늘 한결같이 세세하게 관심을 가지고 돌보아야 하고 부드럽고 따뜻한 표정으로 자녀의 마음을 알아 주고 자녀가 애쓰고 수고하는 일들을 늘 칭찬하고 인정하는 것이 매우 중요하다.

규범이상형에게 맞는 직업은 무엇일까?

규범이상형은 완벽주의 성향을 가지고 있고, 마음이 여리고 정이 많아 다른 사람으로부터 지적을 받는다거나 평가를 받는 것을 힘들어한다. 이러한 성격적인 특성 때문에 다른 사람들을 이끌어 가는 리더로서의 역할을 하는 것을 부담스러워한다.

이와 같이 규범이상형은 리더보다는 참모 역할이나 보조역할의 직업에서 능력발휘가 된다. 이들은 경청을 잘하고, 감수성이 많고 배려심이 많아 공감 능력이 뛰어나며 사람들을 가르치고 성장시키는 능력이 많다. 그래서 상담사나 교사, 복지사, 의사, 간호사, 종교지도자로서의 역할을 잘 해내며, 꼼꼼하고 성실하며 책임감이 강해 사무직이나 비서직의 직업이 잘 맞는다고 할 수 있다.

사례로 살펴보는 규범이상형 아이 맞춤 솔루션

1 나는 불편해도 참고 다 주었는데, 너무 억울해요

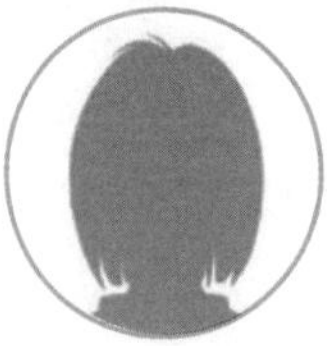

서희(고2 / 여 / 규범이상형)

대인관계 때문에 심한 스트레스를 받고 있음. 머리카락이 빠지고 공부에 집중하지 못한다고 함. 힘들고 불편해도 다 내주고 맞춰 주는데 '앞에서는 천사 같은데, 뒤에서 호박씨 깐다.'며 떠난다고 함. 억울한 감정이 많음.

서희는 168cm 키에 체중은 키에 맞게 적절하게 균형을 이루는 것 같다. 그러나 어깨가 넓고 얼굴이 크고 이목구비가 큼직해서 여성스럽기보다는 약간 씩씩해 보였다. 상담 첫날에 엄마와 함께 상담실에 온 서희는 예의 바르고 정중한 모습으로 인사하지만 사람을 대하는 데 약간의 낯가림이 있는 거 같이 느껴졌다. 목소리가 차분하고 상담사에게 맞추어서 예의 있게 말하려고 애썼다.

서희는 겉으로 볼 때 친구들과 잘 지내는 것 같이 보이지만 서희의 마음속에는 속상하고 억울한 감정이 많다. 그녀의 말에 의하면 자신은 불편하고 힘들어도 내색하지 않고 친구들에게 맞춰 주었는데 모두 다 떠나갔고 결국 혼자 남았다고 했다. 최근에는 동아리에서 자신은 잘못한 것도 없는데 오히려 억울한 상태로 홀로 남겨졌다.

"나는 참고 희생하면서 불편함에도 불구하고 내 영역을 다 주었는데, 그런 마음을 알아 주지 않고 오히려 '음흉한 사람이다' '앞에서는 천사 같고, 뒤에서 호박씨 깐다'는 등 억울한 말을 많이 들었어요."라면서 억울한 마음을 호소한다. 서희는 대인관계를 어떻게 해야 하는지, 억울한 감정을 어떻게 표현하고 해결해야 하는지 알지 못한 채, 심한 스트레스로 머리카락이 빠지고 공부에 집중하지 못하고 있다.

서희는 친절하고 예의가 바른 사람이다. 배려심이 많아 자신보다 상대방을 많이 생각하고, 상대방에게 불편감을 주지 않기 위해 매사에 조심스럽게 행동한다. 그녀는 아무리 마음이 상하는 일이 있어도 그 속내를 드러내지 않고 참는다. 친구들에게 잘 보이고 싶은 서희는 자신이 대인관계를 잘 못하는 사람으로 보이는 것에 자존심이 많이 상한다고 한다. 그녀는 책임감이 강하고 공부를 잘하고 싶은 마음이 강해서 늘 계획을 세우고 계획에 따라 철저하게 공부를 하려고 하지만 친구들과의 관계에서 받는 스트레스 때문에 공부에 집중을 못하고 성적이 많이 떨어지고 있는 상태이다.

상담사: 어떤 마음이 들었어?

서희: 마음이 편해졌고, 이해받는 것 같았어요.

상담사: 그 마음이 어떤 마음인지 자세하게 설명해 줄래요?

서희: 저는요. 친구들과 관계를 잘 하고 싶은 마음이 많거든요. 그런데 잘 안 돼요. 그래서 저는 제가 문제가 있는 사람이구나 생각이 들어서 자꾸만 대인관계에 자신이 없고 스트레스를 많이 받아요. 근데 이 검사지를 보니 제가 문제가 있는 사람이 아니라 성격적인 특성이라고 하니 마음이 위로가 되었어요.

상담사: 그랬구나. 서희가 친구들과 잘 지내고 싶은 마음이 많은 거 같이 보이는데….

서희: 네~ 맞아요.

상담사: 그러면 서희는 어떻게 대인관계를 하고 있는지 설명해 줄래요?

서희: 저는요, 대인관계를 어떻게 해야 하는지 신경이 많이 쓰이고 긴장이 많이 돼요. 어떻게 다가가지? 애들이 말을 걸면 어떻게 답을 하지? 그래서 긴장을 하게 되고… 저는요, 친구에게 먼저 다가가는 게 어렵고 잘 못 해요. 머릿속으로는 다가가고 싶은데… 어떻게 해야 하지? 계속 생각해요. 생각이 너무 많고… 생각하다가 생각하다가 그냥 끝나요.

상담사: 서희는 친구에게 먼저 다가가는 것이 힘들구나. 왜 친구에게 먼저 다가가는 것이 힘들까요?

서희: 내가 먼저 다가갔는데 그 애가 안 받아 주면 어떻게 하지? 그런 생각도 들고요. 먼저 다가간다고 생각하면 심장이 막 뛰고요. 숨이 멎을 것 같아요. 그래서 아예 그런 생각을 못하겠어요.

상담사: 그럼 서희가 먼저 다가가려고 마음먹은 적이 있다는 거네요.

서희: 네, 제가 친구 때문에 스트레스 받고 힘들어하니까 엄마가 먼저 다가가 보라고 해서… 그렇게 친구 사귀는 거라구요. 근데 그게 안 되고… 숨이 막히는 것 같더라구요.

상담사: 그런 경험을 했구나. 그럼 서희는 먼저 다가가지는 않지만, 그래도 친구를 사귀었을 거 아닌가? 어떻게 친구를 사귀었는지 말해 줄래요?

서희: 먼저 다가가는 것은 힘들어도 나에게 다가오는 애들은 막지 않아요. 그런데 생각없이 막막 제 영역에 들어오는 애들은 너무 부담이 되고, 어떻게 해야 될지… 어디까지 받아들여야 하는지… 또 긴장이 되고… 힘들고 그래요. 그래도 친구관계를 못하는 사람으로 보이기 싫어서… 불편하고 마음에 내키지 않아도… 힘들어도… 저는요, 참고, 견디고, 내 경계를 내주거든요. 나는 참고 희생하면서 불편함에

도 불구하고 내 영역을 다 주었는데, 그런 마음을 알아 주지 않고 오히려 '음흉한 사람이다' '앞에서는 천사 같고, 뒤에서 호박씨 깐다'는 등 억울한 말을 많이 들었어요.

상담사: 그랬구나. 그렇게 힘들게 애를 썼는데도 그것을 몰라주고… 그래서 서희의 마음은 어땠어요?

서희: 너무 억울해요… 그리고 왜 나는 이 정도밖에 안 될까, 자책을 하게 되고… 자신감이 떨어지고… 긴장하고 스트레스를 받으니 공부에 집중이 안 돼요.

서희는 10회기의 상담을 받았다. 먼저, 성격검사를 통해 자신의 성격적 특성과 강점, 보완점에 대해 알게 되면서, 자신이 겪고 있는 대인관계의 문제가 자신만의 문제가 아니라는 것을 알고 위로가 되었다고 했다.

서희의 대인관계를 살펴보면, 서희는 외동으로 외롭게 자랐다. 서희의 엄마는 천성적으로 말수가 적고 둔감해서 딸의 힘든 상황을 머리로만 이해하고 공감하지 못했다. 뿐만 아니라 대인관계에 필요한 기술을 부모로부터 배우지 못했다. 이러한 환경에서 자란 서희는 어린 시절부터 대인관계에서 상처를 많이 받았으나 어디에서도 이런 상처들을 해결하지 못하고 가슴에 차곡차곡 쌓을 수밖에 없었다. 이렇게 쌓인 감정은 서희가 대인관계를 하는 데 부정적으로 영향을 미쳤다. 그래서 서희의 가슴에 어린 시절부터 쌓아 놓았던 감정과 상처들을 상담장면에서 털어내도록 했고, 대인관계에 필요한 기술을 배웠다. 또 상담실에서 배운 이론과 기술을 실제 상황에서 해 보는 것을 훈련하면서 서희는 놀라운 변화를 경험하게 되었다.

서희가 다니는 학원에 서희의 마음에 드는 한 여학생이 있었다. 서희는 상담실에서 배우고 훈련한 대로 심호흡을 하고 먼저 다가가서 말을 걸었는데, 놀랍게도 그 학생도 서희에게 관심이 있었다면서 같이 학원에 다니면서 어려운 문제를 서로 공유하자며 번호를 따고 친구가 되었다.

그리고 마음속에 있는 느낌과 생각들을 회피하지 않고 말하고 표현하면서 대인관계에 자신감을 갖게 되었다.

이러한 과정을 통해 서희는 대인관계로 인한 긴장과 스트레스가 많이 완화되면서 심리적으로 안정이 되고 자신감이 생기면서 편안한 마음으로 공부를 할 수 있게 되었다.

2 이젠 사람이 무서워요

연수(21세 / 재수생 / 여 / 규범이상형)

초등학교 6학년 때 지방에서 서울로 전학을 옴. 한 아이의 집착의 대상이 되어 대인관계의 어려움을 겪음. 중학교, 고등학교까지 그 아이의 영향권에서 벗어나지 못하고 대인기피, 대인공포증을 갖게 됨.

유명 연예인을 닮은 예쁜 연수와의 첫 만남. 엄마와 함께 상담실을 찾은 연수는 챙이 긴 모자를 깊게 눌러쓰고 있어 얼굴이 잘 보이지 않았다. 그리고 그것도 안심이 안 되는지, 그녀는 후드티 모자까지 뒤집어쓰고 있었다. 상담사와 엄마가 이야기하는 동안 연수는 두려움이 가득한 표정으로 고개를 숙이고 두 사람의 말에 귀를 기울이고 있다. 키는 165cm이고 적당한 체중이다. 연수의 얼굴은 하얗고 투명한 피부이고 눈 쌍꺼풀이 크고 예쁜 눈을 가지고 있다. 눈썹은 붓으로 그린 듯이 선명했고 코와 입, 그리고 입술이 조화롭게 배치되어 유명 연예인을 생각나게 하는 예쁜 얼굴이다. 목소리는 가늘고 맑고 중간 이상의 톤이어서 깨끗하고 선명하게 들린다.

연수가 엄마의 손에 이끌려 상담실에 온 이유는 사람이 무서워서라고 한다. 어느 날 지하철을 탔는데 갑자기 사람들이 무서웠고 숨이 막혀

질식할 거 같았다. 그래서 연수는 지하철 문이 열리자마자 전철에서 뛰쳐나왔고, 그 후로부터는 사람이 많은 곳엔 갈 수가 없었다. 심지어 집 앞에 있는 슈퍼에도 갈 수가 없었고 이제는 거실에도 나오지 않는다고 했다. 이런 딸이 걱정되어 엄마가 상담실로 데리고 온 것이다.

연수는 사람을 대할 때 항상 웃는 얼굴로 친절하고 예의가 바른 태도로 대한다. 아무리 마음이 불편해도 전혀 내색하지 않고 혼자서 삭이는 성격이다. 그녀의 마음은 누구보다도 여리고 따뜻하며 배려심이 많아 상대방에게 맞춰주고, 아무리 불편하고 상처가 되어도 웃으면서 견디는 착한 사람이어서 남들보다 상처를 더 많이 받는 성격이다.

이런 연수가 오랫동안 정들었던 고향과 친구를 떠나 학군이 좋은 지역을 찾아 이사한 것이 6학년 때였다. 남들에게 먼저 다가가지 못하고 주변을 살피는 연수는 낯선 곳에서 적응하기가 어려웠다. 그때 한 아이가 연수에게 접근했고 다가오는 아이를 거부하지 못하는 연수는 그 아이의 집착의 대상이 되었다.

상담사: 이 그림을 그리면서 누가 떠올랐나요?

연수: (한참을 망설이다가) 그 여자아이….

상담사: 그 여자아이라… 그 애가 친구였나요?

연수: 아니요.

상담사: 그 여자아이를 그리면서 마음이 어땠어요? 기분이 좋았어요? 아니면….

연수: (표정이 굳어지고 입술을 파르르 떠는거 같다.) 참 신기해요. 나는 이렇게 힘든데, 어떻게 자신은 아무렇지도 않게 웃고 말할 수가 있어요? (이 말이 연수가 할 수 있는 최대의 거부적 마음 표현이었다.)

상담사: 그 애가 연수를 그렇게 힘들게 했나 보네요.

연수: (입술을 굳게 닫고 아무 말도 못한다. 또다시 입술이 파르르 떨린다.)

상담사: (말없이 한참을 기다린다.) 연수, 눈을 감고 심호흡을 하고 마음을 진정하고 그때 그 장면으로 가 볼까요… 어떤 장면이 떠오르나요?

연수: 그 아이는요, 제가 다른 아이들과 사귀는 것을 싫어하고, 자기는 다른 친구들과 놀면서 저의 뒷담화를 하고 다니는 거예요.

상담사: 그랬구나, 그 애가 연수에 대해서 뒷담화를 하고 다녔구나… 그 사실을 알았을 때 마음이 어땠어요?

연수: 참 신기했어요.

상담사: 신기했다는 말이 무슨 의미인지 말해 줄래요?

연수: 어떻게 내 앞에서 아무 일도 없는 거 같이 웃고 말할 수가 있어요?

(연수는 이렇게 1년을 상처를 받으면서도 아무 말도 못하고 견뎌야만 했다. 중학교 들어가면 벗어나리라는 기대감을 가졌는데 또다시 같은 중학교에 배정되었고 여전히 그 아이의 영향권에서 벗어나지 못했던 것 같았다고 한다. 그러면서 연수는 점점 기가 죽고 위축되고 어린 시절의 명랑한 아이는 사라졌다고 했다.)

연수: 문제는 고 3학년 때였어요. 글쎄 그 아이랑 한 반이 되었고 저랑 같은 짝이 된 거예요. 1년 동안을….

상담사: 아~ 어떻게 그런 일이! 그 때 연수의 심정이 어땠을까?

연수: 힘들었고 억울했던 예전 기억이 떠올라서… 숨을 쉴 수가… 너무 힘들었고… 어떻게 사람이 그럴 수가 있을까라는 생각에 공부에 집중할 수가 없었고… 머리가 하얗고 가슴이 뛰고 소화가 안 되고… 심지어는 눈이 잘 보이지 않는 증상이 생겨서… 병원에 갔는데… 아무런 이상이 없다고… 1년 내내 공부가 머리에 들어오지 않았고… 공부시간 내내 '어떻게 그럴 수가 있지' '어떻게 사람이 그럴 수가 있을까…' 그 생각만 했어요. 근데 그 애는 아무 일도 없었던 거처럼, 웃고, 말을 해요. 너무 신기했어요.

표현하지 않고 참아서 아픈 연수에게 상담과정을 통해 마음과 생각을 적절하게 표현하는 연습을 했다. 그리고 6년 동안 아무에게도 말하지 못하고 쌓아 놓았던 상처받은 마음의 이야기를 연수는 상담장면에서 털어놓았다.

또 사람에 대한 두려움에서 벗어나는 훈련을 하기 위해 연수는 상담사가 운영하는 학교 집단프로그램에 참여했다. 집단상담에 참여하면서 학생들의 아픈 경험들을 들으며 자기만 겪은 아픔이 아니었음을 알아차렸고, 때로는 자기의 아픔이 떠올라 화장실에 가서 울기도 했다고 한다. 이렇게 연수의 마음의 상처들이 치료되고 사람에 대한 두려움이 조금씩 사라지기 시작했다.

6개월 동안 상담을 받은 후 어느 날 연수는 입시학원에 다녀서 대학교에 가겠다고 상담을 종료하겠다고 했다. 이러한 결심과 함께 연수는 사람들 속으로 들어갔고 어떻게든 살아 보겠다는 일념으로 피나는 노력을 했다. 세상 속으로 들어간 연수가 얼마나 긴장하고 힘이 들었는지 위경련이 일어나고, 급체하고, 때로는 토하고, 쓰러지고, 두통에 시달렸다고 했다. 이렇게 세상 속에서 피나는 노력을 한 결과 연수는 대인공포증에서 벗어났다. 그리고 연수는 입시학원에 가서 대입을 준비해 대학교에 입학을 했다.

GUIDE

규범이상형 자녀에게는 이런 공부기술을 사용해 보세요

1. 강의식, 예고된 참여수업
2. 1:1이나 소규모 수업을 선호
3. 공부한 것을 꼭 확인하고 칭찬해 주기
4. 선행학습을 통해 학습내용을 미리 알고 수업을 받게 하기
5. 학습의 성과를 잘 내도록 기초학습을 튼튼하게 갖추기
6. 실패를 꼼꼼히 분석해 반복되는 실수를 줄이기

규범이상형 자녀를 둔 부모들을 위한 양육 팁

1. 난을 키우듯이 정성스럽고 세세하게 보살펴 주라.
2. 규범이상형 자녀가 늘 수고하고 애씀을 알아 주라.
3. 실수를 하더라도 야단치지 말고 격려해 주라.
4. 인격적으로 존중하는 양육을 하라.
5. 다그치지 말고 강요하지 말라.

규범이상형 자녀 성장을 위해 반드시 해 주어야 할 말

1. 너는 믿을 만한 아이야.
2. 네가 얼마나 수고하고 애쓰는 아이인지 난 다 알고 있단다.
3. 네가 가지고 있는 생각과 감정을 잘 표현해 보렴.

10

탐구이상형

느리지만 독창적인 아이

"개성으로 똘똘 뭉친 AI 전문가"

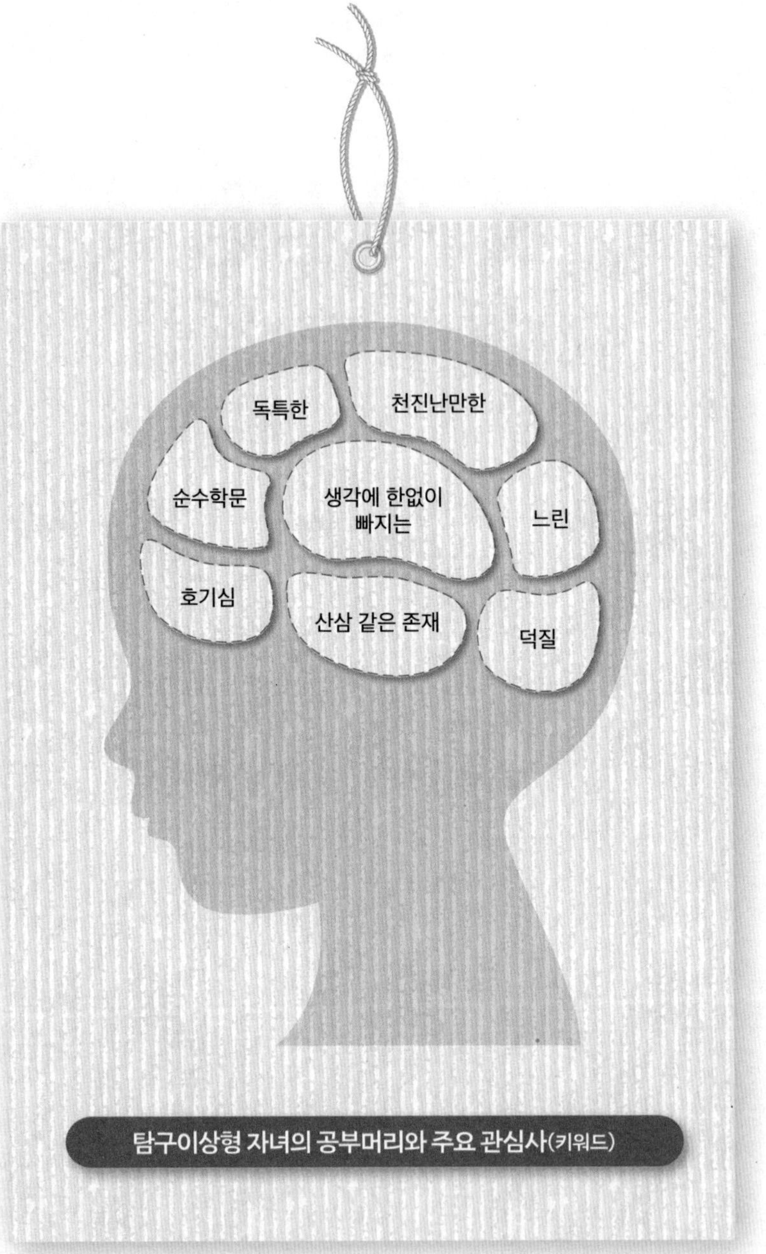

탐구이상형 자녀의 공부머리와 주요 관심사(키워드)

탐구이상형의 기본욕구: 개성존중

개성존중이란 사람이나 동물, 식물 등 생명체가 가지고 있는 독특한 성질 자체를 그들이 가지고 있는 그대로 인정하는 것이다. 탐구이상형의 사람들은 세상에 존재하는 모든 것들은 그 자체가 100% 완벽하다고 인식한다. 그렇기 때문에 '완벽한 존재에 무엇을 가미한다거나 빼거나 바꿀 것을 강요하지 말고 그 자체로 바라보고 머물게 하라.' 이것이 탐구이상형이 원하는 존중이다. 탐구이상형은 사람들로부터 이러한 존중을 받기 원하고, 그들 또한 각각의 타인을 존중하기 때문에 모든 존재들과 평화적인 관계를 이룰 수 있다. 다만 이들은 착하고 여리며 느리다. 생각이 미래에 가있고 행동도 느리기에 부모는 속터진다, 나무늘보 같다는 말을 자주하며 부모 눈에는 늘 엉뚱하고 비현실적인데다 걱정스럽기도하다.

탐구이상형은 같은 탐구이상형이라도 같은 유형으로 이해받는 것을 매우 싫어하며, 각각 자체로 100% 완성적인 존재이기 때문에 각각이 가지고 있는 그 느낌을 알아 주고 존중해 주어야 한다. 자신들은 바뀔 것도 없고 바꾸고 싶지도 않기 때문에, 각자가 관심 가지고 있는 것을 그냥 하도록 두어야 한다. 간섭하거나 무엇인가를 하도록 끌고 가는 것은 탐구이상형을 힘들게 하고 스트레스를 받게 만드는 요인이다.

탐구이상형 아이의 행동특성 이해하기

1 매우 느리고 동시에 매우 특이하다

"저보고 다들 이상하대요."

탐구이상형은 지적 호기심이 많다. 또, 확산적이고 독창적인 사고를 하는 사람으로, 주변 사람들과는 좀 다른 느낌이 들뿐만 아니라 어딘지 모르게 독특한 느낌마저 준다. 이들은 자기만의 색깔이 분명하고, 자기만의 코드를 가지고 자기만의 멋을 창출할 줄 아는 사람이다. 유행이나 사회적인 관념에 맞추는 멋이 아니라, 자기만의 기준에 맞추고, 자기의 마음에 들면 그만이다. 그래서 사람들이 이상하게 보거나 누가 뭐라 해도 크게 영향을 받지 않고, 자기 기준에 따라 마음대로 연출한다.

탐구이상형이 고집하는 멋과 독특성이 일반적이지 않기 때문에, 일반 사람들 속에서 두드러지게 부각되어 보이기도 한다. 특히 옷차림새, 걸음걸이, 어투, 때로는 엉뚱한 말은 그들의 독특성을 드러나게 한다. 게다가 그들은 상황에 맞든지, 맞지 않든지 다른 사람이 납득할 수 없는 행동을 서슴없이 한다. 그것이 때로는 엉뚱하고 특이해서 놀림의 대상이 된다거나 왕따로 연결되기도 한다. 그러나 탐구이상형이 가진 독특함과 개성은 그들만이 가지고 있는 장점이라고 할 수 있다.

2 평소에는 굼뜨지만 목표가 생기면 빠르고 정확하다

"맘 먹으면 완벽하게 해내요!"

탐구이상형 부모들은 대개 속 터진다는 말을 많이 한다. 이유는 간단하다. 탐구이상형은 나무늘보같이 행동이 매우 느리다. 이들은 급한 일도 없고 심각한 일도 없는 사람처럼 보인다. 누군가를 이겨 보겠다고 애를 쓰는 법이 없고, 경쟁하는 것도 싫어하고 싸우는 것을 싫어한다. 이들은 다툼을 꺼려하며 평화를 좋아하고 그 심성이 매우 따뜻하다. 탐구이상형은 친구가 없는 것은 아니나 많지 않고, 다수와 놀며 운동을 하기보다는 늘 책상에 앉아서 책을 읽거나 혼자 생각에 잠기는 것을 더 좋아한다. 누가 나오라고 하거나 약속이 없는 한 방에서 하루 이틀 사흘 꼼짝도 안 하고 혼자서도 잘 지낸다. 부모의 눈에는 볼 때마다 자고 있는 것처럼 보이기도 한다.

탐구이상형의 이러한 모습이 겉으로 보기에는 아무것도 하지 않고 그냥 앉아서 시간만 보내는 게으른 사람처럼 보이지만, 탐구이상형의 머릿속은 끝과 깊이를 알 수 없는 생각으로 빠르게 움직이고 있다. 이렇게 몇 날 며칠을 방에 처박혀서 생각하고 사고하는 탐구이상형의 사고는 누구와도 비교할 수 없는 깊이를 갖게 된다. 어느 순간 박학다식함에 주변의 감탄을 자아내기도 한다.

이러한 탐구이상형의 모습이 일상적인 생활은 느리고 정리가 안 되어 있으며 세상사에 관심도 없고 친구마저 없는 것 같아 부모의 애를 태운다. 그러나 어떤 문제와 목표가 주어지면 탐구이상형은 누구와도 비교할 수 없는 빠르고 독창적이고 기발한 아이디어로 문제를 해결한다. 나쁜 일은 하지 않지만 늘 걱정거리였던 아이가 빛나는 순간들을 간간이 겪으며 부모는 걱정과 자부심이 교차하게 된다.

3 생각이 많고 덕후기질이 다분하다

"제가 덕질 좀 해요."

탐구이상형은 일상생활과 현실세계에는 전혀 관심이 없고 개념이 없는 사람처럼 보인다. 때론 너무 순진하고 천진난만해서 이런 모습을 바라보는 탐구이상형의 부모들은 자녀들이 험한 세상을 어떻게 살아갈 수 있을까 염려하게 된다. 그러나 관심 분야의 연구를 한다거나 학문을 할 때는 매우 치밀하고도 깊이 있게 몰입한다. 관심 분야에 대한 몰입도가 얼마나 대단한지 몇 날 며칠 밤을 새울 뿐만 아니라 옆에서 불이 나도 모르고 천둥이 쳐도 모를 정도로 몰입하면서 관심 분야에 한없이 빠지기 때문에 이들이 만들어 내는 결과는 어떤 것과도 비교할 수 없는 100%의 완성도를 보여 준다.

이 유형은 몸을 움직이는 것보다 사색하는 것을 더 좋아하고 책상에 앉아서 책을 읽는 것을 좋아한다. 이러한 특징을 고려해서 억지로 운동을 시킨다거나 몸을 움직이는 활동적인 것을 강요하면 매우 스트레스를 받게 된다. 뿐만 아니라 실패할 확률이 높다. 탐구이상형에게 실패의 경험은 자존감에 치명적인 영향을 줄 수 있다는 것을 명심하고, 하기 싫은 것을 억지로 시키기 보다는 관심 분야에 깊이 빠지도록 하는 것이 현명한 지도 방법이다.

4 코드가 맞는 친구들과만 만난다

"저랑 맞는 애가 없어요."

탐구이상형의 엉뚱하고 독특하고 상황에 맞지 않는 행동은 주변 사람들을 당황하게 하고, 친구들 사이에서 이상한 아이로 보이게 한다. 특이한 취미나 취향을 보이기도 하기 때문에 주변 친구들이 특이한 아이로 기억하는 경우가 많다. 손톱을 10cm 이상 기른다거나 남들이 도무지 관심 없는 부분에 몰입하기도 하기에 또래 아이들과는 확연히 다르다. 탐구이상형의 이러한 모습이 신기해서 주변 아이들이 찝쩍대거나 건드리기 때문에 탐구이상형은 학교에서 스트레스와 상처를 받게 되고 때로는 왕따를 당하기도 한다.

현실성 없고 자기 기호가 분명한 탐구이상형은 자신과 코드가 맞지 않는 사람들에게는 관심이 없고, 같이 대화하거나 함께하는 것을 좋아하지 않는다. 탐구이상형은 어린 시절은 말이 매우 많고 호기심이 많은 반면, 성장하면서 자기 관심사에만 몰두하며 말수가 줄어들거나 거의 말을 하지 않는 경우가 많다. 그러나 관심사가 같거나 코드가 맞는 사람과는 깊은 대화를 나누며 친한 관계를 맺는다. 이러한 성향 때문에 대인관계 폭이 좁다.

5 예술감각이 탁월하다

"내가 만족하면 되죠. 결과도 괜찮은 편이에요."

탐구이상형은 상상력이 풍부하고 감수성이 예민한 이상형과 독창성·예술성·독특성과 호기심이 많은 탐구형의 결합형으로 그들의 예술성은 타의 추종을 불허할 만큼 뛰어나다. 그래서 탐구이상형은 대부분 글쓰기나 그림·음악에 탁월한 재능을 가지고 있다. 특히 이 유형은 생각이 많고 그 깊이가 깊으며 몰입도가 뛰어나 그들이 만들어 내는 예술 작품은 완성도와 퀄리티가 높아 그들의 표현을 능가할 만한 것이 없다.

탐구이상형 아이 부모를 위한 맞춤 학습코칭

1 속이 터지더라도 강태공이 낚시하듯 기다려 주라

탐구이상형은 지적호기심과 궁금증이 끝없이 뻗어 가는 탐구적인 성향과 상상력·감수성이 풍부한 이상적인 성향이 공존하는 사람으로, 100% 그 자체로서의 개성을 존중받기를 원한다.

이러한 유형의 사람들은 대부분 예술가적인 재능과 과학자로서의 재능을 잠재적으로 가지고 태어났기 때문에, 어떤 유형보다도 뛰어난 능력을 발휘할 가능성이 많다고 할 수 있다.

이들은 어린 시절 성장과정에서 독특하고 기발한 부분이 있기는 하지만, 자신이 좋아하는 부분에서는 천재성을 가지고 '스펀지가 물을 흡수하듯이' 지식의 습득력이 좋아서 부모님이나 교사들의 기대를 한 몸에 받은 '영재같은 아이'들이다.

그러나 이들은 학년이 올라갈수록 몸으로 움직이는 것을 꺼려하고, 책상 앞에 앉아서 자기가 좋아하는 것에 몰두한다거나, 생각에 깊이 잠기면서 자기만의 세계에 빠져 현실세계와 동떨어진 사람처럼 행동함으로써 부모님들의 걱정거리가 되는 경우가 많다.

깊은 산속에서 자라는 산삼과 같은 존재인 탐구이상형을 부모님들은 세상 속에서 사람들과 같이 살아갈 수 있는 사람이 되도록 끊임없이 요구하고, 끌어 주고, 간섭하려고 한다. 탐구이상형은 만질수록 '탐구이상형'만이 가지고 있는 독특성과 개성이 망가져서 인삼이 될 것이 도라지가 되고 더덕이 될 수도 있다.

'강태공이 낚시를 하면서 기다리듯이 기다리라.'

'자기만의 그것'을 찾아 100%를 완성할 때까지, 심리적인 공간과 물리적인 공간을 주면서, 강물이 흘러가듯이 기다려 주면서 보고 있되, 직접적으로 자극이 되는 박람회나 전시회 등의 장을 마련해 주는 것이 사랑의 표현이다.

2 정답보다 개념과 원리에 집중해 가르치라

예술가로서의 재능과 과학자로서의 재능을 가지고 태어난 탐구이상형에게 꼭 필요한 것이 분석력과 논리적인 사고이다. 이러한 사고를 길러 주기 위해서 부모는 호기심을 유발하는 환경과 지적인 자극을 주는 깊이 있고 논리적인 대화를 하는 것이 필요하고, 자녀들로 하여금 생각하고 반응하는 힘을 길러 주어야 한다.

이 유형에게는 무조건적인 지지와 수용보다는, 탐구이상형의 특성에 대한 이해가 바탕이 되어야 하고, 유형에 맞는 지지와 지도가 이루어져야 한다. 예를 들면, 탐구이상형에게는 논리적으로 유도하는 토론과 독서를 통한 토론의 방법이 맞고, 수학지도를 할 때, 반복적인 연산보다는 논리적인 사고를 자극할 수 있도록 공식에 대한 개념과 원리를 알 수 있는 지도가 필요하다. 그리고 그것이 실생활에 어떤 의미를 가지는지를 확실하게 가르쳐 주는 것이 좋다. 또 정답보다는 과정을 설명하고, 오답을 냈을 경우 많은 예시풀이를 통해서 오류를 찾는 것 등 논리적인 설득의 과정이 필요하다.

3 사회성보다 아이의 호기심에 적극적으로 반응하라

탐구이상형은 친구를 잘 사귀지 못할 뿐만 아니라 주변 사람들의 반응에 적절하게 대응하지 못하기 때문에 놀림을 받거나 왕따를 당할 가능성이 많다. 부모님은 이러한 탐구이상형 자녀를 걱정해 대인관계 프로그램이나 상담을 받도록 지도하지만, 별 효과를 얻지 못한다. 탐구이상형의 부모들은 탐구이상형 자녀에게 대인관계 기술을 가르치기보다는 오히려 관심 분야가 비슷한 아이들과 어울리도록 분위기를 만들어 준다면 그들과 자연스럽게 어울리면서 사회성을 배우게 된다.

그러나 무엇보다도 이 유형에게 선행되어야 하는 것은 탐구이상형이 자신의 관심 분야를 찾아 관심 분야에 몰입하게 하는 것과 호기심이 충족되어 깊이 있는 지식으로 연결되도록 호기심에 푹 빠지도록 하는 것이다.

4 성적에 너무 욕심을 내지 말라

탐구이상형은 자기만의 생각, 틀, 색깔과 코드를 가지고 자기가 좋아하는 것에 푹 빠지는 성격이다. 그러다 보니 일상생활에 대한 개념과 관심이 없고, 규칙과 관습을 지킨다거나, 계획을 세워서 계획대로 따르는 것을 잘 하지 못한다.

아무리 부모님이 걱정하고, 계획을 철저하게 짠다 할지라도, 그 계획이 무색할 정도로 실천하는 경우가 많지 않다. 부모들은 이 유형의 특성을 이해하고 목표와 기준만 분명히 제시해 주고 세세한 것에 지나친 간섭을 하지 않는다면, 자기만의 방식대로 해 나간다.

탐구이상형은 어려서부터 재능이 많아 부모님은 기대를 많이 하게 된다. 그래서 끊임없이 강요하게 되는데, 강요할수록 이 유형은 머릿속으로만 생각하고 아무것도 하지 않는다. 중학교까지 주요과목만 잘 하도록 하고, 자기가 좋아하는 것, 하고 싶은 것을 찾게 하는 것이 중요하다. 탐구이상형은 자기가 좋아하는 것을 찾지 않으면 아무것도 하지 않기 때문이다.

탐구이상형에게 맞는 직업은 무엇일까?

탐구이상형은 매우 창조적이며 독특하다. 때문에 모두가 하고 있는 일보다는 전문가로서 자신의 분야에서 실력을 발휘하는 것이 좋다. 특히 관계를 통해 성과를 창출하는 방식보다는 독창성과 아이디어, 창조성을 바탕으로 자신의 생각을 자유롭게 펼칠 수 있는 직종이 좋다. 대개 이들의 독특성과 남다른 아이디어, 덕후기질이 모여 높은 수준의 결과를 내는 경우가 많다.

이 유형은 문과나 이과 모두가 적합하며 이들에게 맞는 직업은 이과 계통의 전문직이나 순수과학, 예술, 역사, 경제학, 철학, 인지공학, 상담 및 임상심리학 분야가 적합하다.

사례로 살펴보는 탐구이상형 아이 맞춤 솔루션

1 언제까지 기다려야 하는 거죠

선호(고3 / 남 / 탐구이상형)

가정폭력이 심한 가정에서 성장함. 어려서부터 왕따를 당하고 있고 친구가 없음. 학원에도 다니지 않고 컴퓨터 앞에만 앉아 있음. 고3인데도 아빠로부터 심한 폭력을 당하고 있음.

아빠(47세 / 사업가 / 행동규범탐구형)

초등학교를 졸업한 자수성가한 사업가. 풍요 속에서도 자기 역할을 못하는 자녀들을 이해하지 못하고 폭력으로 다스리려고 함. 가족들과 소통을 못함.

170cm의 키에 삐쩍 마른 선호는 작고 마른 얼굴에 눈 쌍꺼풀이 짙은 휑한 눈을 가지고 있다. 그의 초점 없는 시선이 권위자에 대한 어려움일까 생각을 해 보았지만, 면담을 통해 아빠의 폭력과 왕따로 인해 기가 죽어 있고 위축되어 있음을 알게 되었다. 선호는 고3인데도 자신의 생각을 잘 표현하지 못하고 스스로 무엇인가를 해본 적이 없어 부모님은 선호가 바보가 아닌가 걱정하고 있다.

선호는 매우 순수하고 착하다. 그의 생각은 비현실적이고 그의 행동과 걸음걸이는 약간 특이해서 학생들로부터 놀림을 당하는 경우가 많다. 그러나 누구한테도 '그러지 마'라고 말하지 못하고 혼자서 그런 어려움을 견디고 있다. 그렇게 착한 선호는 학교에서는 친구 하나 없이 왕따를 당하고 집에서는 돈밖에 모르는 부모로부터 기본적인 의(衣), 식(食)이 채워지지 못할 뿐만 아니라 공부를 안 한다고 폭력을 당하는 경우가 많다. 또 날마다 부모님들이 심하게 싸우는 것을 견뎌야 하는 선호는 마음이 슬프다.

선호는 착하고 마음이 여리고 행동이 느리다. 그는 자신의 생각을 한 번도 누군가에게 표현하지 않았기 때문에 아무도 선호의 생각을 알 길이 없고 언어구사력이 어느 정도인지도 알 수 없는 그런 아이였다. 그런 선호를 아빠는 답답해하고 바보가 아닌가 걱정하며 폭력을 가하는 경우가 많지만, 아무런 저항도 않는 선호가 더 속상하다고 한다. 부모가 폭력을 가할수록 선호는 방안에 틀어박혀 게임에 몰두하는지 밖에 나오지 않는다. 그런데 가족상담 시 '가족들에게 고마운 점, 미안한 점, 바라는 것'에 대해서 말을 하는 시간에 선호가 얼마나 차분하게 가족들에 대한 자신의 생각들을 표현하는지 아빠가 그 말을 듣고 '너무 행복하다'며 눈물을 흘리는 일이 있었다.

선호: 늦어서 죄송해요.

상담사: 와 주어서 고맙다. 선생님은 너에게 무슨 일이 있나 걱정을 했어.

(선호가 상담실을 찾지 못할까 봐 지하철역에서 만나기로 약속했다. 그런데 선호가 핸드폰이 없어 연락을 할 수 없기 때문에 지하철역에서 1시간 반을 기다렸다.)

선호: ….

상담사: 너를 기다리는 동안 선생님은 많은 생각을 했단다.

선호: ….

상담사: 약속시간이 1시간 30분이나 지났는데 올까? 계속 기다리는 것이 맞나? 선호가 와서 선생님이 없으면 실망하면 어쩌지? 선호가 누구랑 약속해 본 적도 없고, 그것을 지켜본 경험이 없다고 들었는데… 또 선호가 약속을 잊고 게임을 하고 있나? 길을 못 찾는 건 아닌가? 시간개념이 없는 선호가 늦게라도 올 것만 같아서… 그래서… 조금만 더, 조금만 더… 약속한 자리를 떠날 수가 없었어.

선호: 죄송해요.

상담사: 늦었지만 와 주어서 고맙다. 선호가 옷을 차려 입으니까 멋지네.

선호: ….

상담사: 전철 타고 오면서 무슨 생각을 했어?

선호: ….

상담사: 선호야, 상담을 하기로 마음먹은 거 잘했어. 선호가 상담을 통해서 달라지고 싶은 거라고 선생님은 생각하고 싶은데… 그래도 될까? 그동안 아빠한테 야단을 많이 맞았어도 아무것도 달라지지 않았잖아. 근데 상담선생님을 만나기로 한 거… 여기 멀리까지 온 거. 그것을 선생님은 선호의 중대한 결심이라고 생각하는데… 맞니?

선호: 고개를 끄덕인다.

상담사: 고마워. 그렇게 결심해 줘서. 이제 여기서는 네가 하고 싶은 거 네가 생각하는 거 다 말해도 돼. 부모님께는 비밀로 할 거니까.

선호: 네.

상담사: 선호야, 이게 뭔지 알아? 지점토야, 만져본 적 있어?

선호: 아니요.

상담사: 그러면 이것을 주물러 보고 두드려 보고 둥글려 보고… 그러다가 만들어지는 것을 만들어 봐.

(선호는 한참 동안 지점토를 바라보다가 만지고 주무르더니 무엇인가를 만들기 시작한다. 동그란 원 모양을 만든다. 조금도 일그러지지 않은 완벽한 원을… 선호의 눈빛에 초점이 생기고 얼굴에 발그스레한 기운이 생긴다. 선호는 게임 외에 처음으로 스스로 무엇인가를 해 보고, 에너지를 쏟고, 창의력을 발휘하면서 몰두한 것이다. 완벽한 원에 무엇인가를 장식을 했는데 우주선 같기도 하고… 무엇이라고 이름을 붙일 수는 없었지만 선호는 자신이 이런 단단한 사람, 완벽한 사람이 되고 싶다고 했다.)

선호와의 상담을 10회기로 진행했다. 상담을 진행하는 과정에 다양한 변수가 있었고 우여곡절이 있었지만, 상담장면에서 선호가 처음으로 자신의 생각을 말하기 시작했다. "아 선호가 생각을 하는 아이였구나. 바보인 줄 알고 걱정했는데, 저렇게 놀라운 생각들을 하고 있었다니… 아빠가 너무 감격하고… 너무 행복해서 춤을 추고 싶다." 아빠는 선호에게 너무 행복하다면서 고맙다고 했다. 이런 치료과정을 통해 선호는 세상과 소통하기 시작했고, 지방대학에 입학해 부모를 떠나 기숙사에 입소했다.

2 공부는 하면 되는 거 아닌가요

현수(중3 / 남 / 탐구이상형)

가정형편이 어려워 학원에 다닌 적이 없음. PC도 TV도 없는 방안에 혼자 앉아 생각을 많이 한다고 함. '주걱턱'이라고 놀림을 당한 경험 때문에 외모에 대한 콤플렉스가 심함.

엄마 손에 이끌려서 상담실에 온 현수는 자신감 없는 모습으로 조용히 상담실 바닥만 내려다보고 있다. 158cm의 작은 키, 50kg의 몸무게로 작고 왜소한 체구에 등은 활처럼 휘었고, 상체가 길고 하체는 짧아 약간 불균형으로 보인다. 얼굴엔 여드름이 빼곡하고, 검은색 뿔테 안경을 끼고 있으나 사람을 잘 쳐다보지 못한다. 현수의 목소리는 들릴 듯 말 듯 작은 소리인데 그는 주걱턱을 의식하는지 손으로 입을 가리고 말을 했고, 목소리가 이 사이로 새어 나오기 때문에 아무리 집중해서 들으려고 해도 알아듣기가 힘이 들었다.

현수는 입시가 코앞인데 공부는 하지 않고 집안에만 처박혀 있다. 현수의 그런 모습이 걱정된 엄마는 아들을 데리고 상담실에 왔다. 그러나 현수가 상담받기 원하는 이유는 매우 복잡하고 다양했다. 그는 대인관계가 너무 어렵고 진로에 대해 막막하다고 했다. 뿐만 아니라 요즘 들어 현수는 집중력과 기억력이 떨어지고 잡념이 많을 뿐만 아니라 우울하고 무기력하며 불면증이 심하다고 한다. 현수는 학원에도 가지 않고 공부도 하지 않고 방 안에 앉아 생각에 깊이 빠지지만, 현수가 하는 생각은 현실적인 것보다는 추상적이고 철학적인 것들이다. 예를 들면, "재미는 곧 쾌락이고 그것이 행복이 아닌가요? 행복하게 사는 것이 인생의 목적인데 행복하지 않은 학원에 왜 다녀야 하나요?"

현수는 소설, 심리학, 철학, 과학에 관심이 많고 그에 관련된 책을 많이 읽는다. "공부는 마음먹으면 되는 거 아닌가요?"라고 상담사에게 말했고 마음먹고 공부하니 400명 중에 20등을 했다며, 자신감을 표현하기도 하지만 공부보다는 글쓰기에 관심이 많다. 그런데, "글이라는 것이 물 흐르듯이 자연스럽게 이어가야 하는데 그렇지 않고 논리적이지 않은 것을 보면 글 쓰는 데 재능이 없는 것 같아요." "인터넷 소설을 보고 재미가 없을 때 많은 사람들은 글이 재미없다는 등 댓글에 평가를 하는데, 글은 주관적인데 내가 뭐라고 상대방의 글이 좋다 안 좋다고 평가할 수 있나라는 생각 때문에 평가를 못 하겠어요."라고도 한다. 또 현수는 생각이 많고 잠을 자도 개운치가 않고 머리가 항상 무겁다고 한다. "생각을 깊이 하고 싶은데… 좀 전에 한 생각이 이어져서 또 다른 생각을 깊이 있게 이어가 깊이 있는 사고로 가고 싶은데, 좀 전에 무슨 생각을 했는지 기억이 나지 않기 때문에 하고 싶은 생각을 깊이 있게 이어가지 못해요." 방안에 처박혀 며칠씩 생각하고 생각하던 것들을 끝없이 쏟아낸다.

호기심 많고 좋아하는 일에 한없이 빠지는 현수는 움직이는 것을 싫어하고 방안에 처박혀 생각에 빠질 때가 많다. 행동이 굼뜨고 움직이는 것을 싫어하기 때문에 주변의 사람들은 그를 4차원이며 게으르고 소심한 사람이라고 하면서 어떻게 먹고 살 것인가 걱정한다. 현수가 움직이지 않고 방 안에 앉아 며칠씩 생각을 하지만 그 생각들이 비현실적이다. 그리고 그러한 생각들을 누군가와 잘 나누지 않는다. 그러나 코드가 맞는 사람에게는 끝없이 자신의 생각을 쏟아 놓는다. 현수는 친구가 별로 없고 사람들을 만나는 것을 두려워하고 대인관계에 자신이 없다고 한다.

상담사: 현수 학생, 지금 기분은 어때요?

현수: 머리가 개운치 않아요. 요즘 불면증이 심해서….

상담사: 잠을 잘 못 자는구나.

현수: 네.

상담사: 생각이 많고 잠을 못 자고… 혹시 생각이 많아서 잠을 못 자는 걸까요?

현수: 글쎄요. 어쨌든 생각이 많아요. 머리가 쥐가 날 정도로….

상담사: 어떤 생각을 많이 하나요? 진로? 성적? 입시?

현수: 그런 것도 있기는 하지만… 그냥 여러 가지 생각이….

상담사: 입시가 얼마 남지 않았는데, 어떤 생각을 할까? 엄마가 걱정을 많이 하시던데… 무슨 계획이 있어요?

현수: 하고 싶은 것도 없고… 진로를 어떻게 정해야 할지 막막한데… 어떻게 대학을 정해요?

상담사: 그렇구나, 그렇게 생각하는구나… 현수 학생, 성격검사 결과지 받았

지요? 결과가 맞는 거 같아요? 현수 학생은 자신을 어떤 사람이라고 생각해요?… 성격검사 결과지를 보면 이상형으로 나왔는데… 여러 상황으로 봐서 현수 학생의 성격이 이상형이라기보다는 현수 학생이 지금 심리적으로 많이 힘들고… 생각이 많고… 스트레스를 많이 받고 있다는 의미로 볼 수 있는데… 현수 학생 지금 많이 힘들지요? 불면증으로 잠이 안 올 정도로… 현수 학생은 그렇게 힘들 때, 그렇게 힘든 것들을 누구랑 나누고 있나요? 생각도 많이 하고… 하고 싶은 말도 많을 텐데….

현수: 저는 말을 잘 안 해요. 친구도 없고… 대인관계가 어려워요.

상담사: 대인관계도 어렵고, 친구도 없고… 원래 친구가 없었나요? 아니면 그럴 만한 어떤 사건이 있었나요?

현수: (… 한참 동안 말없이 바닥을 바라보다가 조심스럽게 말문을 연다.) 저는요. 소심한 성격이고, 거절에 대한 두려움이 많아요. 특히 창피당하는 것에 대한 두려움이 많아요.

상담사: 두려움이 많구나, 거절에 대한 두려움, 창피당하는 것에 대한 두려움… 현수 학생, 혹시 그런 것을 당한 경험이 있었나요?

현수: ….

상담사: …선생님한테 말하는 게 창피한가요? … 창피당할까 봐 두려운가요?

현수: …아니요… 중학교 2학년 때 애들이 저를 놀렸어요. 주걱턱이라고….

상담사: 그랬구나, 그때 현수의 심정은 어땠어요?

현수: 너무 창피해서, 죽고 싶었어요.

상담사: 그래서 어떻게 반응했어요?

현수: 그냥 아무 말도 못 하고… 학교를 안 나오고 싶은데, 안 나올 수도 없고, 그래서 놀리는 애들을 피해서 저쪽으로 가면, 거기까지 쫓아와서 주걱턱이라고 놀리고… 왕따시키고….

상담사: 얼마나 힘들었을까… 선생님도 이렇게 속상한데… 현수는 어떻게 이런 상황을 견뎠을까?

현수: 그래서 세상에 대한 불신이 생겼고… 숨 쉬고 살고 있는 제가 싫고… 화나고… 생각하는 것을 실천하지 못하는 자신이 한심스럽고… 다시 태어나고 싶어요.

상담사: 아이구… 어쩌나.

현수: 선생님, 저는요, 가장 슬픈 게 삶이라고 생각해요. 제가 살고 있는 삶이요….

현수는 성격유형과 성격특징에 대한 설명에는 별다른 관심을 보이지 않았다. 정확한 성격을 알기 위해 실시한 면담과 탐색결과 현수의 성격은 프로파일과 다르게 탐구이상형이었다. 그래서 현수에게 탐구이상형이 가지고 있는 강점에 대한 설명에도 현수는 남의 이야기인 듯 집중하지 않았다.

그러나 10회기의 상담을 진행하는 동안 현수는 방안에 처박혀 며칠씩 생각하고 생각하던 것들을 상담사에게 끝없이 쏟아내고 쏟아내면서 얼굴빛이 점점 밝아지기 시작했다. 그리고 깊은 잠에서 깨어난 듯 공부를 하겠다면서 공부를 시작했다. 학원보다는 혼자 공부하는 것을 선택했고, 엄마한테 문제집을 사 달라고 했다.

이렇게 탐구이상형은 생각을 많이 하는 성격유형이다. 그들이 하는 생각이 비현실적이지만 탐구이상형은 스스로 일정기간 동안 깊이 있게 생각하면서 스스로가 길을 찾아야 움직이는 성격적 특성을 가지고 있기 때문에 생각이 정리될 때까지 기다리는 것이 중요하다. 다행히 자신과 코드가 맞는 사람이 있으면 그 사람과 이야기를 나누면서 길을 찾는 것이 도움이 많이 된다. 그래서 탐구이상형에게는 생각이 통하는 멘토를 두는 것이 좋다. 현수는 상담실에 와서 자신의 생각들을 끝없이 털어놓으면서 잠에서 깨어나듯 길을 찾았고 공부를 하겠다는 의지가 생겨서 공부를 하게 된 것이다.

GUIDE

탐구이상형 자녀에게는 이런 공부기술을 사용해 보세요

1. 토론식 수업, 개성 있고 창의적인 수업
2. 독서를 통한 토론
3. 깊이 생각할 수 있는 과제
4. 반복학습보다는 원리 중심의 설명으로 이해시키기
5. 직접자극을 주는 박람회나 전시회 등의 학습장 견학하기
6 멘토가 될 선생님 찾기

탐구이상형 자녀를 둔 부모들을 위한 양육 팁

1. 강태공이 낚시하며 기다리듯이 기다리라.
   ('best one'이 아니라 'only one'을 찾을 때까지)
2. 그만이 가진 독특함 자체를 존중하라.
3. 끝없이 뻗어나가는 생각을 방해하지 말라.
4. 무엇을 해 주려고 하지 말고 그냥 놔 두라.
5. 심리적 공간, 물리적 공간을 만들어 주라.
6. 생각이 통하는 사람을 붙여 주라.
7. 전폭적인 지지보다 제대로 된 이해와 지지와 대화를 통해 논리력을 발달시키라.

탐구이상형 자녀 성장을 위해 반드시 해 주어야 할 말

1. 너의 예술성은 'best one'이 아니라 'only one'이야.
2. 너는 대기만성하는 사람이야.
3. 너는 재치 있고 개성이 넘치는 아이야.

THREE 코드 조합형

행동규범탐구형
목표를 향해 늘 전진하는 아이

행동규범이상형
믿음직스럽고 충성심이 강한 아이

행동탐구이상형
세상을 바꿀 바로 그 아이

규범탐구이상형
교양 있고 우아한 아이

11

행동규범탐구형

목표를 향해 늘 전진하는 아이

"실행력 최고, 최고통치자"

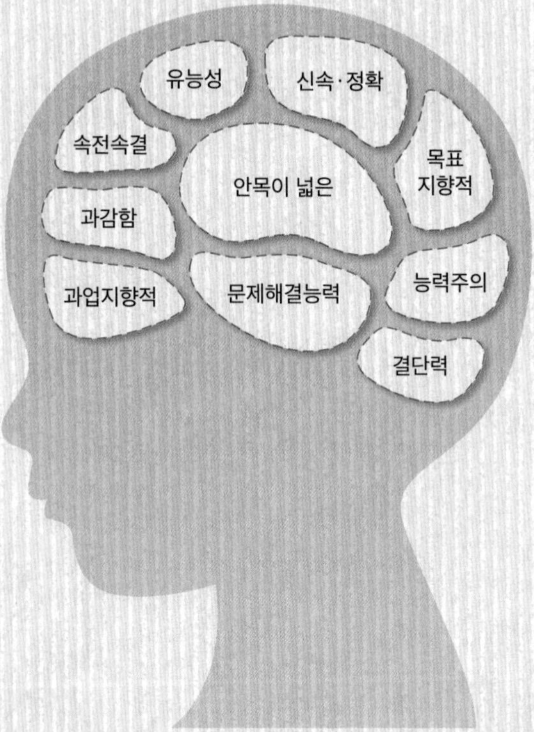

행동규범탐구형 자녀의 공부머리와 주요 관심사(키워드)

행동규범탐구형의 기본욕구: 유능성

행동규범탐구형의 기본욕구는 유능성이다. 유능성이란 각자 자신이 가지고 있는 모든 능력이나 역량을 마음껏 펼침으로써 최상의 결과를 도출해 내는 것을 말한다. 행동규범탐구형은 안목이 넓고 행동반경이 넓어 마치 호랑이처럼 상황파악이 빠르고 문제해결 능력이 탁월해 신속·정확하게 결과를 도출한다. 이렇게 이 유형의 사람은 자신이 이루고자 하는 목표나 과업을 성취하는 것에 관심을 갖고, 자신이 가지고 있는 대부분의 에너지를 능력발휘와 능력 검증에 집중하기 때문에, 실패 없이 목표를 성취해 유능성을 발휘하는 사람이다.

학생의 유능성은 성적으로 나타나고, 회사원의 유능성은 성과로 나타나는데, 행동규범탐구형의 학생은 공부에서 가장 높은 성과를 보여 준다. 이들은 학업, 직업 등 모든 장면에서 성과를 내서 인정받고, 조직이 가장 안정적으로 목표에 도달하도록 최고의 업무성과를 낸다.

이 유형이 제일 싫어하고 상처가 되는 말은 '능력이 없다'는 말이다. 이처럼 남보다 뒤떨어지는 것을 매우 싫어하며, 하고 싶은 것이 많고 목표지향적이다. 성과나 실적을 중시하며, 사소한 것에 연연하지 않고 맺고 끊는 것이 분명해 사람들과의 관계에서 상처를 줄 수 있지만 본인은 크게 상처를 받지 않는다.

이들은 정확한 판단력을 가지고 과감·신속·정확하게 일처리를 하며 아무리 어려운 일이 있어도 포기하지 않고, 1안, 2안, 3안의 대안을 가지고 반드시 성과를 내는 사람, 이런 사람을 유능성을 가지고 있는 사람이라고 한다.

행동규범탐구형 아이의 행동특성 이해하기

1 상황파악이 빠르며 분석력이 탁월하다

"안목이 좋다고 하더라구요."

이 유형은 매우 논리적이고 분석적이며, 두뇌 회전이 빠를 뿐만 아니라, 안목이 넓고 행동반경이 넓어서 핵심파악을 잘 하고 상황을 파악하는 능력이 탁월하다. 그래서 어떤 문제에 부딪히면 당황하지 않고, 뛰어난 판단력을 가지고 문제에 대한 원인분석을 정확하게 하고, 논리적이고 체계적으로 문제를 해결함으로써 유능성을 발휘한다. 뿐만 아니라 어떤 갈등상황이 발생하면 남들이 보지 못하는 안목으로 상황 전체를 한눈에 파악하고 명쾌하게 해결책을 내놓는 유능성을 가진 사람이다.

2 과감하게 결정하며 깔끔하고 정확하게 일을 마무리한다

"제 판단이 맞아요. 그래서 늘 이기는 거예요."

안목이 넓고 두뇌회전이 빨라 사태파악을 잘 하는 행동규범탐구형은 일을 처리할 때도 매우 과감하고 신속하며 정확하게 처리한다. 이들은 자신이 옳다고 판단이 서고, 한번 마음먹은 일이 있으면 어떤 난관이 있어도 절대로 포기하지 않고 끝까지 자신의 뜻을 관철시키려는 의지와 추진력을 가지고 있다. 이러한 성격특성 때문에 주변 사람들의 의견이나 생각이 무시되고 상처받는 경우가 많지만 그러한 상황도 잘 알아차리지 못할 정도로 일에 대한 성취욕구가 강한 사람이다.

경쟁심이 강하고 누구한테든 지는 것을 싫어하는 행동규범탐구형은 라이벌이 있을 때 더 분발하고 노력한다. 그래서 결국 최고의 결과를 만들어 내기 때문에 가까이에 라이벌을 두는 것이 중요한 유형이다.

행동규범탐구형은 논리적인 사고를 가지고 있을 뿐만 아니라 탁월한 언변을 가지고 있는 사람이다. 그래서 반대 의견을 가진 사람이 있으면 탁월한 언변으로 논리적으로 그들을 설득해서 목표하는 것을 반드시 이룰 수가 있다.

3 주관이 뚜렷하고 독립성이 강하다

"내 말은 항상 맞다니까요."

행동규범탐구형은 자기의 주관이 강하고 독립성이 강해서 무슨 일이든지 스스로 알아서 잘 해내는 유형으로 '유능하다'는 표현이 가장 잘 어울리는 사람이다. 한번 마음먹은 일은 타인의 반대가 있어도 굽히지 않고 자신의 뜻을 관철시키는 힘이 크기 때문에 때로는 독재적으로 보일 수도 있지만 성공적으로 목표를 이루는 데는 장점으로 작용할 수도 있다.

자기주관이 뚜렷하고, 자기주장이 강할 뿐만 아니라 이 유형은 표현이 거침없고 직설적이고 바른 소리를 잘해 주변의 지지를 잘 받지 못하고, 때로는 독선적인 사람으로 오해를 받기도 한다.

4 체계적으로 계획하며 준비성이 좋다

"목표가 생기면 저는 다른 생각을 못해요. 직진이에요."

행동규범탐구형은 계획적이고 체계적인 사람으로 무슨 일을 하건 사전에 치밀하게 계획을 세워 일을 추진하기 때문에 실수를 하거나 실패하는 경우가 많지 않다. 이 유형은 목표지향적이고 과업지향적이며 성취지향적인 사람으로, 작은 일에 연연하지 않고 일을 추진한다. 그러한 성격특성을 가지고 있기 때문에 어떤 것을 결정 내릴 때에는 객관적인 사실에 입각해서 처리하게 되며, 사소한 것에 얽매이지 않고 맺고 끊는 것이 분명하다는 장점을 가진 사람이다. 이러한 성격을 가진 행동규범탐구형은 최고 경영자나 통치자의 자리에 있을 때 유능성을 발휘하며 빛을 발할 수 있다.

행동규범탐구형 아이 부모를 위한 맞춤 학습코칭

1 원래 목표보다 더 큰 목표를 질문하라

행동규범탐구형은 기본욕구가 '유능성'이고 그것을 발휘하면서 살아갈 때에 심리적으로 안정이 되고 자기다운 삶을 살게 된다. 그러므로 행동규범탐구형의 부모는 자녀가 충분하게 '유능성'을 발휘하고 유능감을 느낄 수 있도록 우물을 넓혀 주는 역할을 해야 한다.

아이 성격의 장점을 직접 알려 주고 반복해 주는 것 역시 매우 중요하다. 이 유형의 아이는 자신의 능력과 자부심에 관심이 많고 이것이 성취의 중요한 자원이 된다. 자신의 능력과 강점, 가능성이 무엇인지 자녀에게 알려 주어 아이가 자신의 성격에 대한 자부심을 갖도록 자기인식이 선행되어야 한다.

이 유형의 아이는 매우 성실하게 자신의 일을 잘해 나가는 믿을 만한 사람, 책임감을 가지고 있는 사람이기 때문에, 아이의 공부하는 방법이나 태도 등을 세세하게 간섭하지 말아야 한다. 자녀가 특별하게 문제가 없고 도움을 청하는 경우가 아니라면 아이가 하고 있는 방식을 인정해 주는 것이 필요하다. 만일 부모가 지나치게 관심을 보이면서 간섭을 하면 자녀는 오히려 신경이 쓰여 유능성을 발휘하는 데 역효과가 날 수 있다.

무엇보다 행동규범탐구형 아이의 부모는 목표설정에 주의해야 한다. 자녀와 함께 목표를 세우되 큰 그림을 그리고 거기에 걸맞은 큰 목표를 세우는 것이 중요하다. 행동규범탐구형 아이는 목표가 작고 쉬운 경우 가지고 있는 역량을 굳이 꺼내지 않으며 노력할 이유를 찾지 못하기 때문이다. 목표를 크게 잡을 경우 자신의 확인된 능력 이외에 잠재된 능력까지 발견해 가며 목표를 향해 전진하게 된다.

2 유능감 경험을 적는 성취일기를 쓰게 하라

행동규범탐구형의 아이는 누가 가르쳐 주지 않아도 나름대로 공부습관도 잘 되어 있고 최선의 노력을 하고 있는 아이들이다. 이런 유형의 아이이기 때문에 부모가 조금만 신경을 써서 이 아이에게 맞는 효과적인 공부방법을 가르쳐 준다면, 이 학생은 기본욕구인 유능성을 유감없이 발휘할 것이고, 이런 유능성이 채워질 때에 가장 자기다운 삶을 살아갈 동기가 부여된다.

행동규범탐구형의 부모님들은 자녀가 학교나 생활 속에서 유능성을 경험할 때마다 그 경험을 성취일기장에 적어서 유능성이라는 기본욕구 충족의 경험을 눈으로 확인하게 하라. 그러면 행동규범탐구형 자녀들은 자신감과 자존감이 높아지고 성취 시 느끼는 감정을 돌아보면서 그들의 취약점인 감정에 집중하게 될 것이다.

3 '만일 내가 너라면 어떨까'는 말을 외워 사용하도록 하라

행동규범탐구형은 모든 것이 능력발휘와 직결되어 있고, 능력이 검증되는 것에 집중하고 있다. '과업, 목표, 성취가 관건'이어서 가급적 실패가 없어야 한다. 만일 실패하게 된다면 유능감에 타격을 받게 되며, 엄청난 상처를 받게 된다.

행동규범탐구형의 사람들은 무엇을 해야겠다는 목표가 생기면, 이 목표를 이루기 위해 전력질주한다. 만약에 이것이 해결되지 않으면 다음 과정으로 넘어가지 못하고 그것에 매달리기 때문에 주변 사람들에게 신경 쓰지 못하게 된다. 그리고 일의 성과나 결과중심으로 생각하다 보면, 자신의 감정과 타인의 감정을 무시하거나 억압을 할 수 있고, 타인의 의견을 무시하고 나갈 수 있다. 이것이 행동규범탐구형의 보완해야 할 점이다. '만일 내가 너라면 어땠을까'라는 생각과 말은 타인의 감정을 느끼고 공감하는 훈련으로 의식적으로 공감경험을 하게 돕는다.

다른 사람의 의견을 간섭으로 받아들이지 않고, 좋은 충고나 조언으로 받아들인다면 이들은 진정한 리더로 성장할 것이다. 지금부터 장래의 큰 목표를 세우고 계획적이고 체계적으로 공부하면서 준비한다면 이들은 어떤 조직이나 사업을 이끌어 나가는 데 탁월한 능력을 발휘하게 될 것이다.

행동규범탐구형에게 맞는 직업은 무엇일까?

이들은 기본적으로 탁월하고 성실하다. 따라서 문과나 이과 구분보다는 능력을 발휘할 수 있는 환경을 만나는 것이 더 중요하다. 판단이 빠르고 보이는 능력 이상의 성취를 하기에 분야를 넘나들며 융합적인 문제해결에도 유능성을 보인다. 따라서 활동적이면서 판단력이 요구되며 뛰어난 문제해결능력을 발휘할 수 있는 학문이나 직업에서 유능성을 발휘할 수 있다.

행동규범탐구형에게 맞는 학과로는 행정학, 정치외교학, 경영학, 법학, 의학 등이고, 이들에게 적합한 직업은 최고경영자, 정책입안자, 최고통치자, 정치인, 의사, 고위공무원 등 거시적 안목으로 리더십을 발휘하는 직업군이 바람직하다.

사례로 살펴보는 행동규범탐구형 아이 맞춤 솔루션

1 동생이 너무 답답해요

진아(고3 / 여 / 행동규범탐구형)

부모님의 사업실패로 경제적 지원을 전혀 받지 못하는 상황에서 스스로 공부해서 전교권의 성적을 내고 있음. 학원에 다니지 않고 혼자 공부를 하면서 일류대학교를 목표로 하고 있음. 배려심 많은 동생에게 막말하면서 상처를 줌.

진이(고2 / 여 / 규범이상형)

마음이 여려서 언니의 직설적인 말에 상처를 많이 받음. 눈물이 많고 가족에 대한 걱정이 많음.

언니 진아는 희고 투명한 피부에 이목구비가 뚜렷한 미인형이다. 그녀의 태도는 예쁜 얼굴과 다르게 씩씩하고 절도 있게 느껴지며 말 목소리가 강하고 직설적으로 표현하는 것이 미모와 어울리지 않는다. 그러나 처음 만나는 상담사에게 그녀는 예의를 지켜 자신의 이야기를 분명하게 표현하고 상담사의 설명에 납득이 가는 부분은 인정하고 받아들인다. 그러나 동생과 함께 상담을 하는 장면에서 그녀는 동생의 이야기를 들으려고 하지 않고 오히려 비난하고 큰소리를 내더니 상담실을 나가버린다.

진아는 한 살 터울 여동생 진이와 한집에 살면서 심하게 다투다가 이제는 서로 말을 하지 않고 지낸 지가 3년이 되었다고 한다. 이러한 상황을 안타깝게 바라보던 엄마가 상담을 신청해 성격검사를 실시하게 되었다. 검사결과 언니의 성격유형은 행동규범탐구형으로 기본욕구는 '유능성'이다. 반면 동생의 성격유형은 규범이상형으로 기본욕구가 봉사와 헌신이다. 호랑이와 같은 행동규범탐구형 언니와 순한 사슴과 같은 규범이상형 동생의 성격적 특성으로 인한 갈등으로 동생은 입을 닫아 버리고 언니와 관계를 피하고 있다. 왜냐하면 행동규범탐구형 언니가 '유능성'이라는 잣대를 가지고 규범이상형 동생의 배려심 넘치는 행동을 답답해 할 뿐만 아니라, '무능한 사람'이라고 비난을 하기 때문이다.

진아는 일류대학교를 목표로 입시공부를 하고 있다. 부모님이 사업에 실패했기 때문에 그녀는 부모의 지원을 전혀 받지 못하고 학원에도 다니지 못하지만 이를 악물고 스스로 공부해 전교권의 성적을 받고 있다. 그러나 동생은 사업에 실패하고 힘들어하는 부모님을 보면서 가슴 아파하고 전전긍긍하면서 공부에 집중하지 못한다. 진아는 동생이 왜 그렇게 행동하는지를 생각하지 않고 동생이 공부에 집중하지 못하는 것을 능력부족으로 단정하고 동생에게 말을 함부로 하면서 못마땅해한다. 뿐만 아니라 사업에 실패하고 주저앉아 있는 부모님에게도 부모가 그럴 수 있느냐고 막말을 할 때가 많다.

상담사: 언니랑 동생이랑 이렇게 한 자리에 앉아 있는데… (두 자매를 둘러보면서) 기분이 어떤가요?

진아: 무슨 기분이… 왜 이런 자리가 필요한지 모르겠어요.

상담사: (동생에게) 동생은 어떻게 생각하나요?

진이: (고개를 숙이고 아무 말도 하지 않는다.)

상담사: 부모님이 이렇게 어렵게 자리를 마련해 줘서 어렵게 시간을 조율했는데… 언니는 엄마가 왜 이런 자리를 마련했는지 그 의도를 아나요?

진아: 저는 그러고 싶은 마음이 있는데… 쟤한테 말을 했는데… 쟤가 저러고 있는데… 제가 어떻게 더 하라는 건지.

상담사: (동생에게) 언니의 말에 답을 주어야 할 텐데요.

진이: 무슨 말을 했단 건지… 자기 말만 일방적으로 해 놓고… 어이없어….

진아: (눈을 부라리면서) 너는 무슨 말을 귓등으로 듣는 거야? 내가 말을 하면 항상 딴 생각하고… 나는 말을 걸고 오해를 풀려고 하는데 쟤가 저래요.

상담사: 그 말은… 이렇게 둘이서 관계를 하고 있는 것이 옳지 않다고 생각하는 건가요?

진아: 난 이렇게 계속 가도 괜찮은데… 엄마가 자꾸만….

상담사: 그래서 동생한테 어떻게 했나요?

진아: 시간 좀 내라고 그랬는데… 바쁘다고, 시간이 없다고… 풀 마음이 없나 봐요.

상담사: (동생에게) 언니 말에 대해서 설명을 해야겠네요.

진이: 진짜 시간이 없었는데… 언니는 매사에 자기 입장만 생각해요. 제가 시간이 없다는 것을 거절로 생각하고….

진아: 네가 그랬잖아, 시간이 없다고….

상담사: 언니는 동생이 시간이 없다는 말을 거절하는 것으로 생각했나요?

진아: 쟤가 그래요. 항상. 분명하게 답을 주어야 하는데… 저런 식으로….

상담사: 동생의 말 표현이 언니에게는 명료하지 않나 보네요. 그러면 동생이 어떻게 표현해 주면 좋겠는지요?

진아: '친구와 약속이 있어서 이번 주말엔 시간을 못 내. 다음에 언제 가능할까?' 이렇게 말하면 다음 시간을 조율할 수 있는데… 쟤는 매사에 저래요. 명료하지 않게… 뜨뜻미지근하게….

진이: 언니가 몰아붙이니까… 자기 말만 하고 자기 생각만 중요하고… 내 말은 잘 안 듣고….

진아: 뭐라고… 너, 똑바로 들어, 귓구멍 열고. (문을 열고 나가 버린다.)

검사결과지를 가지고 두 자매와 마주 앉아 성격특성에 대해 설명을 하고 서로를 이해하도록 시도했으나, 진아는 상담하는 과정에서 동생을 이해하려는 마음보다는 동생의 우유부단한 마음을 지적하고 비난했다. 그리고 상담사의 중재에도 불구하고 화해를 이루지 못한 채 문을 박차고 나갔다. 상담은 약한 자들이 받는 것이라는 행동규범탐구형 언니를 어쩔 수 없이 배제하고 동생을 대상으로 개인 상담을 3회기 진행했다.

상담을 진행하면서 동생은 언니와의 관계뿐만 아니라 친구들과도 관계맺는 것을 힘들어하고 있음을 알게 되었다. 규범이상형 진이는 늘 상대방의 입장을 생각해 혹여나 '상대방에게 불편감을 주지나 않을까' '상대방이 싫어하지 않을까'라는 생각 때문에 자신의 입장에서 의사 표현을 하지 못하고 참는다. 그러다 보면 서운하고 억울한 감정이 차곡차곡 쌓이게 되고 그러한 감정으로 인해 공부에 집중하지 못하는 경우가 많았다. 특히 사업에 실패하고 힘들어하고 있는 부모님에 대한 안타까운 마음과 언니의 막말로 인해 진이는 심한 스트레스로 눈물만 흘리고 있다.

상담과정에서 동생은 그동안에 쌓여 있던 다양한 감정들과 상처를 토로하면서 울기도 했고, 억울한 감정들을 해소했다. 그리고 대인관계를 편하게 하기 위해 자신의 의사와 마음을 잘 표현하는 것을 훈련하면서 마음의 안정을 갖게 되었다.

비록 진이가 언니와의 문제를 직접적으로 해결하지는 못했지만 언니의 성격특성을 이해하고 수용하게 되면서 언니에게 마음의 문을 여는 계기가 되었다. '유능성'이라는 기본욕구를 가진 언니에게 배려심 많아 우유부단하게 보이는 자신의 성격이 답답하게 느껴졌을 것을 진이는 이해했다. 그리고 똑똑한 언니가 자신에게 한 행동과 막말이 자신을 무시해서가 아니라 언니의 성격특성임을 이해하면서 언니에게 받은 상처와 섭섭한 마음이 사라지게 된 것이다. 이렇게 진이는 스트레스가 사라지면서 마음의 안정을 얻게 되었고 공부에 전념하는 학생이 되었다.

2 자기 기준에 맞춰 끌고 가려는 아빠가 너무 스트레스예요

현빈(20세 / 대1 / 남 / 행동규범탐구형)

중·고등학교 때 반장을 함. 독립적이고 주관이 뚜렷함. 어린 시절에는 아빠의 의견을 따랐지만 이제 스스로 해 보겠다고 믿어 달라고 부탁함. 여전히 간섭하는 아빠로부터 벗어나 학교 근처에 방을 얻어 떠남.

아빠(53세 / 대기업 임원 / 규범탐구이상형)

아들에 대한 기대치가 높음. 아들이 스스로 자신의 역할을 잘 함에도 불구하고 아들이 무엇을 시도하려고 하면 일일이 간섭하면서 비판을 함.

엄마(53세 / 주부 / 규범이상형)

만날 때마다 대립하는 부자 사이에서 눈치 보면서 전전긍긍함. 아빠 몰래 방을 얻을 돈을 줌.

짙은 감청색 티셔츠와 청바지를 입고 상담실에 방문한 현빈이는 175cm의 키와 적당한 몸무게의 균형 잡힌 체격을 갖추고 있다. 얼굴은 마른 편이고 커다란 눈매와 오똑한 코, 굳건하게 닫고 있는 입모양의 굳은 표정이 주변 사람들을 불편하게 한다. 그는 상담실에 온 것이 못마땅한지 굳은 표정으로 엄마와 상담사를 번갈아 바라보며 시간이 얼마나 걸리느냐며 빨리 이 상황에서 벗어나고 싶은 의사를 표현하고 있다. 옆에 앉아 있는 아빠에게는 눈길도 주지 않고 있다. 아빠 역시 이러한 자리가 불편함에도 불구하고 흐트러짐이 없이 꼿꼿한 자세로 감정 표현을 절제하면서 자리에 앉아 있다.

아빠는 하나밖에 없는 아들이 자신이 원하는 대학에 들어가서 자신이 원하는 전문가가 되기를 원했다. 그러나 아들은 왜 자신이 아빠의 말을 들어 아빠가 원하는 삶을 살아야 하는지 모르겠다면서 끊임없는 갈등 상황을 이어가고 있다. 어려서부터 이렇게 갈등이 이어지다 아들은 아빠가 원하는 공부를 하지 않았고 아빠의 기대치에 미치지 못하는 대학에 들어갔다. 이러한 사실을 아빠는 매우 창피하게 생각하고, 이러한 상황을 받아들이지 못하는 아빠는 숨통을 조이듯이 아들에게 스트레스를 주어서 결국 아들은 학교 근처에 방을 얻어 나갔다.

규범탐구이상형 아빠는 자신을 거부한 듯이 행동한 아들에게 "너는 더 이상 내 아들이 아니다."라고 선언했다. 겉으로는 아무렇지도 않은 듯이 있지만 무언의 압력을 아내에게 주고 있어서 아내 역시 숨이 막힐 거 같다고 한다.

현빈이의 성격을 한마디로 표현한다면 고집이 세고 자기가 원하는 방식대로 끝까지 밀고 나가는 성격이다. 그러다 보니 아빠의 집요함과 늘 부딪치고 있다. 아빠의 성격 역시 남들에게는 멋있는 사람, 좋은 사람으로 존경받지만 집에서는 은근히 집요하게 가족들을 통제하고 있어 가족들은 견뎌내기가 힘들다고 했다. 아빠는 자신의 관점에서 중요하다고 생각하는 것은 끝까지 고집하고 상대방의 의견을 들으려고 하지 않는다. 그의 주장이 너무 확고하고 강해서 성격이 강한 아들과 대립이 생기면 타협점을 찾을 수 없기 때문에 누군가 자리를 피하는 것이 답이라고 한다.

상담사: 가족들이 한 자리에 모였네요. (아빠에게) 아내가 성격검사에 대해서 말했을 때 무슨 생각이 들으셨나요?

아빠: 왜 이런 것을 제안하는지 이해가 가지 않았고, 가정사가 드러나는 것이 아닌가 불편했어요.

상담사: 아들에게 묻습니다. 엄마가 검사 인증키를 보냈을 때 어떤 생각이 들었나요?

현빈: 아빠가 문제인데 왜 제가 해야 하는지 이해를 못했어요.

상담사: 엄마에게 묻습니다. 지금 마음이 어떠신가요?

엄마: 여기까지 오긴 했는데 마음이 조마조마해요. 어떤 분위기가 만들어질지….

상담사: (엄마에게) 이런 자리가 원만하게 흘러가지 않는 경우가 많으시다는 건가요?

엄마: 네… 항상… 큰 소리 나고… 방문 닫고 나가고….

(중략)

상담사: 성격특성에 대해서 설명을 했고, 기본욕구는 반드시 충족이 되어야 한다는 것을 들으셨는데 아빠는 어떻게 생각하시나요?

아빠: 설명을 듣고 보니 아들이 이해가 되고… 제가 너무 강하게 부담을 준 거 같아서 반성이 되기도 합니다.

상담사: 아드님은 아빠의 말을 어떻게 받아들이시나요?

현빈: 이렇게 쿨하게 이해하시는 게 신기해요. 아빠가 이해해 주신다고 하니까 저도 잘 해 보도록 노력해야죠.

상담사: 아드님께 묻습니다. 오늘 자신의 성격에 대해서 들었는데 어떤가요?

현빈: 맞는 거 같기도 하고, 아닌 거 같기도 해요.

상담사: 아닌 거 같은 건 무엇인가요?

현빈: 유능하다는 거요.

상담사: 인정하지 않는다는 건가요? 이유는요?

현빈: 저는요, 제 앞가림도 못한다고… 일만 벌이고 마무리를 못하는 사람인데요.

상담사: 그 말을 누구로부터 들었나요?

현빈: 아빠요.

상담사: 그래서 자신의 본성이… 남다른 그릇인데도 그것을 인정할 수가 없다는 거군요.

검사결과 현빈이는 행동규범탐구형, 아빠는 규범탐구이상형이었다. 행동규범탐구형 현빈이는 유능성이라는 기본욕구를 가진 사람으로 안목이 넓고 상황판단능력이 뛰어나고 매우 독립적이며 스스로 알아서 공부를 아주 잘할 수 있는 유능한 사람이다. 그러나 규범탐구이상형의 아빠가 볼 때 아들은 '남의 말을 안 듣는 고집쟁이, 독불장군, 제멋대로 일을 벌이기만 하고 성과를 못 내는 아들'이라고 못마땅해하고 있다. 뿐만 아니라 아빠는 그런 아들을 '믿음을 주지 못하는 사람'으로 취급하면서 그것을 고쳐 보려고 집요하게 관리를 하려고 한다. 이러한 갈등이 성격특성 때문에 발생되고 있다는 것을 가족이 이해하도록 설명했다. 다행히 지적인 깊이를 추구하는 아빠와 상황판단을 잘 하고 문제해결능력이 있는 현빈이가 서로 대화하면서 모든 상황을 쿨하게 받아들임으로써 그동안에 쌓였던 오해를 푸는 계기가 되었다.

가족상담을 통해 각각의 성격의 특성을 알고 서로 다름을 이해하게 되었지만, 자존심이 강한 아빠는 아들이 자신의 의사를 거부하고 독립한다는 것을 인정하기가 쉽지 않았다. 그러나 2회기의 상담과정에서 아들의 입장을 충분히 들었고 아들의 유능성을 가진 큰 그릇임을 인정하고 스스로 그릇을 채워 가도록 믿어 주는 것이 중요하다는 것을 알게 되었다. 그러나 아들의 독립을 인정하고 받아들이기에는 긴긴 시간의 대화와 노력이 필요했으나 결국 아빠는 아들의 독립을 인정하게 되었다. 아들은 독립을 인정해 주신 부모님께 감사하며 열심히 공부해서 자신의 진정한 모습을 보이겠다고 부모님께 약속을 했다.

GUIDE

행동규범탐구형 자녀에게는 이런 공부기술을 사용해 보세요

1. 토론식 수업, 강의식 수업, 창의성이 요구되는 수업
2. 목표를 크게 잡아 주기
3. 효과적인 공부방법을 알려 주기
4. 라이벌이 있을 때 노력하기 때문에 경쟁자를 붙여 주기

행동규범탐구형 자녀를 둔 부모들을 위한 양육 팁

1. 큰 그릇임을 인정하고 우물을 넓혀 주라.
2. 유능성을 충분히 발휘하도록 하라.
3. 최고 수준의 멘토를 연결하라.
4. 실패경험을 하지 않도록 하라(유능성에 치명적임).

행동규범탐구형 자녀 성장을 위해 반드시 해 주어야 할 말

1. 너는 유능한 사람이야.
2. 좋은 리더는 관대하지, 알지?
3. 너는 포기하지 않고 반드시 결과를 만들어 내는 사람이야.

12

행동규범이상형

믿음직스럽고
충성심 강한 아이

"타고난 공무원 스타일"

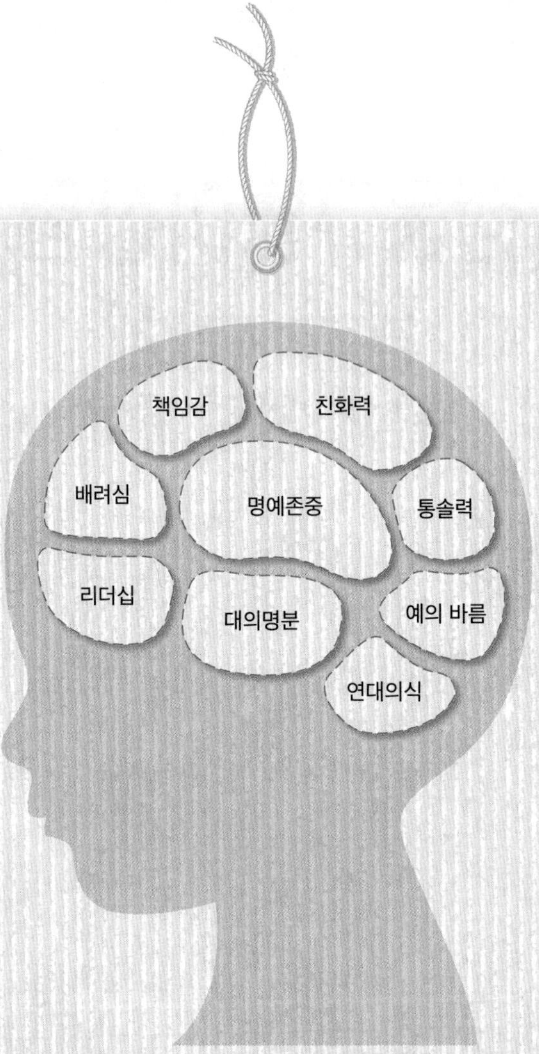

행동규범이상형 자녀의 공부머리와 주요 관심사(키워드)

행동규범이상형의 기본욕구: 명예존중

'명예'의 사전적 의미는 '세상에서 훌륭하다고 인정되는 이름이나 자랑 또는 그런 존엄이나 품위'이다(국립국어원 표준국어대사전).

명예심은 스스로가 느끼는 것이 아니다. 그가 하고 있는 행위를 누군가가 인정해 주되, 가치 있고 당당하고 멋져 보이는 지위나 역할을 하고 있는 사람, 또는 조직의 구성원, 대중, 가족들이 인정해 주는 것을 '명예존중'이라고 한다.

행동규범이상형은 자신의 명예가 존중받는 것을 중요하게 여기는 반면, 자신에게 직분이나 역할을 부여해 준 사람, 다시 말해서 이미 지위를 가지고 있는 사람이 나에게 그러한 역할을 부여해 주었을 때, 나에게 역할을 부여해 준 사람이 곧 명예이기 때문에 존중하고 따라야 한다는 의미가 포함되어 있다. 그래서 나에게 역할을 준 사람에게 예의를 다해 섬기는 탁월한 충성심이 있다.

그리고 자신에게 주어진 직위나 역할이 곧 얼굴이고 간판이기 때문에 그 역할에 걸맞은 모습을 갖추기 위해 피나는 노력을 해서 결과를 만들어 내는 사람이다.

행동규범이상형 아이의 행동특성 이해하기

1 예의가 바르고 배려심이 있다

"제 별명이 '범생이'예요."

행동규범이상형의 사람들은 예의가 바르고 경우가 바른 사람들이다. 아무리 친해도 윗사람에게 예의에 어긋나는 행동을 하지 않고, 아랫사람에게 함부로 대하지 않는다. 다시 말해서 위계질서가 중요한 사람이다.

행동규범이상형의 예의 바름의 의미는 규범이상형의 예의 바름의 의미와는 다른 의미를 가지고 있다. 규범이상형의 예의 바름은 타인에게 민폐를 끼치지 않고 편안하게 해 주는 것으로, 사람들과의 관계 안에서 보이는 모습과 태도에 관한 것이라면, 행동규범이상형의 예의 바름은 윗사람을 섬기고 아랫사람을 잘 가르쳐서 함께 조직을 이끌어 간다는 의미인데, 이 속에는 내가 가지고 있는 역할 안에서의 예의 바름과 위계질서를 포함한다.

2 체면과 명분이 중요하다

"제가 약간 정의의 사도 같은 면이 있어요."

행동규범이상형은 정의감이 상당히 강해서 불의를 보면 참지 못한다. 자신이 부당한 대우를 받는 것도 싫어하지만, 남에게 부당한 대우를 하지 않는다. 그래서 이들은 조직 내에서 누군가가 괴롭힘을 당하거나 부당함을 당하는 장면을 보면, 이것을 그냥 두지 않고, 어떻게든 해결하려고 애를 쓴다. 행동규범이상형의 이런 공정한 모습은 주변 사람들로부터 인기를 얻게 되는 이유 중의 하나이다.

이 유형의 사람들은 윗사람이 어떤 역할이나 책임감을 부여해 주면, 자기가 가지고 있는 권한 안에서 책임을 다하지만, 다른 사람들을 독려하면서 함께 조직을 이끌어 갈 때, 더욱더 빛을 발하게 된다. 그래서 이 유형을 '타고난 관리자'라고 부른다.

3 마지막까지 책임을 다하는 사람이다

"엄마가 저는 속 썩인 적이 없대요."

행동규범이상형의 자녀를 둔 부모님들이 자주 하는 말이다. 이 유형의 아이들은 책임감이 강해 준비물을 챙긴다거나, 공부를 한다거나 숙제를 한다거나, 자신에게 주어진 것을 빠뜨리지 않고 완벽히 수행하기 때문에, 어려서부터 주변 사람들로부터 칭찬을 많이 받고 자랐음을 알 수 있다.

특히 조직 내에서 상관이나 상사가 책임을 부여해 주면, 유감없이 자신의 능력을 발휘하면서 맡겨진 일을 완벽하게 해낸다. '내 능력을 알고 기대하는구나'라고 생각하고, 권한을 주는 상사를 좋아하고, '잘했다'고 인정해 주는 상사를 매우 신뢰한다.

행동규범이상형은 인정받는 것을 좋아한다. 다른 사람들에게 보이는 것을 중요하게 생각하고, 특히 대의명분을 중요하게 생각하는 사람이기 때문에, 명분이 있는 역할이 주어져 힘을 갖게 되면, 능력을 유감없이 발휘하면서 맡겨진 일을 책임감 있게 완수하는 사람이다.

4 친화력이 있고 연대의식이 뛰어난 사람이다

"같이 가야죠."

행동규범이상형의 사람들은 마음씨가 따뜻하고 인정이 많고 친화력이 좋다. 이들은 늘 주변에 소외되거나 낙오자가 없는가를 세밀하게 살피면서, 어려운 처지에 있는 사람들을 이끌어 주기 때문에 아랫사람들에게 인기가 많고, 주변에는 믿고 따르는 사람들이 많다.

항상 '우리'라는 공동체, 소속감이 중요한 사람이다. 그래서 늘 '우리 집' '우리 반' '우리 학교' '우리 부서' '우리 회사'에서 낙오되는 사람이 없도록 한 사람 한 사람을 세밀하게 챙긴다.

이 유형의 사람들이 중요하게 생각하는 모습이 '단합'해서 다 같이 함께하는 것이다. 이러한 연대의식을 갖고 있는 이 유형의 사람이 리더가 되면, 조직 전체를 이끌고 아우르는 놀라운 능력을 발휘하게 된다.

5 통솔력이 뛰어나다

"얘들아, 조용히 하자. 선생님 말씀하신다."

행동규범이상형은 14가지 유형 중에서 가장 리더십이 뛰어난 사람이다. 이 유형의 사람들은 개별관계 능력뿐 아니라 갈등조정 능력이 뛰어나다. 일단 조직 내에서 갈등이 발생하면 누구의 마음도 상하지 않게 하면서 적절한 기준과 대안을 나누어 공동체를 유지하게 하는 발군의 능력을 가지고 있다.

행동규범이상형이 리더로서 리더십을 발휘하는 경우 자신의 성적이나 성과에도 긍정적인 영향을 미치게 된다. 예를 들어, 행동규범이상형 아이가 반장의 역할을 할 경우 아이의 성적은 더욱 올라가게 된다. 그 이유는 기본욕구 때문인데, 역할·직위, 즉 명예가 존중받기 위해서는 역할에 걸맞은 실력을 쌓아야 하기 때문이다. 반장을 하거나 대표가 되면 '내가 이 조직의 얼굴이고 간판'이라는 당위성이 주어지고, 명분이 생기면 어디에서 그런 힘이 생기는지 "조용히 해! 선생님이 떠들지 말라고 하셨잖아!" 강하게 맞설 힘이 생긴다. 이 유형은 개인적인 경쟁 구도에서는 양보를 잘 하지만, 조직 대 조직, 학교 대 학교, 특히 큰 조직, 국가조직일 때 목숨을 걸고 대항하는 맷집도 있는데 이도 이런 맥락과 상통하는 모습이다.

행동규범이상형 아이 부모를 위한 맞춤 학습코칭

1 장기목표, 중기목표, 단기목표로 목표를 세분화하라

좋아하는 사람과 본받고 싶은 위인, 이런 사람을 '롤모델'이라고 한다. 행동규범이상형은 인정받는 것이 중요한 유형이다. 자신을 인정해주고 책임을 부여해 주는 사람에게 매우 충성을 다하며, 그 맡은 역할에 책임을 다하는 사람이다. 그래서 롤모델을 갖는 것과 내가 몇 년 후에는 다른 사람의 롤모델이 되는 것을 목표로 삼는 것이 중요한 유형이다. 꿈을 작게 갖게 되면 제대로 능력 발휘를 안 하고, 적당한 선에서 안주하게 된다. 그래서 목표를 잡되 가능한 한 높게 잡고, 장기 목표를 세워야 하는데, 먼저 20년 후 자신이 어떤 직업, 어떤 위치에 있고 싶은지 목표를 세우도록 한다. 그리고 그 일을 하고 있는 사람 가운데 내가 존경하고 닮고 싶은 사람이 있다면, 그 사람을 찾아가서 만나 보거나, 그 사람이 어떻게 살았는지, 그런 자리에 올라가기 위해 어떻게 준비하고 어떤 대학, 어느 학과, 어떤 자격증을 갖추어야 하는지 구체적으로 알아보고, '나도 그렇게 살아야겠다'는 목표를 세우도록 지도하는 것이 바람직하다. 그런 목표가 세워지면 주변 환경에 덜 휘둘리고 중심을 잡고 집중할 수가 있다.

2 우선순위 중심으로 시간관리를 도우라

행동규범이상형은 매우 활동적이고 사교적이며, 무엇을 하든 대충 하지 않고 잘 하고 싶은 욕심이 많은 사람이다. 배려심이 많고 남을 먼저 생각하는 이 유형의 사람들은 누가 도움을 요청하면 거절을 잘 하지 못하는 성격 때문에, 늘 시간이 부족해서 할 일을 다 챙기지 못하는 경우가 많다. 그래서 이들에게는 무엇이 중요한지 무엇을 먼저 할지를 정해서, 중요한 것을 먼저 하는 우선순위에 대한 훈련이 필요하다. 꼭 해야 할 일과 하고 싶은 일을 구분하고, 꼭 해야 할 일을 위해 걸리는 시간이 얼마인지, 하고 싶은 일을 하는 데 걸리는 시간이 얼마인지를 계산해서 하고 싶은 일을 위한 시간을 조절한다면 두 가지를 잘 할 수가 있다. 예를 들면, 숙제도 있고 친구들과 축구를 하기로 약속이 되어 있다면, 몇 시까지 놀고 집에 와서 숙제를 할 것인지, 아니면 숙제를 마치고 놀러 갈 것인지를 정하는 것이다.

3 아이와 정중히 거절하는 연습을 하라

행동규범이상형은 잘해 보고 싶은 욕구가 큰 사람들이다. 활달한 사람이기 때문에 활동반경이 넓고 관여하는 것도 많다. 공부도 잘하고 싶고, 부모님께 효도도 하고 싶고, 친구들과도 잘 지내고 싶고, 동아리 활동도 잘하고 싶고, 종교 활동도 잘하고 싶고, 나와 관련된 사람들을 실망시키지 않고, 모든 사람들에게 모범적인 행동을 하고 싶은 마음이 많은 사람들이다. 그러나 한편으로는 내가 잘할 수 있을까? 다른 사람들의 기대에 못 미치면 어떻게 하지? 그런 걱정 때문에 할까 말까 주저하는 우유부단한 마음이 많기도 하다.

행동규범이상형은 책임감이 강한 유형이기 때문에 역할을 맡기만 하면 그 일을 성실하게 잘 할 수 있는 사람이라는 믿음을 가지고 주저하지 말고 적극적으로 해 보도록 한다.

4 회장이나 임원 역할을 맡도록 독려하라

행동규범이상형은 리더로서의 잠재능력을 가지고 태어났다. 그러나 리더의 역할을 하지 않으면 잠재능력이 제한되고, 자신을 개발하는 데 능력을 적당히 쓰게 될 것이다.

어려서부터 회장 경험을 많이 하되, 특히 중학교 시절에 적극적으로 리더의 경험을 하는 것을 추천한다. 그 이유는 초등학교 때는 반장이 교사의 심부름을 하는 정도이지만, 중학교 이후에는 주도적이고 자발적으로 조직을 관리하는 리더다운 역할을 할 수 있는 자치권이 주어지기 때문이다. 반에서 문제가 생겼을 경우 교사와 학생들 사이를 조율하기도 하고, 때로는 설득을 하는 등 리더로서의 역할을 하게 된다.

행동규범이상형에게 맞는 직업은 무엇일까?

이 유형은 이과보다 문과 계열이 적합하다. 갈등을 조율하고 조직을 이끌며, 집단의 중요성을 알고 그 안의 역동을 조정하는 능력은 문과 계열이 조금 더 맞다. 활동적이고 종합적인 판단이 요구되는 분야의 직업이 좋으며, 전공으로는 법학, 행정학, 경영학을 비롯한 사회 계열이 바람직하다.

특히 행동규범이상형은 사람들을 아우르고 설득하고 조율하는 능력이 뛰어나기에 어린 시절부터 리더십의 가능성을 보인다. 이는 이후 직업 영역에서도 그 능력은 적성으로 자리 잡을 텐데, 행정가, 판사, 검사, 변호사, 조직의 관리자, 최고경영자, 정치지도자의 꿈을 갖도록 목표를 세우는 것이 바람직하다.

이 유형의 기본욕구는 명예존중으로 인정받는 것을 좋아하고, 자신을 인정하고 역할이 주어졌을 더 큰 능력을 발휘한다. 그래서 직업을 선택할 때도, 누가 보아도 그 직업을 하는 사람으로 보이는 명확한 직업, 즉 경찰이나 군인, 소방공무원, 파일럿 등 직업명, 명함, 유니폼만으로도 그 직업을 수행하고 있는 사람임을 알 수 있고 존경과 인정을 받을 수 있는 직업을 가질 때 신나게 그 역할을 수행할 수 있다.

사례로 살펴보는 행동규범이상형 아이 맞춤 솔루션

1 제가 어떤 사람인지 모르고 참고만 살았어요

성규(초5 / 남 / 행동규범이상형)

현실감각 없는 엄마와 완벽주의 아빠와의 잦은 다툼을 보면서 성장함. 가정불화와 아빠의 장남에 대한 기대감 때문에 스트레스가 많아 공부에 집중을 하지 못한다고 함.

아빠(51세 / 사업가 / 규범형)

성실하고 책임감이 강한 완벽주의자. 장남에 대한 기대감이 매우 높음. 자녀들에게 잔소리를 많이 함.

엄마(45세 / 회사원 / 탐구이상형)

현실감각이 없고 자기만의 세계에 빠져 사는 4차원의 사람이라고 함.

성규는 통통한 몸매가 살찐 느낌이다. 반팔 티셔츠 사이로 두툼한 살집의 팔뚝이 보인다. 그의 얼굴도 둥글고 통통하지만 작은 눈과 작은 코, 작은 입이 조화를 잘 이루어 전체적인 분위기가 앳된 모습이다. 바른 자세로 앉아서 상담사의 질문에 예의 바르게 대답하는 성규는 표정이 밝고 유순해 보이지만 나이 이상의 진중함이 느껴졌다.

성규는 현실감각이 없는 엄마의 방임적인 양육과 완벽주의 규범형 아빠의 지나친 잔소리와 장남에 대한 기대감, 부모의 심각한 갈등과 다툼이 있는 가정에서 장남으로서 부모에게 한 번도 반항하지 않고 참고 견뎌 왔다. "혼자만 참고 견디면 되는 줄 알았어요". 최근 아빠의 건강이 많이 나빠진 데다 고독해 보이기까지 하는 아빠를 바라보며 장남인 자신이 어떻게 해야 하는지 신경이 너무 쓰이고 스트레스가 되어 공부에 집중이 되지 않는다.

성규는 예의가 바르고 배려심이 많고 나보다는 다른 사람을 잘 챙겨 주는 사람이다. 그래서 성규는 어디를 가든지 사람들에게 인정을 받게 된다. 그는 주변에 소외된 사람을 보거나 불편한 사람을 보면 신경이 많이 쓰이기 때문에 어떻게 해서든지 그 사람을 보살피고 끌어 주려고 애를 쓴다. 이렇게 성규는 주변 사람들과 관계를 잘하고, 자기 이익을 챙기거나 자기주장을 하기보다는 사람들의 필요를 잘 알아서 제공해 주기 때문에 사람들이 그를 인정하고 찾는다.

상담사: '아빠' 하면 어떤 감정이 느껴지나요?

성규: 답답하고… 죄송하고….

상담사: 또 다른 감정은 없나요?

성규: 슬픔, 외로움이 느껴져요.

상담사: 왜 그런 다양한 감정들이 있는지 설명해 줄래요?

성규: 아빠는 굉장히 성실하신 분이세요. 한 번도 휴일에도 쉬지 않고 공장에서 일을 하셨거든요. 그런데 당신이 성실한 만큼 자식들이 그렇게 살도록 기대가 많고 잔소리가 많으세요. 그래서 아빠와 마주치

지 않으려 하고 말을 하지 않았어요. 그러면 아빠는 더욱더 화가 나서 계속해서 잔소리를 하시는 거예요.

상담사: 그러면 성규는 어떻게 반응하나요?

성규: 가만히 있어요, 침묵으로… 전 아빠가 왜 그렇게 하는지, 아빠가 원하는 것이 무엇인지, 어떻게 해야 아빠의 마음이 풀리는지 다 알아요. 그런데 저는 입을 다물고 아무 반응을 하지 않고… 피하고… 늘 그렇게 살았어요.

상담사: 그런데 또 다른 감정이 있네요. 외로움… 슬픔….

성규: 아빠랑 엄마랑 사이가 안 좋아요. 아빠는 늘 성실하게 평생을 그렇게 사시는데… 엄마는 그런 아빠가 안중에도 없어요. 늘 자기만 생각하고 자기 생각에 빠져 자기가 좋아하는 것만 하고 살아요. 두 분이 다정하게 얘기하는 걸 본 적이 없어요. 그런 아빠가 외로워 보였어요. 그래서 마음이 쓰여요. 혼자 있는 아빠에게 다가가서 말을 하고 그러면 아빠의 외로움이 많이 사라질 텐데… 전 다 알거든요. 머리로는… 그런데 그것을 제가 다 알아차리면 너무 슬플 거 같아서 전혀 감정이 없는 사람처럼 그렇게 살았어요. 아니, 피하고 살았어요.

상담사: 그런데 왜 이 문제가 지금 성규에게 문제가 되나요?

성규: 아빠가 아프세요. 혼자서 아픔을 견디고 계시는 아빠를 보면서 가슴에 큰 덩어리가 있는 거 같아서 공부에 집중이 안 되고… 어떻게 해야 할지 모르겠어요. 늘 마음의 짐이고… 그 부담감이 나를 짓누르고 있고… 죽을 거 같아요.

상담사: 아빠…. 아빠랑 단둘이서 만나는 거 생각해 보셨나요? (아니요.) 아빠랑 단둘이 만난다면 어떨까요?

성규: 너무 어색할 거 같아요. 생각만 해도….

상담사: 아빠랑 만날 건가요? (예.) 그럼 연습해 봅시다. 제가 아빠입니다. 이제 아빠랑 둘이서 만나서 무슨 말을 할 것인지….

(성규는 아빠랑 단둘이 산행을 했고 그동안 마음에 담아놓았던 이야기를 나누면서 마음의 짐을 풀었고, 한 달에 한 번 아빠랑 시간을 갖기로 했다.)

검사결과지에서 보여 주고 있는 성규의 현재 성격유형은 이상형, 학습행동유형은 무유형으로 성규는 현재 심한 스트레스를 받고 있는 상황이고, 모든 것을 내려놓고 현실에서 벗어나 쉬고 싶은 마음이 반영되어 있음을 보여 주고 있다.

프로파일만으로 진단을 한다는 것이 위험하기 때문에 1시간여 동안 면담을 했다. 그리고 성규의 성격이 행동규범이상형이고, 현재 심각한 갈등상황에서 스트레스를 받고 있음을 알게 되었다.

성규는 어린 시절부터 부모님의 심한 잔소리와 장남으로서 부모님에 대한 부담감이 매우 컸다. 아빠의 잔소리와 아빠에 대한 부담감에서 벗어나고 싶었지만 성규는 그 방법을 알지 못했다. 그래서 그가 부모님께 한 행동은 눈을 내리깔고 침묵으로 일관하는 것뿐이었다고 했다. 그러면 아빠는 섭섭해 하고, 화내고, 잔소리는 더 심해지고, 그러면서 관계가 더욱더 멀어지면서 아빠는 부담되고 피하고 싶은 존재가 되었다. 이래서는 안 되는데 자책하면서도 어떻게 수습해야 할지 방법을 모르는 채, 성규는 밖으로 돌면서 세월만 흐르고 있었다. 그런데, 최근에 아빠의 건강이 나빠지면서 외로워하고 있는 아빠를 어떻게 할 수가 없어서 도움 받고자 상담을 원했다.

3회기의 상담과정에서 검사를 실시했고 성격검사를 통해 성규는 자신의 성격과 아빠의 성격을 알고 아빠를 이해하는 마음이 생겼다. 또한 성규는 부모님에 대한 마음과 아빠에 대한 부담감 등을 처음으로 누군가와 이야기하면서 마음에 숨 쉴 공간이 생겼다고 한다. 이제는 아빠와 거리감을 회복하기 위해 아빠와 단둘이서 산행을 계획했고, 상담실에서 충분히 연습한 후 아빠와 만나 산행을 했다.

산행을 통해서 성규는 멀게만 느껴졌던 아빠와 거리가 가까워졌고, 아빠에 대한 돌덩이 같이 무거웠던 부담감이 가벼워지면서 아빠가 원하는 것이 무엇인지 아빠의 말에 귀를 기울이게 되었다. 그동안 성규는 이러한 감정과 스트레스 때문에 공부에 집중하지 못하면서 성적을 올리지 못했는데, 이제는 스트레스가 사라지면서 공부에 집중하게 되었고, 열심히 공부해서 아빠가 원하는 대학에 가겠다고 아빠와 약속을 했다.

2 엄마가 걱정되어 공부에 집중이 안 돼요

은주(고3 / 여 / 행동규범이상형)

작고 마르고 아담한 체구. 친절하고 예의 바름. 상업고등학교에서 학생회장을 함. 장학금을 받음. 엄마와 단둘이 살고 있음. 건강이 나빠진 엄마를 위해 방과 후에 아르바이트를 함.

엄마(48세 / 점원 / 규범이상형)

이혼을 하고 딸과 살고 있음. 마트에서 점원으로 일함. 허리디스크로 밤마다 끙끙 앓는 소리를 함.

은주는 150cm 정도의 작은 키와 바람 불면 금방 날아갈 거 같은 마른 체중이 멀리서 보면 초등학교 5학년 같이 왜소해 보인다. 게다가 손바닥만큼 작은 얼굴에 커다란 눈과 오똑한 코, 미소가 예쁜 입술이 조화를 이룬다. 왜소한 몸매와는 달리 목소리가 우렁차고 말을 할 때는 또박또박 자신의 의사표현을 잘 한다. 그녀는 공부를 잘 하고 매사에 모범적이고 예의가 발라 윗사람의 칭찬을 많이 받는 학생이다.

은주가 초3일 때 부모님이 이혼을 했고 은주는 엄마와 단둘이 살고 있다. 엄마가 일을 나가면 은주는 혼자서 숙제하고 청소를 깨끗이 해 놓고 엄마를 기다리곤 했다. 늘 자신을 위해 고생하는 엄마를 바라볼 때마다 빨리 취직해서 엄마를 행복하게 해 주는 것이 그녀의 꿈이 되었다. 그녀의 성적은 우수했고 대학교에 대한 로망이 있었지만, 장학금을 받아 엄마의 경제적인 짐을 덜어 드리기 위해 상업고등학교에 입학했다. 성적 장학금을 받고 학교를 다니고 있지만 대학에 대한 꿈을 포기하지 못하고 있다. 최근에 마트에서 일하는 엄마가 디스크로 인해 밤마다 끙끙 앓고 계셔 엄마를 돕기 위해 아르바이트를 하고 있다. 엄마의 건강에 대한 염려와 진로에 대한 고민으로 상담이 시작되었다.

은주는 예의 바르고 배려심이 많으며, 친절하고 친화력이 좋아서 학교에서나 교회에서 주변 사람들과 항상 좋은 관계를 유지한다. 성실하고 책임감이 강해서 학교 회장으로서 역할을 잘 하고 있고 모범적이고 믿을 만한 학생으로 인정을 받는다. 학교에서나 아르바이트를 할 때나 가정형편상 힘든 일이 많아도 항상 밝은 표정으로 사람들을 대하기 때문에 속이 깊은 학생이라는 평을 받는다.

상담사: 성격검사 결과를 보니 어떤 마음이 들어?

은주: 평소에 생각해 보지 않은 것이라 좀 당황스럽기도 하고….

상담사: 당황스럽다는 것은 어떤 의미인가요?

은주: 예의 바르고 배려심이 많다는 거요. 저는 혼자 고생하시는 엄마를 보면서 항상 엄마를 곤란하게 하는 행동을 해서는 안 된다. 아빠 없는 아이라고 욕먹는 행동을 해서는 안 된다. 힘들게 고생하는 엄마에게 마음의 부담이나 짐을 주어서는 안 된다는 생각을 많이 한 것 같아요. 그래서 제 감정을 누르고 행동을 절제하면서 남들에게 좋은 평가를 받으려고 했어요. 그래서 제 노력 때문이라고 생각했는데….

상담사: 그런 자신의 노력과 성격특성이 무슨 관계가 있다는 건가요?

은주: 제 성격이 누구에게 피해를 주는 거 못 하거든요. 그래서 제가 의지를 가지고 노력해서 그렇게 보이는 거라고 생각했는데… 성격적 특성이라고 하니… 좀 당황스럽네요.

상담사: 그렇게 말하는 것이 차이가 있나요?… 결과적으로 보이고 평가받는

것이 은주는 예의 바르고 배려심이 많은 학생이라는 거잖아!

은주: 그렇게 보이려고… 늘 신경이 쓰였고… 긴장하고 노력했어요.

상담사: 자연스럽게 나타난 현상이 아니라는 건가요?

은주: 아무래도… 환경이 그렇다 보니.

상담사: 성격검사 결과를 보고, 자신이 노력했던 부분이 성격적 특성이라는 것을 알고… 뭐가 달라졌나요?

은주: 아무래도 성격적인 특성이라면, 긴장하고 노력하지 않아도 자연스럽게 나타나는 특성 아닌가요?

(중략)

상담사: 지금 현재 무엇이 가장 문제가 되나요?

은주: 저는 대학교를 가고 싶은데… 요즘 엄마가 아프셔요. 밤마다 엄마의 끙끙 앓는 소리를 들으면 가슴이 철렁 내려앉고 잠이 안 와요.

상담사: 대학교도 가고 싶고… 엄마 건강에 대해 걱정도 되고… 경제적인 부담도 되고… 잠이 안 올 정도로 마음이 혼란스럽겠네요. (네.) 어떻게 하고 싶은지… 혹시 생각한 것 있으면 말해 줄래요?

은주: 요즘 취업해서 나가는 아이들이 있어요. 저는 대학에 가려고 취업은 생각 안 했는데… 어떻게 해야 할지 모르겠어요.

상담사: 대학교에 가고 싶은 이유가 있나요?

은주: 공부가 하고 싶고… 또 좋은 곳에 취업도 하고 싶고….

상담사: 대학교에 진학하지 않고 취업하는 아이들은 주로 어떤 곳으로 취업하나요?

성격특성에 대한 해석상담을 통해 은주는 자기 성격에 대한 자기인식을 했고, 성격이 가지는 장점에 대한 설명을 듣고는 자부심을 갖기도 했다. 은주는 홀로 고생하는 엄마에게 자랑스러운 딸이 되고 싶어 항상 성실하게 곁길로 가지 않고 모범적인 학생으로 살았다. 고등학교를 선택할 때도 대학교에 대한 꿈이 있었지만, 엄마의 경제적 도움을 덜어 드리고 싶어 상업고등학교에 입학했고 성적장학금을 받고 학교에 다니고 있다. 최근엔 엄마의 건강이 나빠져 엄마 몰래 아르바이트를 하고 있다. 그러나 여전히 대학에 대한 꿈을 포기하지 못하고 있다.

이런 은주에게 2회기의 상담을 진행했다. 1회기에는 성격특성에 대한 해석을 통해 자기인식의 시간을 가졌다. 2회기에서는 엄마의 건강에 대해서 걱정하고 염려하는 무거운 마음과 엄마에게 갖는 다양한 감정을 상담사와 나누면서 답답했던 마음을 털어 내었다. 그리고 엄마를 위해 애쓰고 수고했던 마음을 칭찬하고 위로했다. 은주는 그동안 누구에게도 자신의 속마음을 털어 놓지 못하고 혼자서 어려운 상황을 견뎌 왔는데, 처음으로 자신의 속마음을 이야기하면서 마음속에 자리 잡고 있었던 무거운 짐을 덜어내었고, 위로가 되는 시간이었다고 했다.

배려심이 많고 책임감이 많은 은주는 엄마에게 최선을 다하고 싶은 마음과 대학교를 다니고 싶은 것을 동시에 이루기 위해 중소기업에 취업했고, 동시에 사이버대학교에 장학생으로 가게 되었다.

GUIDE

행동규범이상형 자녀에게는 이런 공부기술을 사용해 보세요

1. 강의식, 토론식, 프로젝트식 수업
2. 메모하는 습관 갖기
3. 우선순위를 정해서 실천하기
4. 과목별 공부목표를 시간 단위로 세분하기

행동규범이상형 자녀를 둔 부모들을 위한 양육 팁

1. 정확한 칭찬과 평가를 해 주라. 그래야 당당함이 나온다.
2. 역할, 명분이 주어질 때 능력이 발휘된다. 역할을 주라.
3. 롤모델을 갖게 해서 목표를 달성케 하라.
4. 장래희망에 대해 장기 목표, 중기 목표, 단기 목표를 세워 구체적으로 실천하게 하라.

행동규범이상형 자녀 성장을 위해 반드시 해 주어야 할 말

1. 너는 믿음직스러운 아이야. 자신을 믿어도 돼.
2. 너는 모범생이야.
3. 너는 맡은 일에 책임을 다하는 아이야.

13

행동탐구이상형

세상을 바꿀
바로 그 아이

“다재다능한 만능 CEO”

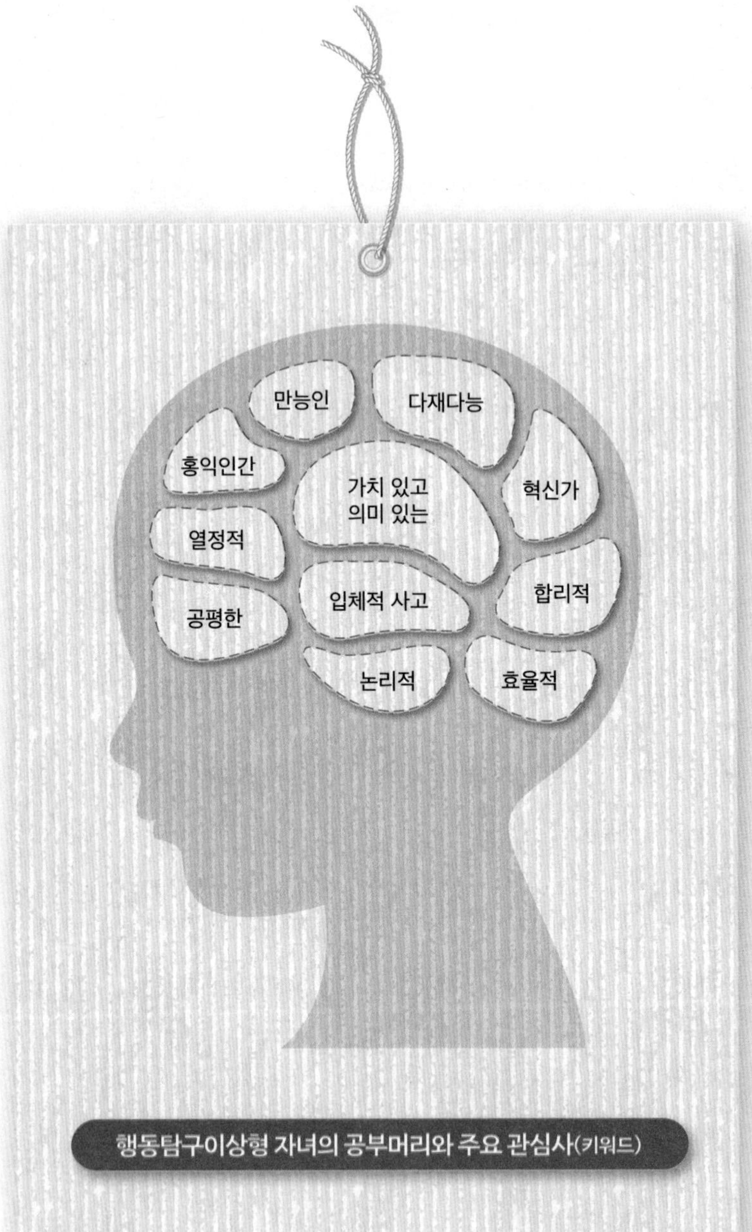

행동탐구이상형 자녀의 공부머리와 주요 관심사(키워드)

행동탐구이상형의 기본욕구: 진리탐구와 혁신

행동탐구이상형의 기본욕구는 진리탐구와 혁신이다. 그들이 추구하는 진리는 인류에게 보편적으로 적용되는 자유와 평등과 같은 원칙적이고 근원적인 것과, 타당성에 관한 것, 즉 무엇이 옳은지 그른지, 무엇이 합리적인지 비합리적인지, 체계적이고 비체계적인 것이 무엇인지, 논리적이고 비논리적인 것이 무엇인지에 관한 것이다. 마치 포효하는 사자처럼 진리를 찾아서 끊임없이 파고들고, 그것이 '맞다'고 판단되면 바꾸어 나가는 힘인 진리탐구와 혁신을 추구한다.

행동탐구이상형의 사람들은 인간에 대한 본질적이고 근원적인 고민과 생각을 많이 하지만, 자신에 대해서도 관심이 많은 사람이다. '내가 왜 존재하는지' '왜 공부를 하는지' 등에 대한 철학적인 생각과 '내가 하고 있는 일이 의미와 가치가 있는지' 끊임없이 질문하고 답을 찾기를 원하는 사람이다.

또한 이들은 무엇이 옳은지, 그른지, 맞는지, 틀린지, 합리적이고 체계적이고 효율적인 것이 무엇인지를 찾으면서 고집스럽게 변화를 주도하는 사람들이다. 이들이 끊임없이 추구하는 이유는 국민이나 공동체가 가장 합당하고 합리적으로 공평하게 살아가는 홍익인간의 정신이 바탕을 이루고 있다.

행동탐구이상형의 기본욕구인 진리탐구와 혁신을 이루기 위해서는 변화를 주도할 수 있는 폭넓고 깊이 있는 다양한 지식을 쌓아야, 모든 것을 통합하고 합리적인 결론을 내릴 수가 있다. 뿐만 아니라 정확하게 상황파악을 하고 개혁할 수 있기 위해서는 정확하게 판단할 수 있는 판단능력과 논리적인 사고를 발달시켜야 한다. 그래서 이 유형의 사람들은 역사, 인물, 다큐, 과학, 공학, 예술 등 다양한 관심사를 가지고 있고, 준전문가 수준의 실력을 가지고 있을 뿐만이 아니라, 자신의 주장을 끝까지 포기하지 않고 관철시킬 수 있는 고집스러움을 가지고 있다.

행동탐구이상형 아이의 행동특성 이해하기

1 상황파악이 빠르고 합리적인 해결방법을 찾는다

"저는 음악 들으면서 공부해요."

행동탐구이상형들은 다차원적이고 입체적으로 사고한다. 다양한 정보를 통해 다양한 각도로 생각하기에 관점의 폭이 넓고 포용력 역시 크다. 동시에 사태 파악에 능하고 옳고 그름에 대한 판단이 명확해 주변에서 명확한 판단을 한다는 평가를 받는다.

상식이 매우 풍부하며 책 속에 있는 몇 개의 단어만 보아도 전체의 흐름과 맥락을 알고 핵심을 끄집어낼 수 있고 본 것을 잘 기억한다. 입체적 사고를 하기에 이들은 보고, 듣기가 동시에 가능해서 공부를 하면서 음악을 듣는 다거나, 만화를 보면서 영어단어를 외우는 등 동시에 여러 개의 일을 할 수 있는 멀티플레이어이며 이를 즐긴다. 이들의 생각은 끝이 없고 그 깊이를 가늠하기 힘들 정도로 깊이와 넓이와 폭이 가장 큰 유형이다.

2 생각이 많고 예측하기 어렵다

"이 생각 저 생각이 막 떠올라요. 아이디어인가?"

행동탐구이상형은 생각의 출발점이 자신이고 판단의 기준이 나 자신이다. 그래서 생각하는 것과 행동하는 방식이 사회가 정한 규정이나 규칙 안에서 보통 사람들이 하는 행동과는 다르다. 법이나 규칙을 지키는 것이 내가 판단했을 때 옳다고 판단하면 철저히 지키지만, 내 판단에 그럴 만한 가치가 안 된다고 판단되면 규칙과 법칙을 넘나드는 행동을 하기도 한다. 그래서 이들의 행동은 눈에 띄게 되고, 이들은 매우 자유롭고 독립적이면서 구속받는 것을 싫어하는 사람으로 주목받게 된다.

또, 이들은 어려서부터 궁금증과 호기심이 많아 질문이 많고, 창의적이고 독창적인 사고를 하는 사람으로 부모님이나 교사가 시키는 것을 그대로 하기보다는 "왜 이것을 해야 하지?" "왜 이렇게 해야 하나요? 다른 방법으로 하면 안 되나요?" 따진다거나 자기만의 방법을 찾아 시도하는 경우가 많다. 이렇게 끊임없이 질문하고 시도하면서 합리적이고 타당한 것을 찾아가는 행동탐구이상형을 '종잡을 수 없고 예측하기 힘든 아이' '변덕이 심한 아이'로 보기가 쉽다.

3 세상을 바꿀 능력을 가진 자이다

"내 눈엔 바꿀 게 다 보여요. 그런데 실력이…."

행동탐구이상형은 사고가 틀에 얽매이지 않고, 자유롭게 끝없이 뻗어나간다. 늘 새로운 것에 도전하며, 자기가 관심을 가지는 분야에는 지칠 줄 모르는 에너지를 가지고 깊이 파고든다. 창의적인 것과 독창적인 것, 관심 분야에만 집중하는 행동탐구이상형의 성격특성은 그들이 가진 장점이기도 하지만, 한편으로는 일상적인 것과 세부적인 것을 경시할 가능성이 있다. 그들은 좋아하는 것과 필요한 것에 대한 기준이 자기 자신이기 때문에 자신이 필요하다고 느끼지 않으면 전혀 귀를 기울이지 않거나 하루아침에 하던 것을 던져버리기도 한다. 이러한 성격적 특성이 가까이서 바라보는 부모님이나 주변 사람들을 염려하게 하는 요인으로 작용하기도 한다.

"제발, 한 우물만 파라.
그래야 전문가다운 지식을 갖추지 않겠니?"

'전문가'라는 이름을 얻기 위해서는 그 이름에 걸맞은 실력을 갖추어야 하고, 절대적인 시간과 인내심을 가지고 몰두해야 하는 과정이 필요하다는 것은 모두가 아는 사실이다. 그러나 행동탐구이상형은 머리회전이 빠르고 상황파악을 잘 하고 입체적 사고를 하기 때문에 어떤 것을 받아들이는 속도가 남들보다 빠르다. 그래서 이미 알아야 할 지식을 다 습득했다는 착각에 빠지게 되고, 곧 다른 것을 찾는다. 그렇기에 어설픈 전문가, 혹은 전문가 시늉을 내는 얄팍한 아마추어 느낌을 줄 수도 있다.

그래서 이 유형의 사람에게는 옆에서 꼼꼼히 챙겨 주고 힘을 줄 수 있는 멘토가 필요하다. 존경할 만한 롤모델을 곁에 두고 있을 때, 행동탐구이상형은 홍익인간을 이루는 데 잠재능력을 발휘할 수 있고 진정한 개혁을 이룰 수 있다.

4 재능이 많고 좀처럼 주장을 굽히지 않는다

"못하는 게 없대요. 제대로 하는 게 없어서 그렇지…."

진리추구와 혁신이라는 기본욕구를 가지고 있는 행동탐구이상형은 세상과 인간의 본질적인 변화와 혁신을 추구하는 사람이다. 그들이 추구하는 변화와 혁신을 이루기 위해서는 깊이 있는 지식과 다양한 관심사에 실력을 갖춘 다재다능한 사람이어야 가능한 일이다.

행동탐구이상형은 다재다능함을 갖춘 사람이고, 동시에 여러 가지를 잘 해낼 수 있는 멀티플레이어이기도 하다. 음악이면 음악, 미술이면 미술, 운동이면 운동 등 못하는 것이 없고, 문과·이과·예술의 세계를 넘나드는 폭넓은 지식과 능력을 소유한 사람이다. 그러면서도 자기주장이 강하고, 옳다고 판단되는 일은 절대로 물러서지 않는 고집스러움은 세상을 바꿀 수 있는 사람들이 갖춰야 할 덕목 중의 하나로 꼽을 수 있다.

5 누구와도 말이 통하나 친한 친구는 소수이다

"저는 거지부터 왕까지 다 친구가 될 수 있어요. 막 친하진 않아도."

행동탐구이상형은 사람을 볼 때 형식이나 조건 등 세속적인 것으로 사람을 판단하지 않고, 그 사람의 본질 그 자체, 그 사람의 존재를 있는 그대로 보고 대하기 때문에 남녀노소를 막론하고, 부자나 가난한 사람이나 권력이 있든지 없든지 상관없이 누구와도 친해질 수 있고 대화가 가능한 사람이다. 그래서 14유형의 성격 중에서 가장 폭이 넓은 대인관계가 가능한 유형이라고 할 수 있다. 그러나 코드가 맞거나 가치관과 신념이 맞아 진정으로 마음을 나눌 수 있는 사람들은 의외로 소수일 수가 있다.

행동탐구이상형은 자기생각과 자기주관이 뚜렷한 사람이고, 부당한 상황을 보면 본인이 직접 겪게 되거나 본인이 직접 겪지 않아도, 부당함을 잘 알아차리는 사람이다. 그것뿐만 아니라, 이런 부당함에 대해서 시정될 때까지 끊임없이 요구할 가능성이 많다.

이런 모습들이 상대방에게 고집스럽게 비춰질 수 있고, 상대방과 관계를 형성하는 데 부정적 요인으로 작용할 가능성이 있다. 이러한 성격적 특성이 대인관계를 깊이 있게 이어가는 데 걸림돌이 되어, 깊이 있는 대인관계 형성에 방해요인이 된다. 그러나 한편으로는 상대방의 주장이 논리적이고 합리적이고 효율적인 것으로 판단이 되면 쿨하게 받아들이고 수용할 수 있는 사람이기도 하다.

6 합리적 · 효율적 · 논리적인 것을 추구하는 사람이다

"생각 없는 사람하고는 말 안 섞어요."

행동탐구이상형은 논리적이고 합리적이고 효율적인 사고를 하는 사람이다. 그러한 사고를 하는 사람은 생각을 많이 하고, 자기의 생각으로 무엇이 옳은지 어떻게 하는 것이 합리적이고 효율적인지를 따져 보는 것, 다시 말해서 분석을 잘 하는 사람이다. 그들은 말이 안 되거나 옳지 않은 것을 그대로 하지 않는다. 그래서 이런 논리적인 사고가 뛰어난 사람은 전문가의 자리에 있을 때 빛을 발할 수 있고, 그러한 자리에 있을 때 편안함을 느낀다.

행동탐구이상형은 비효율적이거나 비체계적이고 비합리적인 상황에 있을 때 그 사태를 빠르게 파악하고, 그러한 상황을 누구보다도 견디지 못하기 때문에, 비합리적이고 비효율적인 상황을 바꾸기에 전력을 다하는 사람이다. 그 대상이 상관이든 누구이든 바로바로 개입한다. 행동탐구이상형의 고집스러움과 논리적인 표현이 변화를 이끄는 데 꼭 필요한 요인이기는 하지만 이러한 요인 때문에 주변 사람들과 관계가 어려워지기도 한다.

행동탐구이상형 아이 부모를 위한 맞춤 학습코칭

1 아이가 큰 그릇임을 자주 표현하라

행동탐구이상형의 아이는 관습이나 규범에 얽매이지 않고 법의 테두리를 넘나드는 자유로운 사람이다. 그는 입체적인 사고를 하기 때문에 다른 사람들이 당황할 정도로 기발하고 독특한 것을 생각하며, 창의력이 풍부해서 항상 새로운 가능성을 찾아 시도하는 독창적인 사람이다.

호기심이 많아 엉뚱한 질문을 하거나, 멀티가 가능해서 동시에 여러 가지를 생각하며 해내는 특이한 사람이다. 창의성, 독특성, 논리성이 이들의 특징이라 안목이 뛰어나 남이 보지 못하는 것들을 바로바로 알아차리는 능력이 있으나 고집이 세고 다른 사람의 말을 잘 듣지 않는다. 이들이 비합리적이고 비효율적인 것, 비논리적인 것들과 옳고 그름에 대한 것을 바로 알아차리면 주저하지 않고 직설적으로 표현하기에 사람들과 갈등을 일으키기도 한다. 그 때문에 행동탐구이상형들은 사람들을 당황케 한다거나 잘난 체하는 사람으로 오해받기도 하고, 자신의 생각을 논리적으로 주장하는 고집스러운 사람으로 비춰지기도 한다.

이러한 행동들이 독특해 보이지만 행동탐구이상형은 동물의 왕 사자와 같은 큰 사람임을 인정해 주고, 그것을 인식하도록 가르쳐 주어야 한다.

2 아이가 생각하고 고민할 시간을 충분히 주라

행동탐구이상형의 아이는 동물의 왕 사자와 같이 큰 그릇, 큰 사람이다. 두뇌가 명석하고 사고의 깊이가 있고 인간의 근본적인 것에 대한 깊이 있는 생각을 어려서부터 하는 사람이다. 다재다능해서 못하는 것이 없을 만큼 습득력이 뛰어난 사람이어서 마음만 먹으면 공부 1등을 할 수 있는 능력을 가지고 있다.

그러나 이 유형의 아이는 공부보다도 인류에게 보편적으로 적용되는 생각, 왜 존재하는지에 대한 근원적인 고민, 가치 있는 삶, 의미 있는 삶에 대한 생각을 늘 하기 때문에 이것이 정립되지 않으면 평생을 그것을 찾아서 방황할 가능성이 있다. 그래서 고1학년까지는 공부보다도 이 근원적인 생각을 정립하는 것이 우선이 되어야 한다.

높이 나는 새가 많은 것을 볼 수 있듯이, 많은 것을 경험해서 사고의 영역을 넓혀 주는 것과 정체성을 정립하는 것이 꼭 필요한 유형이다. 그 과정에 아이가 충분히 생각하고 원하는 만큼 고민하도록 시간과 공간을 허락해 주어야 한다. 시간이 걸리고 부모가 답답할 수 있으나, 이 과정을 거쳐야 아이가 기꺼이 스스로 결정하고 기꺼이 행동한다.

3 전문적이고 깊이 있는 지식을 갖도록 하라

모든 유형의 사람이 실력을 갖추는 것이 필요하지만, 행동탐구이상형은 그릇이 크고 잠재능력이 많은 사람이다. 따라서 이들이 성장하며 그 큰 그릇을 채우기 위해서는 다른 유형보다 2~3배 더 깊이 있는 지식을 갖추는 것이 필요하다.

행동탐구이상형의 사람은 머리가 명석해서 새로운 지식을 습득하는 속도가 빠르고, 늘 새로운 것을 추구하는 유형이지만, 끈기를 가지고 한 곳에 깊이 있게 우물을 파지 않고 또다시 새로운 것을 찾는 경우가 많다. 이에 주변 사람들에게는 '싫증을 잘 내는 사람' '변덕이 심한 사람'처럼 보이기도 한다.

어떤 유형보다도 그릇이 크고 잠재된 능력이 많은데, 그 잠재능력을 마음껏 발휘할 수 있도록, 지식을 누적하고 충분히 깊이 있는 지식을 갖도록 할 때 아이의 성취경험과 전문성이 확장되면서 그릇에 맞게 큰 목표를 성취해 갈 것이다.

'어떤 일을 하든 그 분야에서 깊이 있는 최고가 되라.'

이들은 자신이 원하는 것이면 다 해낼 수 있는 능력을 갖춘 사람이기 때문에 항상 옆에서 모델링이 될 수 있는 멘토를 만들어 주는 것이 중요하다. 특히, 성공한 행동탐구이상형을 롤모델로 보여 줌으로써, 어떻게 자신의 목표와 연결시킬 수 있는지 연결고리를 만들어 주어야 한다.

4 다른 의견을 존중하는 화법을 연습하라

행동탐구이상형의 사람은 꿈과 목표가 원대한 반면, 남의 밑에서 일하는 것을 싫어하는 매우 독립적인 사람이다. 또 창의력이 뛰어나고 아이디어가 많은 사람으로 결국은 CEO의 직업을 갖게 될 가능성이 많기 때문에 반드시 리더십을 갖추는 것이 필수이다.

그러나 행동탐구이상형은 주관이 강하고 개성이 독특해서 조직 속에서 갈등을 일으키는 경우가 많지만, 그러한 원인을 자신에게서 유발된 것을 이해하지 못하고 오히려 그 원인을 타인에게서 찾으려고 한다. 문제의 원인을 인정할 때 해결책을 모색할 수가 있다. 그러나 행동탐구이상형은 그러한 문제의 원인이 자신에게서 유발되었음을 인식하지 못하고 변화의 필요성을 인정하지 않는다는 데 문제가 있다.

아무리 유능한 사람이라도 원대한 꿈을 이루기 위해서는 함께 꿈을 이루어갈 사람이 필요하고, 그들을 다룰 리더십이 필요하다. 아무리 힘이 들더라도 다른 사람들 탓하기보다 문제의 원인을 자신에게서 찾으며, 동시에 다른 이의 실수나 잘못에도 상대의 인격을 존중하고 상황을 악화시키지 않도록 하는 대화법을 연습하는 것이 좋다.

5 절교의 고비를 잘 넘기도록 포용력과 화해법을 알려 주라

행동탐구이상형은 사람을 가리지 않고 대하며 사람들에게 관대하며 포용적이다. 대인관계의 폭이 가장 넓어서 어린이부터 노인에 이르기까지, 부랑자부터 대통령에 이르기까지 신분의 고하를 막론하고 모든 영역과 분야에 있는 사람들과 대화를 잘 하고 먼저 다가가 인사를 하고 상대에게 선뜻 다가가 친분을 맺는다. 인사성도 밝아 지나가는 강아지나 곤충에게도 말을 걸기도 한다.

그러나 정작 마음을 터놓고 지낼 만큼 친한 사람이 많지 않다. 워낙 자기주장이 강하고 독특한 면이 많아서 쉽게 친해지더라도 그 관계가 오래 간다는 보장이 없고 때로는 친구는 물론이고 윗사람들과도 갈등이 일어나는 경우가 있다. 따라서 마음이 상하고 속상하다고 사람을 다 잘라내는 것이 아니라 포용력을 키워 나가는 훈련이 필요하다.

행동탐구이상형에게 맞는 직업은 무엇일까?

행동탐구이상형은 문과 이과 어느 쪽도 다 가능한 사람들이다. 그 중에도 활동적이고 논리적으로 깊은 사고를 하는 직업이나, 사람과 관련된 일, 창의성과 영감, 직관력을 활용할 수 있는 것을 직업으로 선택하는 것이 성격특성상 보다 잘 맞다. 광고기획자, 프로듀서, 발명가, 저널리스트, 마케팅 전문가나 작가, 성직자 등이 이에 포함되는 직업이다.

또한 근본적으로 사람을 변화시키는 상담과 관련된 일도 잘 맞는다. 비교적 스케일이 크고 활동적인 분야라면 더욱 바람직하다. 우주항공 분야, 자동차, 건축, 의학 분야, 경제학이나 정치학, 역사, 철학, 교육공학도 좋다. 무엇보다 독립적이고 독창적이고 창의적이며 직관적·논리적인 이 유형은 결국 마지막에는 CEO가 될 가능성이 많기 때문에 반드시 리더십을 기르고 포용력을 길러서 많은 사람들과 좋은 관계를 형성하는 것이 필요한 유형이다.

다재다능한 행동탐구이상형은 예술 분야에도 탁월한 능력을 가지고 있으나, 예술가의 길을 가기보다는 취미나 부업으로 하는 것을 추천한다. 예술을 추천하지 않는 이유는 예술만을 직업으로 갖기에는 행동탐구이상형의 스케일이 너무 커서 '굳이 예술에 전념할 필요가 있나?' 아쉬움이 남고, 후회할 가능성이 있기 때문이다.

다양한 가능성에는 고민도 커진다. 행동탐구이상형에게 있어서 진로지도는 이들의 다재다능한 능력 때문에 더욱 중요하다. 그들에게 진로는 단순히 직업의 의미가 아니라 정체성과 관련되기 때문에 사춘기 때 정체성이 정립되지 않으면 자주 바뀔 가능성이 있다.

사례로 살펴보는 행동탐구이상형 아이 맞춤 솔루션

1 저를 키워 준 아빠인데 어떻게 하겠어요? 제가 이해해야죠

진은(초5 / 여 / 행동탐구이상형)

호기심이 많고 창의력이 많음. 만들고, 그리고, 실험하는 것을 좋아하지만 주변 사람들로부터 이해받지 못해 속상해함. 교사와 급우들과 갈등이 많아 상담받게 됨.

아빠(48세 / 회사원 / 행동규범형)

원칙과 규칙이 중요한 대쪽같은 성격임. 호기심이 많고 갈등을 일으키는 딸을 이해 못하고 통제함.

엄마의 손에 이끌려서 상담실에 온 5학년 여학생 진은이. 진은이는 상담사와 엄마가 이야기하는 동안 팔짱을 끼고 상담실을 둘러보고 있는 듯하지만, 귀는 상담사와 엄마의 대화에 기울이고 있었다. 그리고는 갑자기 테이블로 다가오더니 말을 걸었다.

"선생님, 제가 수수께끼를 낼 테니 맞혀 보실래요?"

상담받을 만한 곳인지 탐색을 끝낸 진은이는 팔짱을 풀고 조금씩 다가오면서, 그렇게 마음을 열고 상담을 시작했다. 예쁜 눈을 가진 진은이는 호기심이 가득한 눈을 반짝이며 여기저기를 둘러보고 상담사의 이야기에 논리적으로 대답을 잘 한다.

진은이는 학교가 시시하고 재미없다. 아빠가 무서워서 진은이는 마지못해 학교에 출석은 하고 있지만, 교사에 대한 불만, 급우들과의 갈등, 어디에도 마음을 두지 못하고 여기저기 기웃거리면서 시간만 때우다가 집에 온다고 했다. 가족은 진은이가 실험을 하는 것, 만들고 그리는 것을 이해하고 인정하기보다는 지저분하고 시끄럽다며 야단을 치기 때문에, 진은이는 하고 싶은 것을 마음껏 할 수 없다며 속상해했다. 더욱이 규칙과 원칙과 룰을 지키는 것을 고수하는 행동규범형의 대쪽 같은 아버지의 성격에 진은이는 숨이 막힐 만큼 답답하고 힘들어했다.

진은이는 5학년답지 않게 신문을 몇 개나 읽고, 어른과 대화가 통할 정도로 시사나 정치나 교양에 박식한 학생이었다. 자신의 원하는 것을 늘 실험하고 체험하면서 전문가 이상의 지식을 쌓고 있지만, 누구 하나 그 지식을 인정해 주기는커녕 이상하고 건방진 학생으로 오해를 하기 때문에 답답하고 억울한 마음이 쌓여 있었다.

상담사: 와~ 진은이의 예술성은 아무도 따라갈 수 없을 거 같아. 최고야, 최고.

(진은이는 신이 나서 콧노래를 부르면서 활동에 몰입한다. 각종 재료들을 사용해서 가장 빛나고 화려한 나비를 만들었다. 다양한 스티커와 반짝이는 스팽글이 나비의 화려함을 돋보이게 한다. 이제는 다양한 색상의 파스텔 가루를 가지고 물풀에 섞어서 칠함으로써 화려한 나비를 완성했다. 마지막으로 한참을 망설이던 진은이는 물풀에 짙은 고동색 파스텔을 섞더니 훨훨 날고 있는 나비 위에 큰 나뭇가지를 만든다.)

상담사: 진은아, 이 작품… 네가 만든 이 작품이 마음에 드니?

진은: (눈을 빛내면서) 네~ 너무 마음에 들어요.

상담사: 이 작품에 대해서 설명을 해 주겠니?

진은: 화려하고 예쁘고… 훨훨 날고 있는 나비요.

상담사: 이 작품을 만들면서 마음이 어땠어?

진은: 제가요, 신나고… 기쁘고… 행복하고….

상담사: 그랬구나, 그렇게 행복했구나…. 근데, 진은아, 이 나비를 만들면서 누가 떠올랐어?

진은: 저요. 제가 떠올랐어요.

상담사: 그러면 이 나비가 너라는 거니?

진은: 네.

상담사: 아 그렇구나. 화려하고 예쁜 나비가 너였구나, 진은아, '나비'하면 무엇이 떠오르니?

진은: 자유롭고… 화려하고… 예쁘고….

상담사: 그렇구나, 진은이는 예쁘고, 화려하고, 자유롭고… 그런 사람이 진은이라는 거지?

진은: 아니요, 그런 사람이 되고 싶어요.

상담사: 현재 그런 사람이 아니라… 그런 사람이 되고 싶다는 거야?

진은: 네.

상담사: 그렇다면 지금 너의 상황이 답답하다는 거야? 그래서 나비처럼 자유롭게 날고 싶다는 거야?

진은: 네, 너무 답답해요.

상담사: 이 그림을 보면, 나비는 너무 화려하고 훨훨 날고 있는데… 이 무거운 나무와 나뭇가지가 막고 있네….

진은: 네 맞아요, 이 나무가 날지 못하도록 막고 있어요.

상담사: 혹시 이 나무랑 비슷한 사람, 나를 날지 못하게 하는 사람이 누가 떠오르니?

진은: 아빠요.

상담사: 아 그렇구나, 아빠가 너를 날지 못하도록 막고 있다는 거구나… 어떻게 하면 좋을까? 이 나비가 훨훨 날게 하려면….

진은: (한참을 침묵하면서 생각에 빠진다.)

상담사: 진은아… 이 나무를 없앨까? 그러면 날 수 있잖아.

진은: 그럴 수 없어요…. 나를 키워 준 아빠인데 어떻게 하겠어요? 제가 이해하고 참아야지요.

진은이는 12회기의 상담을 하는 동안 성실하게 상담에 임했다. 가족과 학교에서 지지받지 못하고 이상한 사람으로 취급받아서 억울했던 진은이는 상담실에서 마음껏 이야기하고 미술작품으로 마음을 표현했다. 특히 자신이 가지고 있는 전문가 수준의 지식과 재주를 안전한 공간에서 마음껏 표현했고, 자신의 능력을 전문가로부터 인정받았다. 그렇게 진은이는 자신이 하고 싶은 것을 다양한 재료와 매체를 통해 만들고 실험하면서 가슴속에 가득 차 있었던 부정적인 감정을 해소하고 나니, 자신이 얼마나 재능이 많고 박식한지, 그릇이 큰지 인정하게 되었다.

이제 진은이는 시시하지만 친구들의 입장을 이해하고 친구들에게 맞추려는 마음의 여유를 가지게 되었다. 특히 나를 숨 막히게 하는 아빠를 이해하게 되었다. 그렇게 마음이 안정이 되니 진은이는 학교에서 친구들과 교사와 잘 지내면서 학교생활이 재미있게 되어 학교에 지각한다거나 결석하는 일이 적어졌다. 이제 진은이는 수업시간에 딴짓하는 일이 적어지고 공부에 집중하게 되었다.

2 아빠의 간섭 때문에 숨쉬기가 힘들어요

동기(고2 / 남 / 행동탐구이상형)

어린 시절 ADHD라는 진단을 받음. ADHD라는 꼬리표 때문에 쉽게 포기하는 자신을 자책하면서 자살 시도를 하기도 함.

엄마(53세 / 주부 / 행동규범이상형)

자녀를 잘 키우기 위해 직장도 갖지 않고 자녀 교육에 올인함. ADHD라는 진단을 받고 한국에 살 수 없다고 이민을 감.

아빠(58세 / 사업가 / 행동규범탐구형)

자수성가. 끈기가 없는 아들의 태도를 이해 못하고 비난하고 간섭하고 통제함.

19세의 동기의 모습은 마른 편에 속하지만 앳된 얼굴에 피부가 하얗고 눈빛이 유난히 빛났다. 외국생활을 오래해서 그런지 행동이 자유롭고 궁금한 점에 대해서 주저하지 않고 질문하고, 자신의 속마음을 솔직하고 편하게 표현했다.

동기의 엄마는 아이를 잘 키워 보고 싶어서 아이를 한 명만 낳았고 직장도 다니지 않고 오로지 아이에게만 올인했는데, ADHD라는 진단을 받고 보니 하늘이 무너지는 것 같았다. 아이의 행동 하나하나가 걱정으로 다가왔고 이런 아이를 한국에서 어떻게 키울까 싶어 동기의 가족은 호주로 이민을 가게 되었다.

뿐만 아니라 당사자인 동기도 ADHD라는 진단명이 꼬리표처럼 따라다니면서 자신의 발목을 잡고 있었다. 어떤 큰 일을 시도하거나 큰 산을 넘어야 하는 시점에서 이 꼬리표는 동기에게 산을 넘지 못하도록 발목을 잡았다. 그래서 자신을 한심한 사람으로 자학하고 자책하면서 삶을 포기하려는 생각을 하기도 했다.

게다가 자수성가한 아빠는 자신은 부모로부터 아무 지원도 받지 않았는데도 이렇게 성공했는데 너는 이 정도밖에 못하느냐고 간섭을 많이 함으로써 아들을 더욱더 위축되게 했다.

동기 엄마의 표현에 의하면 동기는 어려서부터 좀 이상한 것 같았다고 한다. 행동이나 생각하는 것이 일반적이거나 상식적인 것에서 좀 벗어나는 것 같았다. 동기는 호기심이 많아 엄마에게 이것저것 물어보고 설명이 끝나지도 않았는데, 또 다른 것을 물어본다거나 엄마가 열심히 설명을 하는데도 집중해서 듣는 거 같지가 않고 여기저기 두리번거린다. 또 동기는 여기저기 돌아다니며 이것저것 쑤셔대고 무엇인가를 발견하면 집중하는가 싶다가 금방 집어치우고 또 다른 것을 하고 싶어 하는 것을 보면서 집중도와 몰입도가 떨어지고 싫증을 잘 내는 산만한 아이 같다고 생각했다.

그러나 동기는 그렇게 산만하게 행동함에도 불구하고 머리가 나쁜 것은 아닌 것 같았다. 때로는 어린아이 같지 않은 생각과 질문을 해서 주변 사람들을 놀라게 했고, 심지어는 어린아이가 '죽고 싶다'는 표현을 해 섬뜩한 적도 있었다고 했다. 친구를 사귈 때도 동기는 또래들하고만 집중해서 놀기보다 이 사람 저 사람 심지어는 어른들까지도 다가가 말하고 상대하는 것을 보면서 뭔가 다르다고 생각했다고 한다.

동기: 저는요, 5살 때 ADHD라는 진단을 받았거든요.

상담사: 그래서… 그 진단이 동기에게 어떤 영향을 주었나요?

동기: 그게요. 참 묘해요. 평상시에는 잘 모르겠는데, 어떤 어려운 일을 해야 할 때나, 중요한 것을 결정할 때는 기가 막히게 그 진단명이 떠오르면서 제 생각을 지배하더라고요. 그래서 난 ADHD인데 뭐…

내가 뭐… 잘할 수 있겠어… 이런 생각이 떠오르고 나를 지배하면서 내가 뭔가를 못 하도록 잡는 거 같았어요.

상담사: 그랬구나. 그럼 그렇게 행동하는 나를 보면서 어떤 생각이 들었어요?

동기: 답답하고… 한심하다는 생각요. 진짜 그 단어에 제가 지배를 당하고 있다는 것이 참 한심했어요. 그건 어렸을 때 진단받은 거잖아요. 그리고 그것을 치료하기 위해 약도 먹고 상담도 받았거든요. 그런데 묘하게 제가 그것에 영향을 받고 있더라구요. 한심스럽게… 그래서 생각해 보고 저 스스로에게 반문해 보았어요. '너 하기 싫어서 그러는 거 아니야?' '네가 잘못한 것에 대해 혼날까 봐 핑계 대는 거 아니야?' '넌 그렇게 평가 받을 만큼 작은 아이가 아니야… 비겁하게'… 그래서 자책하고… 저 자신이 많이 실망이 되어서 자살도 생각해본 적이 있었어요. 선생님도 제가 한심스럽게 보이지 않나요?

상담사: 나라도 그런 상황이었다면 동기처럼 그렇게 생각하고 행동했을 거 같은데… 사람은 어떤 상황이 되면 부정적인 것들이 나를 끌고 가기도 해요. 그러면 동기는 현재의 나의 모습이 내가 원하는 모습이 아니라고 생각하나요? 더 좋게… 더 나은 모습이 되었을 수도 있지 않았을까? 아쉬움도 있다는 거… 다시 말해서 ADHD라는 진단이 없었다면 더 도전하고 극복하고… 결정적인 순간에 그렇게 도전했더라면 지금보다 훨씬 더 나았을 거라는….

동기: 아마도 그렇지 않았을까요? 저는 그래서 주변에서 나약한 사람, 핑계를 대는 사람, 한심한 사람으로 취급을 받기도 했으니까요… 제가 최선의 노력을 안 했다는 거지요. 그리고 그 핑계 이유가 ADHD라는 거구요.

상담사: 참 복잡하다. 그런 게 없었으면 참 좋았을 텐데… 근데 다행스럽게도 지금이라도 그것이 성격적인 특성이지 ADHD가 아니라는 거… 그 사실을 알고 기분이 어땠어요?

동기: 아 이거구나, 나를 잡고 있는 밧줄이 끊어지는 느낌.

상담사: 그래서 뭐가 달라졌나요?

동기: 나는 핑계만 대고 살 그런 한심한 사람이 아니구나.

상담사: 그렇다면 오롯이 나 자신이 되어야 하는데….

동기: 이제는 저 자신과 승부해야지요. 핑계 대지 말고….

상담사: 행동탐구이상형의 성격은 동물의 왕 사자야. 그리고 14 가지 유형 중에서 가장 넓은 대지와 같이 가장 큰 그릇이죠. 그런데 그릇이 크다는 장점도 있지만, 담을 것이 많고 그것이 채워지지 않으면 내가 무언가 부족하다고 느낄 수 있지요. 엉성한 느낌… 그래서 남들보다 공부를 더 많이 해야 하는 거예요. 할 수 있겠어요?

동기: 네.

상담사: 그러면 행동탐구이상형의 동기가 큰 그릇답게… 자기답게 살려면 어떻게 해야 할지 지금부터 계획을 짜 볼까요?

검사해석 상담 후 엄마와 아들이 자신의 성격을 알고 이해받는 느낌이 들었다고 했다. 특히, 동기는 자신이 ADHD가 아니라 성격적인 특성임을 이해하면서 15년간 자신의 발목을 잡고 있었던 트라우마에서 벗어났고 마음의 평화를 얻었다.

동기는 이제는 '아빠가 어떻게 볼까? 잘못하면 어쩌지? 아빠의 기대에 어긋나면 어쩌나?' 아빠에게 초점을 맞추는 것이 아니라, 자신이 어떻게 하면 의미 있고 가치 있는 삶을 살 수 있을까? 어떻게 하면 자신의 삶이 행복하고 자기답게 살 수 있을까, 자기이해, 자기 정체성을 찾기 위한 상담을 진행했다. 코로나19로 인해 상담을 2회기만 진행했으나, 행동탐구이상형 동기는 자신의 강점을 찾게 되었고, 자신의 그릇에 대한 이해를 했다. 자기가 문제가 많은 사람이 아니라 성격특성이었음을 인식하고 그동안 자신을 작은 자로 생각했던 그는 자신이 얼마나 큰 그릇인지 알면서 그 큰 그릇을 채워 당당하게 자기다운 삶을 살 수 있도록 공부를 해야겠다고 인식하게 되었다.

GUIDE

행동탐구이상형 자녀에게는 이런 공부기술을 사용해 보세요

1. 토론식, 프로젝트식 수업. 다양성이 보장되는 창의적인 수업
2. 하나씩 실력을 갖추기
3. 남들보다 2~3배 더 공부하기
4. 교과서 외 전문서적, 신문 읽기
5. 전문성을 확보하기

행동탐구이상형 자녀를 둔 부모들을 위한 양육 팁

1. 자신이 큰 그릇임을 인식하게 하라.
2. 고1 1학기까지 자아정체성을 반드시 확립하도록 하라.
3. 고집을 꺾지 말라.
4. 자녀의 행동에 대한 의도를 잘 알아 주고 이해하고 공감해 주라.
5. 존경할 만한 멘토를 만들어 주라.
6. 반드시 리더십을 기르라(포용력, 친밀감).

행동탐구이상형 자녀 성장을 위해 반드시 해 주어야 할 말

1. 너는 세상을 바꿀 수 있는 큰 그릇이야.
2. 너는 다재다능한 만능인이야.

14

규범탐구이상형

교양 있고 우아한 아이

"부드럽고 지성 있는 교수님"

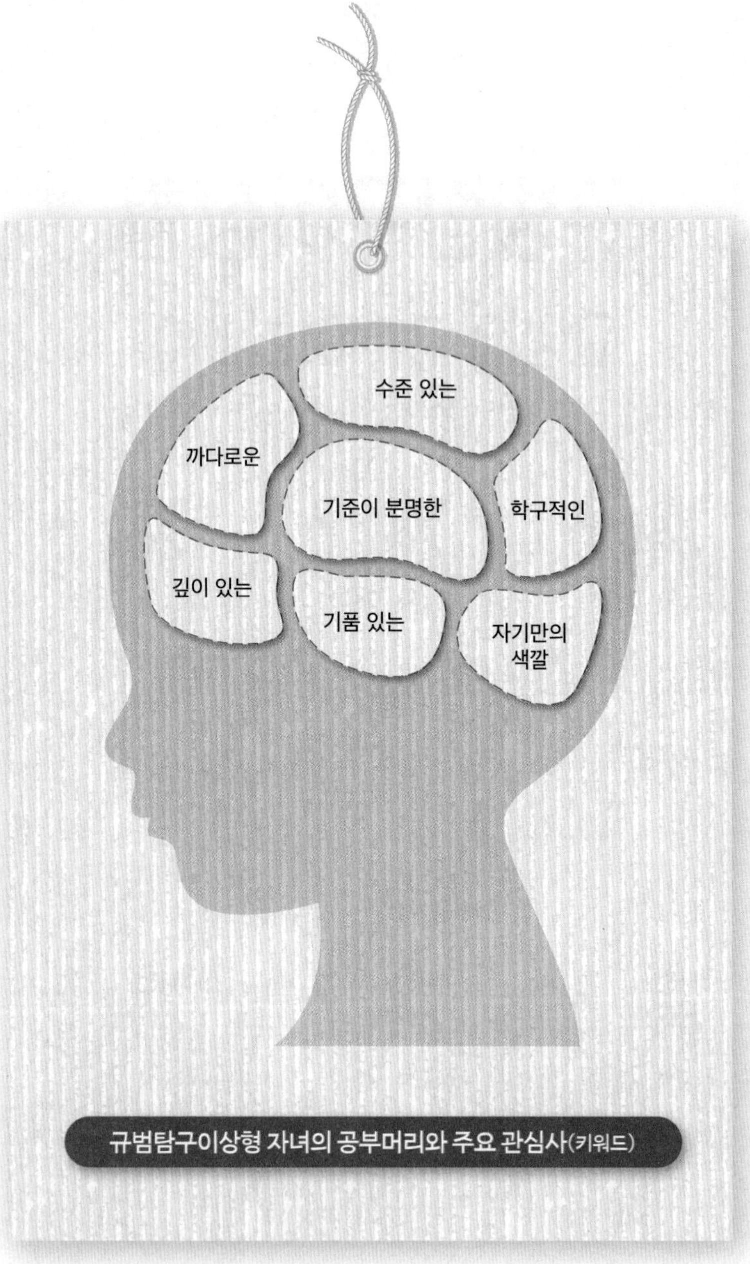

규범탐구이상형 자녀의 공부머리와 주요 관심사(키워드)

규범탐구이상형의 기본욕구: 도도함과 우아함

도도함이란 내가 가지고 있는 지적인 욕구와 지식의 수준이 다른 사람들보다 우월해서, 말이나 태도에서 수준 있는 모습이 풍겨날 때, 그러한 행위를 도도함이라고 한다.

우아함이란 자신이 가지고 있는 깊이 있는 지식과 수준을 자신의 입으로 일일이 말을 하지 않지만, 다른 사람들이 '내가 어떤 사람인지' '내가 무엇을 갖추고 있는지' '내가 어떤 대접을 받고 싶은지'를 지각하고, 이것이 자연스럽게 우러나오는 것이 우아함이다. 우아함과 도도함이라는 기본욕구를 가진 규범탐구이상형은 품격이 있고 기품이 있는 사람, 주변의 사람들에게 카리스마가 있는 사람으로 느껴진다.

사람이 다른 사람들로부터 수준에 걸맞은 대우를 받고 인정을 받으려면, 다른 사람들보다 뛰어나다고 인식될 만큼의 깊이 있는 지식과 수준을 갖추어야 한다. 규범탐구이상형은 학구적이고 깊이 있는 수준의 실력을 갖추고자 끊임없이 노력한다. 그러한 것을 인정받고 대접을 받는 위치의 사람이 될 때 그들은 도도함과 우아함이라는 기본욕구가 충족된다.

규범탐구이상형 아이의 행동특성 이해하기

1 젠틀하면서도 호기심이 많다

"저랑 수준이 맞아서요."

규범탐구이상형은 단아하고 차분하지만 지적 호기심이 많은 사람이다. 이들은 지적이고 학구적인 사람이고 남들에게 뒤떨어지는 것을 싫어하기 때문에 실력을 갖추고자 노력을 많이 한다. 특히 관심 있는 분야에 대해선 자신이 원하는 깊이와 수준 있는 지식이 갖춰질 때까지 누구에게도 드러내지 않고 깊이 파고들어서 실력을 갖추는 사람이다.

이렇게 노력하는 사람들이기 때문에 규범탐구이상형은 이미 깊이 있는 실력과 수준을 갖춘 사람이라고 할 수 있다. 그러나 자신의 입으로 실력과 수준을 갖춘 사람이라고 말하지 않는다. 왜냐하면 그렇게 자기 입으로 말하는 행동이 품위를 손상시키는 행동이기 때문이다. 규범탐구이상형의 사람들은 자기가 가지고 있는 '깊이 있는 지식과 수준 있는 사람'이라는 것을 인정받고 싶고 그에 걸맞게 대접받길 원한다. 따라서 규범탐구이상형은 대학교에서 교수가 된다거나 최고 전문가가 될 때 규범탐구이상형의 기본욕구인 도도함과 우아함이 충족될 수 있다.

2 예술적 감각은 뛰어나나 창조성의 한계가 보인다

"아티스트가 되고 싶은데, 쩝!"

규범탐구이상형의 사람들은 직관력과 창의력과 감수성이 풍부해서, 미술이나 음악, 글쓰기 등에서 남다른 예술적인 재능을 보인다. 다양한 예술 분야에 흥미를 가지고 즐기지만 자기만의 독특한 코드를 가지고 있다. 이들은 가볍고 대중적인 음악보다는 클래식한 음악을 좋아하고, 문학작품에 있어서도 인문학이나 고전문학을 선호한다. 이 유형의 사람들은 직접 작품 활동을 하는 것을 좋아하지만, 감상, 평가 등 분석하는 면에서도 탁월한 능력을 가지고 있다.

그래서 대개 규범탐구이상형 아이의 부모들은 예술적 탁월성을 보이는 아이가 예술가의 길을 기대하며 예술 분야의 공부를 시키는 경우가 많다. 그러나 중대한 결정 앞에서 아이의 규범 성향 때문에 예상치 못한 한계점에 부딪히는 경우가 있다. 그러므로 예술가보다는 예술평론이나 예술치료분석가, 교수 등이 좀 더 적합해 보인다.

3 부드럽고 조용해 보이나 자기 기준이 분명하다

"말은 안 해도 생각은 있어요."

규범탐구이상형의 사람은 조용하고 부드럽고 차분해서 내성적인 사람으로 보이나, 겉모습과는 달리 내면에는 강한 신념과 집중력과 인내심을 가지고 있다. 이 유형은 자신이 결정을 내린 부분에 대해서 자신이 틀렸다는 것을 인정하지 않을 정도로 판단력이 섬세하고 정확하다. 또, 신중하고 침착하게 생각하고, 계획적이고 체계적으로 일을 하기 때문에 어떤 상황에서도 '틀림없는 사람이다'는 평가를 받는다.

이러한 성격적인 특성 때문에 자신의 지식이나 작품을 어설프게 내놓지 않고, 한번 마음먹은 일은 결코 포기하지 않고 목표를 이룰 때까지 완벽하게 수행한다. 일단 규범탐구이상형이 무엇을 하기로 마음먹었으면 이들은 공부를 열심히 해서 확실하게 실력을 갖춘다. 그리고 연습하고 연습해서 자신감이 있을 때까지 드러내지 않기 때문에 때로는 이러한 특성이 음흉해 보이기도 한다.

규범탐구이상형의 사람은 스스로에게 갖는 기대치가 높고, 마음먹은 것은 어떻게든 이루려고 애쓰는 사람이다. 비록 준비과정이 길다 해도, 그 기대치에 도달할 수 있도록 격려가 필요하다.

4 겉으로는 좋아 보이나 알고 보면 까다롭다

"사실 제가 눈이 좀 높아서, 맘에 안 드는 게 많아요."

규범탐구이상형은 예의 바르고 따뜻하다. 이런 특성 때문에 선생님과 어른들의 사랑을 많이 받고 친구들에게도 먼저 다가가 주변에 친구관계를 잘 유지하려고 노력한다. 그러나 자신의 영역에 너무 가깝다 느끼면 숨이 막힌다고 느끼거나 침범당한다고 느끼기 때문에 적당한 거리를 유지하며 매너 있고 존중하는 관계를 좋아한다. 이들은 뒷담화를 좋아하지 않으며 헛소문에 동조하지도 않는다. 따라서 학교폭력에 가담하면서 왕따를 시키는 경우가 없고, 자신도 왕따를 당할 만큼 문제되는 행동을 하지 않는다. 사람들 앞에서 화를 내는 행동을 하거나 남을 비난하거나 남들에게 비난받을 행동을 하지 않는다. 또, 설령 마음속으로 '어떻게 저런 천박한 행동을 할 수가 있을까?' 판단이 되어도, 결코 그것을 입 밖으로 드러내지 않는다.

이러한 행동은 규범탐구이상형의 사람이 인화와 조화를 중요시하는 사람이라는 이유이기도 하지만, 품격이 떨어지는 행동으로 자신의 수준과 가치에 손상이 가는 것을 절대적으로 용납하지 않기 때문이다.

5 수준이 맞는 사람들과 교제한다

규범탐구이상형인 사람은 대인관계가 좁고 깊다. 감정과 말 표현이 안정적이고도 사교적이기에 주변의 신뢰를 얻으나, 친구를 가리고 다소 까다롭기도 하다. 매너와 교양을 지키는 것을 중시하기 때문에 주변 사람들은 그가 품격을 갖추고 있다는 것을 알아차리게 된다. 동시에 그러한 사람들과 교류하기를 좋아한다. 다시 말해서 '엘리트'라고 불릴 만한 사람, '음! 저 정도는 하고 있는 사람이야!' 누가 보더라도 '저 사람은 저 정도는 하고 있다'고 아우라를 낼 수 있는 사람들과 조용하게 어울린다.

언행일치가 안 되거나, 진솔하지 않고, 말을 함부로 하고, 비속어를 남발하는 비지성적이고 천박해 보이는 사람들과 사귀는 것을 꺼려한다.

규범탐구이상형 아이 부모를 위한 맞춤 학습코칭

1 성취 가능한 목표를 세워 실패감을 최소화하도록 도우라

규범탐구이상형의 아이는 정말 능력이 많은 사람임에도 불구하고, 자신에 대한 인식이 부족해서 제대로 능력을 발휘하지 못하는 경우가 많다. 그러므로 규범탐구이상형의 아이에게 먼저 해야 할 것은 '자신에 대한 인식'이다. 자신이 가지고 있는 그릇이 얼마나 크며, 능력이 얼마나 큰지를 인식시켜 주는 것이 첫 번째 목표가 되어야 한다. 그러고 나서 나의 그릇, 나의 성향에 맞는 달성 가능한 목표를 세운다면, 스스로 알아서 그 목표를 이루어 가는 사람이다.

이 유형의 사람들은 자신에 대한 기준이 매우 높고 신념과 집념을 가지고 있어서, 어떻게 하든지 자신의 기준에 합당한 사람이 되려고 노력을 할 것이기 때문이다.

2 코넬식 노트 필기법을 사용하라

규범탐구이상형의 사람들은 매우 모범적이어서 공부하는 태도에 대해서 염려하지 않아도 스스로 알아서 잘 한다. 자신이 어떤 사람인지와 자신의 그릇에 대한 이해와 능력이 많은 사람임을 인식시키고, 자신에게 합당한 목표와 계획을 세운다면 정해진 목표와 계획에 따라 공부를 알아서 하는 유형이다.

부모님들이 할 일은 아이에게 맞는 제대로 된 학습기술을 가르쳐 주는 것이다. 시간관리, 과목별 공부방법, 노트 필기법, 보조기구나 보조도구 이용방법, 독서요령 등에 대해 가장 적합한 방법을 찾아 효율적으로 공부하도록 돕는 것이 부모의 역할이다.

도움이 될 만한 방법을 제안한다면 코넬식 노트 필기법(Cornell Method)을 추천한다. 코넬식 노트 필기법은 코넬대학교의 교육학 교수인 월터 포크(Walter Pauk)가 1960년 코넬대학교 학생들의 학습효과를 높이기 위해 개발한 노트 필기법으로 한 문장의 핵심키워드를 나만의 표현방법으로 사용해 정리를 통한 이해를 증폭하는 방법이다.•

3 부모 앞에서 공부한 것을 강의하게 하라

규범탐구이상형은 지적인 욕구가 강하고, 자기만의 기준이 있고 그것을 이루고자 하는 신념과 집념이 강한 사람이다. 뿐만 아니라 욕심이 많아서 자신이 원하는 분야에서 최고의 수준에 도달할 때까지 노력해 그 지

• 코넬식 노트 필기법과 그 방법에 대하여는 다음 인터넷 사이트를 참고하라. 서울사이버대학교 티스토리, https://iscu.tistory.com/2423

점에 도달할 때 만족함을 느낀다. 규범탐구이상형이 추구하는 만족스러운 삶을 살아가기 위해서는 최고의 전문가가 되어야 하는데, 이를 위해서 어려서부터 목표를 세우고 끊임없이 노력하도록 도와야 한다.

가르치는 것은 가장 좋은 학습법이자 아이들의 자존감을 높이는 기술이다. 부모 앞에서 가르치는 것은 자신의 학습을 확인하는 방법이자 부모에게 자신의 유능함을 교수처럼 보여 주는 과정이라 규범탐구이상형에게는 가장 효율적인 학습법이 될 수 있다.

4 현재 하고 있는 것을 칭찬하고 인정해 주라

규범탐구이상형은 예의가 바르고 윗사람들의 말씀을 거스르지 않고 잘 순종하는 아이들이다. 부모님은 이런 자녀에게 기대를 갖게 되고, 이것저것 욕심을 내서 시키게 된다. 누가 시키지 않아도 본인 스스로가 잘하고 싶은 욕심이 많은 아이여서 성실하게 잘하고 있는 아이에게 부모님이 채찍을 가한다면 이 아이들은 자신이 해낼 수 있는 한계에 부딪치면서 좌절과 회의감에 빠지게 된다. 심지어 자신을 비난하거나 비관적으로 생각한다. 그러다 보면 늘 긴장하고, 스트레스를 받아 시험불안증으로 이어질 가능성이 높다.

규범탐구이상형에게 맞는 직업은 무엇일까?

규범탐구이상형은 우아하고 동시에 눈이 높다. 친구들 사이에서는 도도하다는 평가를 받기도 하지만 기본욕구는 우아함이다. 이들은 지식과 수준을 갖추는 것을 중요하게 생각하는 유형으로 문과나 이과 어느 쪽에서나 능력 발휘가 가능하다. 그러나 이들에게 맞는 일은 새로운 아이디어나 직관력이 활용되는 직업, 특히 사람의 가치를 중시하는 상담전문가나 교육공학, 의사, 평론가, 법조계에서 일하는 것이 능력 발휘의 좋은 장이 된다. 규범탐구이상형은 자신이 알고 있는 지식을 토론한다거나 누군가에게 가르치는 것을 좋아하기 때문에 자신의 품격이 손상되지 않으면서 자신의 전문적인 지식을 전달하기에 알맞은 교수나 전문가가 되는 것이 좋다.

이 유형은 예술가로서의 재능을 충분히 가지고 있다. 그러나 규범적인 성향을 가지고 있기 때문에, 과감하게 창의력을 발휘하는 데 한계를 갖게 됨으로써 예술가로서의 길을 가기보다는 평론가나 예술 계열의 교수가 된다거나, 취미로서 활동을 하는 것을 추천한다.

사례로 살펴보는 규범탐구이상형 아이 맞춤 솔루션

1 나는 아빠의 딸랑이! 내 모습이 무엇인지 모르겠어요

아영(20세 / 재수생 / 여 / 규범탐구이상형)

아빠가 원하는 모습으로 살다보니 자신이 누구인지 모르겠다고 함.
아빠로부터 벗어나고 싶지만 아빠가 슬퍼할까 봐 시도할 수 없다고 함.

아빠(58세 / 회사원 / 규범탐구형)

실수를 용납하지 않는 완벽주의자. 회사에서 능력자로 인정받는 것처럼 자녀들도 능력 있는 사람이 되는 것을 원함.

170cm 정도의 큰 키에 적당한 체중을 가지고 있는 아영이는 이목구비가 뚜렷한 미인이다. 흰색 티에 청바지 차림의 아영이는 긴 머리에 핀을 꽂아 앞머리가 내려오지 않도록 정갈한 모습을 하고 있다. 아영이는 3년간 정말 열심히 공부했지만 성적이 나오지 않았고 앞으로 어떻게 진로를 결정해야 할지 도움을 받고 싶다고 엄마와 함께 상담실을 찾았다.

아영이는 아빠의 딸랑이가 되어 아빠가 원하는 삶을 살았다고 한다. 아영이에 대한 아빠의 기대치가 너무 높아 아영이는 자신이 누구인지 돌아볼 겨를이 없었고, 늘 아빠가 원하는 대로 공부를 했다. 아영이의 학습행동을 보면 시험불안과 고군분투가 높고 만족이 매우 낮은 심리상태를 나타내고 있었다. 그런 상황에서 아영이는 수능을 치르게 되었는데 시험지를 받는 순간 아빠의 얼굴이 떠오르면서 머리가 하얗게 되는 현상이 생겼다고 한다. 당연히 아영이는 낮은 수능 점수를 받았고 자신이 원하는 곳에 원서를 쓸 수 없게 되어 상담실을 찾게 된 것이다.

아영이는 친구들과의 관계에서 조화를 잘 이루는 사람이다. 늘 주변 사람들에게 예의를 다하기 때문에 '예의 바르고 사람 좋은 사람'으로 인정을 받는다고 한다. 뿐만 아니라 자신에 대한 높은 기대치를 가지고 있고 공부하는 것을 좋아하지만 공부한 것보다 실력이 나오지 않아 스트레스를 받고 있다. 아빠가 지나치게 관심을 가지고 딸에게 많은 것을 기대하지만, 아영이는 아빠의 마음을 잘 알아차리고 아빠의 기분을 맞춰 주려고 노력한다.

상담사: 아영이, 자신의 검사결과지를 볼래요?

아영: 네, 완벽주의 점수가 높은데 이게 무슨 의미인가요?

상담사: 와, 무지 높네. 이 점수가 높다는 것은 목표의식이 높고 기대치가 높다는 의미인데, 완벽주의 점수가 높으면 좋은 거예요. 근데 아영이는 너무 높아. 그러면 무슨 일이 발생하냐면 시험불안이 생겨서 오히려 시험을 그르칠 가능성이 있어요.

아영: 아 그렇군요. 제가 시험을 치르는데 못 보면 어떻게 하지 그런 생각이 드니까 불안해지고 초조해지고 그랬어요. 그게 시험불안인 거죠?

상담사: 응,. 혹시 시험지 받을 때 불안해지면서 떠오른 사람이 있었어요?

아영: 네 아빠요. 아빠 얼굴이 떠올랐어요.

상담사: 왜 아빠 얼굴이 떠올랐을까?

아영: 아빠가 저에게 많이 기대하시거든요. 그래서 저는 아빠의 기대를 위해 공부를 했거든요. 그런데 시험을 못 보면 아빠가 실망하면 어떻게 하지? 그런 마음이요.

상담사: 아빠가 아영이에게는 중요한 사람인가 보네요.

아영: 네, 아빠는 자식에 대한 기대가 너무 높고 우리들 생활 하나하나에 간섭하고 아빠가 원하는 대로 끌고 가요. 처음엔 짜증나고 싫었는데 워낙 아빠가 완벽하고 능력이 있으니까 아빠 생각이 옳은 거 같아서… 그래서 그렇게 된 거 같아요.

상담사: 그런데 아영이는 그렇게 아빠에게 맞추면서 사는 게 좋은가요?

아영: 그렇지는 않지만… 이젠 당연히 그렇게 되는 것 같아요. 제 생각을 말해도 결국 아빠가 자기의 논리로 우리를 끌고 가니까, 어린 우리가 어떻게 당할 수가 있겠어요? 그래서 그렇게 따라가다 보니까 이렇게 된 거 같아요.

상담사: 이제 아영이가 스무 살이 되었는데… 앞으로도 계속 그렇게 살 건가요?

아영: 잘 모르겠어요. 그러고 싶지 않은데 방법이 없잖아요. 결혼하는 거 말고는….

상담사: 아영이가 재수를 한다고 했잖아요. 그러면 방법이 있긴 한데… 기숙학원 알지요? 그리로 가면 아빠와 떨어지게 되고 그러면 자연스럽게 아빠로부터 독립할 거 같은데… 어떻게 생각해요? 기숙학원을?

아영: 좋을 거 같아요. 사촌오빠도 기숙학원에서 공부했거든요. 엄마한테 그렇게 해 달라고 설득해야겠네요.

아빠의 딸랑이가 되어 살아 온 아영이의 성격검사를 보면 아영이는 원래 규범탐구이상형이었다. 그런데 규범탐구형 아빠의 강한 논리성이 아영이의 탐구성향을 눌러 아영이는 아빠의 말을 잘 듣고 기분을 맞춰 주는 규범이상형으로 살고 있었다. 이제 성격검사를 통해 자신을 찾고 적성을 찾기를 원하는 아영이는 자신의 상황을 잘 알아차리고 자기답게 사는 것이 가장 행복한 삶임을 알고 자신을 찾는 인식의 시간을 갖게 되었다.

그리고 아빠로부터 분리하고 독립하기 위해 기숙학원으로 들어갔고 그곳에서 공부해 적성에 맞는 대학교에 입학했다. 무엇보다도 아영이가 1년 동안 기숙학교에서 공부하면서 아빠로부터 심리적으로 독립이 되면서 매우 독립적이고 의젓한 사람이 되었다.

2 제가 살아 숨쉬는 게 죄송해요

진우(고1 / 남 / 규범탐구이상형)

일거수 일투족을 관리하는 무자비한 아빠 때문에 자율성을 잃고 스스로 생각하는 힘을 잃어버림. 결정장애라 함. 자신을 자학하고 자살사고를 함.

엄마(48세 / 회사원 / 탐구이상형)

가족의 심각성을 인식하지 못함. 주변에서 상담받기를 권유하였으나, 문제가 없다고 거부함. 그래서 성격검사로 접근해 상담을 받게 됨.

아빠(48세 / 회사원 / 규범형)

어린 시절 사업하는 부모로부터 방임적인 양육을 받음. 아들에게는 자기같은 결핍을 주지 않기 위해 과잉양육을 함.

진우는 매우 왜소해 보여 고등학생이라는 사실이 믿기지 않았다. 폭력을 많이 당한 아이라는 말을 들어서 선입견 때문인지 처음부터 긍휼한 마음이 앞서는 것을 어찌할 수가 없었다. 눈치 보는 것 같고 상담사의 말에 수동적으로 맞춰 주려는 것 같아서 더더욱 안타까움이 느껴졌다. 진우는 초등학생 같이 왜소해 보였고 작은 얼굴에 눈 쌍꺼풀이 있는 동그란 눈을 가지고 있었다. 얼굴은 깡말라 가죽만 있는 듯한데 코는 오뚝하고 입술은 도톰한 미소년이었다. 기가 죽어 자기표현을 잘 할 수 있을까라는 상담사의 선입견을 깨고 진우는 너무 논리적으로 자신의 상황들을 또박또박 표현했다.

반면 아빠는 큰 키에 군살이 하나 없이 말라 있었고, 무표정으로 묻는 말에 대답만 했다. 아빠는 말이 없고 상담사가 묻는 질문에 단답으로 짧게 답을 한다거나 명료하게 답을 하지 못하기 때문에 함께 앉아 있는 아내가 대변인 같은 역할을 했다. 아빠의 태도나 분위기가 얼른 보아도 매우 성실하고 우둔한 소와 같은 사람이라는 인상이 풍기는데 어떻게 아들을 혹독하게 다루었는지, 그 사실이 얼른 이해되지 않았다.

진우 아빠는 어린 시절에 사업하는 부모님으로부터 방임적인 양육을 받았고, 경제적인 지원뿐만 아니라 정서적인 돌봄을 받지 못했다. 그는 혼자서 밥 먹고 혼자서 공부하고 스스로 알아서 모든 것을 해야 했고, 거의 자정이 되어 귀가하는 부모님을 기다리다가 잠이 드는 경우가 많았다고 했다.

이렇게 성장한 아빠는 자신이 받은 어린 시절의 아픔을 자식에게 물려주지 말아야겠다고 결심했고, 자신이 받지 못했던 모든 것을 자식에게 주고 싶었다. 그래서 자녀의 성격과 욕구를 배제하고 자기 방식대로 넘치도록 과하게 주었고, 자신이 기대한 만큼 자식이 결과를 만들어 주기를 기대했다. 아빠는 자신이 성실하게 살아왔던 것처럼 아들이 늘 성실하게 무엇인가를 하고 있어야 했고, 모든 것에서 실수 없이 완벽하게 하기를 원했다. 조금의 실수도 용납하지 않고 완벽을 추구하는 아빠의 욕망을 진우는 만족시킬 수가 없었다. 진우는 점점 기가 죽고 자신감이 떨어지며 아빠가 무서워 스스로 무엇을 할 수가 없었다. 심지어 그는 잘못된 결정을 내릴까 두려워서 아무것도 할 수가 없었다고 했다. 이런 나약한 아들을 아빠는 더욱더 강하게 압박했으며, 온몸에 피가 나도록 때린다거나, 심지어 추운 겨울에 중3 아들을 팬티만 입혀 현관 밖으로 쫓아내기도 했다. 이렇게 아들과 아빠와의 갈등은 가정불화로 이어지며 가정이 편할 날이 없었고, 아들은 가정에 불화의 원인을 제공하는 자신을 자학하면서 자살을 생각하기도 했다고 한다.

진우의 성격은 조용하고 차분하고 자기의 속마음을 잘 드러내지 않는다. 그는 말하는 것보다 사람들의 말에 귀를 기울이고 자신의 의견을 표현하기보다는 사람들의 말을 잘 들어 준다. 아빠의 폭력에도 전혀 저항하지 않고 아빠를 탓하거나 원망하지 않고 아빠의 요구대로 해 보려고 무지 애를 쓴다고 했다. 그러나 아빠의 기대치가 너무 높아 도달하는 것이 불가능해도 그것에 대한 비합리적인 것에 대해 따지지 않고, 비록 비합리적일지라도 그 일에 도달해 보려고 애를 쓴다고 했다. 그러다 보니 자기의 특성과 장점이 무엇인지 잊게 되고 무엇을 선택하려고 해도 이것이 아빠에 마음에 들지 않으면 어쩌나 하는 생각 때문에 결정장애 현상이 생겼다고 했다.

반면 아빠의 성격특성을 보면, 아빠는 매우 성실하고 부지런하고 자수성가한 사람이다. 그가 얼마나 알뜰하고 절약정신이 강한지 자식들이 밥을 먹다가 밥알을 흘리면 자식들이 그것을 주워 먹도록 했다. 가족들 중에 누구든지 자신이 맡은 일이나 자신이 해야 할 일은 완벽하게 해야 하고, 실수를 용납하지 않는다. 뿐만 아니라 그는 자녀들의 행동 하나하나를 늘 점검하고 빈틈없이 살기를 원했다. 특히 큰아들에게 거는 아빠의 마음은 그 기대치가 너무 높아 아들이 그 기대치에 미치지 못하면 더욱 강하게 일깨워 주려고 했고, 잘못된 습관을 고쳐야겠다고 생각하고 철저하게 관리했다.

상담사: 진우야. 검사지 읽어 보았지? 어떤 생각이 들어?

진우: 참 멋진 성격으로 설명되어 있네요.

상담사: 맞아, 그렇지, 멋진 사람 같지! 네가 그런 성격을 가진 사람이라는 거야. 인정?

진우: …아니요. 저는 그런 사람이 아니에요. 저는 작은 사람이에요. 가족에게 인정받지 못하고 가정에 불화를 주는 사람, 한심스러운 사람… 제가 살아있다는 것이… 죄송해요.

엄마: 얘, 너 무슨 말을 그렇게 하니? 너는 대단한 사람이야. (엄마는 험악해진 분위기를 빨리 종식하려고 아들이 전혀 인정할 수 없는 말을 하고 있다.)

상담사: (엄마에게) 아들에게 대단한 사람이라고 하셨는데 아들의 어떤 모습이 대단한지 구체적으로 말씀해 주시겠어요?

엄마: (당황하며 말을 잇지 못한다.)

상담사: 진우야, 너는 엄마의 말을 어떻게 들었니?

진우: 엄마는 저렇게 말씀하시지만 저는 한 번도 저를 그렇게 생각한 적이 없어요. (아빠의 눈치를 본다.)

상담사: 왜 자신을 그렇게 생각하지?

진우: 저는 우리 가정에 불화를 만드는 독버섯 같은 존재…. (말을 잇지 못하고 고개를 숙인다.)

상담사: (아빠에게) 진우 아버님은 진우의 말을 듣고 어떤 생각이 드시나요?

아빠: (주저주저하더니) 진우가 저렇게 생각하는지 몰랐어요. 저는 항상 진우가 잘 자라기를 바라고 있고… 내가 어린 시절에 부모님들에게 못 받아서… 내가 이렇게 진우에게 하는 것이 나의 마음의 표현이고 관심의 표현이라고 생각했어요. 진우를 강한 사람, 자신의 일을 알아서 잘 하는 사람으로 잘 키우고 싶었어요.

상담사: 아빠의 그런 마음을 진우는 어떻게 받아들였을 거라고 생각해 보셨

나요?

아빠: 그걸 꼭 말로 해야 아나요. 사람이라면 당연히 부모의 마음을 알아차리지 않나요?

상담사: 진우야, 아빠의 말씀을 들었지? 너도 아빠 말씀대로 아빠의 마음을 그렇게 알아차렸니?

진우: …아닌 거 같아요. 저를 미워하고… 제가 너무 못나서…저를 부끄럽게 생각하는 거 같아서… 잘 해보고 싶어서 노력해도 안 되고… 점점 자신감이 떨어지고… 죄송하고… 왜 태어났을까… 왜 나는 부모님께 걱정만 끼치고… 저 때문에 가정이 시끄럽고… 저는 제가 어떤 사람인지 모르겠어요. 성격특성처럼 좋은 점이 있을 텐데… 이제는 제게 그런 좋은 점이 있을까 생각하기보다는 아빠가 원하는 것을 해 보려고 하다 보니 제가 어떤 사람인지도 모르겠고… 제 색깔도 잊었고, 아빠가 원하는 것도 못 하고 있고… 무엇을 선택하고 결정을 해야 할 때는 제 생각대로 판단해서 결정해야 하는데, 아빠가 싫어하실까를 먼저 생각하다 보니 주저주저하게 되고… 결정장애자인 거 같아요. 왜 사는지, 살아있는 제가 부끄러워요.

상담사: 진우가… 생각을 참 많이 하는구나! …진우 아버님, 진우의 말을 어떻게 들으셨나요? …진우를 바라보고 말씀해 주시겠어요?

아빠: …진우가 그렇게 생각하는지 몰랐어요. 생각이 없는 아이인 줄만 알아서… 어떻게든 주지시켜서 사람 만들어야겠다는 생각밖에… 제가 부모로부터 받은 게 없고 자식을 어떻게 키우는지 배운 바가 없어서… 이렇게 하는 것이 자식을 사랑하는 거로 생각했어요.

상담사: 제게 말씀하시지 마시고 진우를 바라보시고 말씀해 주시겠어요?

아빠: …진우야, 미안하다. 아빠가 무식해서… 이렇게 하는 것이 너를 사랑하는 것인 줄 알았다. 아빠를 용서해다오. (무릎을 꿇고 아들의 손을 잡는다.)

진우: 아니에요. 저도 잘못한 것이 많아요. 죄송해요.

진우는 아빠가 원하는 사람이 되지 못해서 가족의 불화를 일으키게 된 것을 죄송하다고 표현했고, 아빠의 기대에 부응하려고 노력해도 그 기대에 미치지 못하는 자신이 많이 한심스럽고 죄송해서 자살을 생각한 적도 있었다는 진우의 말을 듣고 아빠와 엄마는 무척 놀랐다. "진우가 말을 하지 않아서 바보인 줄 알았는데… 그래서 사람을 만들어서 사람 구실을 하게 하려고 했는데… 이렇게 생각을 하는 아이인 줄 몰랐다."라고 아빠는 당황했다. 그리고 자신이 부모로부터 좋은 양육법을 배우지 못했기 때문에 이렇게 하는 것이 자식을 잘 키우는 것인 줄 알았다면서 아들에게 무릎을 꿇고 용서를 구했다. 마음이 여리고 착한 아들은 아빠의 용서를 받아들이고 자신도 잘한 것이 없다며 서로 부둥켜안고 눈물을 흘렸다.

아빠는 자식을 사랑하는 방법을 몰라서 잘못된 방식으로 아들에게 사랑을 표현했고, 그것이 아들에게 치명적인 상처를 주었던 것을 사과했다. 이후 상처받은 아들의 마음을 치유하도록 5회의 상담이 진행될 동안 아들은 아빠로부터 받았던 상처와 폭력에 대한 두려운 감정을 털어 내면서 점차로 마음의 안정을 얻게 되었다.

규범탐구이상형은 공부를 잘하는 유형이다. 공부를 하되 아주 깊이 있게 공부를 하기 때문에 규범탐구이상형의 지식은 매우 깊이가 있고 수준을 갖추고 있다. 진우의 성격은 규범탐구이상형이다. 진우는 규범탐구이상형의 특성처럼 참 생각을 많이 하는 아이였고, 아빠의 생각과 달리 자신에 대한 기대치가 높으며 기대치를 이루기 위해 공부를 깊이 있게 하고 싶어 하는 아이였다. 그러나 아빠의 강압적인 양육과 통제로 진우는 자신의 삶을 살지 못했다. "아빠의 기준에 맞추려다 보니, 제가 어떤 사람인지도 모르겠고… 제 색깔도 잊었어요. 그렇다고 아빠가 원하는 사람도 되지 못하고 있어요. 무엇을 선택하고 결정을 해야 할 때는 제 생각대로 판단해서 결정해야 하는데, 아빠가 싫어하실까를 먼저 생각하다 보니 주저주저하게 되고… 결정장애자인 거 같아요."라고 진우는 자신의 혼란스러운 심정을 토로했다.

5회기의 상담을 통해 진우는 먼저 자신이 어떤 사람인지에 대한 인식과 자기답게 살기 위해서는 어떻게 해야 하는지에 대한 이해가 있었다. 그리고 폭력에 대한 두려움에서 벗어나면서 마음의 안정을 얻게 되었다. 이제 진우는 자신의 성격에 맞게 깊이 있고 수준 있는 사람으로 서기 위해 공부에 몰두하고 있다.

GUIDE

규범탐구이상형 자녀에게는 이런 공부기술을 사용해 보세요

1. 강의식 · 토론식 수업 선호
2. 원리 이해, 중요한 것과 중요하지 않는 것을 정리 · 요약
3. 핵심 파악이 중요, 사소한 것에 에너지 쏟지 않기
4. 자신에게 맞는 정확한 목표 잡기
5. 전문가로서 실력 갖추기(성적, 자신감)

규범탐구이상형 자녀를 둔 부모들을 위한 양육 팁

1. 공부에 집중할 수 있는 분위기를 만들어 주라.
2. 존중받는 환경이 중요한 아이이다. 함부로 대하지 말라.
3. 지적이고 수준 있는 아이로 인정하고 존중하라.
4. 목표를 너무 높게 잡아 실패를 경험하게 하지 말라.

규범탐구이상형 자녀 성장을 위해 반드시 해 주어야 할 말

1. 수준 있고 품격 있는 실력을 갖추는 사람이야.
2. 자기만의 색깔을 가지고 있는 사람이야.
3. 너는 엘리트야.

참고문헌

김만권(2002). 『U&I학습 및 진로상담전문가 활용가이드 I』. 연우심리연구소.

______(2004). 『성격을 알면 성적 오른다』. 이지북.

김만권·한종철(2001). 『U&I 학습유형검사의 실시 및 해석 요강』. 연우심리연구소.

김만권·한종철·이기학(2013). 『학습상담전문가 활용가이드 I』. 연우심리연구소.

서갑주(2016). MBTI 성격유형과 U&I 학습성격유형에 따른 학업성취도 차이의 탐색적 분석. 『심리유형과 인간발달』, 17(2), 1-25.

윤여일(2013). 『상황적 사고』. 산지니.

최윤자·손현동(2017). 아동의 학업성취도와 교우관계 향상을 위한 또래교수 실행연구. 『교사교육연구』, 56(1), 43-62.

황운구(2007). 학습유형에 따른 고등학교 학생들의 수학 학습 성향에 관한 연구. 공주대학교 교육대학원 박사학위논문.

Fairhurst, A. M., & Fairhurst, L. L. (1995). *Efective Teaching, Effective Learning: Making the Personality Connection in Your Classroom*. 심혜숙 역(2009). 『효과적 교수 효과적 학습』. 어세스타.

Golay, K. (1982). *Learning Patterns and Temperament styles*. MANAS-SYSTEMS.

Keirsey, D., & Bates, M. (1978). *Please Understand Me: an Essay on Temperament Style*. Promethean Publishers.

국립국어원 표준국어대사전, 명예. https://ko.dict.naver.com/#/entry/koko/e8e43017c170498988e920adc66c4b1d

서울사이버대학교 티스토리, 코넬식 노트 필기법과 그 방법. https://iscu.tistory.com/2423

연우심리연구소, U&I학습성격유형검사 개요. https://unitest.iyonwoo.com/product/intro.php? type=study#overview

이호선 Hosun Lee

연세대학교 대학원 상담학 전공 박사학위를 받았다. 현재 숭실사이버대학교 기독교상담복지학과 교수로 재직하며, 인성심리연구소장, 한국노인상담센터장을 겸임하고 있다. 대표 저서로 『오십의 기술』(카시오페이아, 2023), 『선생님! 부모상담 이렇게 하세요!』(북코리아, 2021), 『나이 들수록 머리가 좋아지는 법』(홍성사, 2020), 『가족습관: 가족이 알아야 할 더 중요한 것들』(북코리아, 2019), 『늙음에 미치다: 창조적 노인으로 사는 법』(북코리아, 2019), 『부모도 사랑받고 싶다』(프롬북스, 2015), 『노인상담』(학지사, 2010) 등이 있다.

김영애 Youngae Kim

명지대학교 대학원 청소년지도학 전공 박사학위를 받았다. 현재 유원대학교 외래교수로 재직하며, 충남대학교평생교육원 강사, 한국청소년상담복지개발원 전문강사, 한국심리상담교육개발원장, 한국메타교육연구소 소장을 겸임하고 있다. 대표 저서로 『기적의 학습법 메타인지학습전략』(유니크미디어, 2022)이 있다.